365 x Schachtaktik

Für Einsteiger

Eine Aufgabe
für jeden Tag des Jahres!

Heinz Brunthaler

ISBN 978-3-95920-200-8

3. Auflage 2024

Ein Imprint des Schachverlag Ullrich, Zur Wallfahrtskirche 5, 97483 Eltmann

Lieber Leser!

Wahrscheinlich möchtest du deine Spielstärke steigern oder, falls du nicht aktiv im Verein spielst, zumindest etwas mehr vom Schachspiel verstehen lernen. Ein begreiflicher Wunsch, dessen Erfüllung jedoch leider mit sehr viel Arbeit und Aufwand verbunden ist, denn das Wissen über das Schachspiel hat mittlerweile die Dimensionen einer Wissenschaft angenommen.

Den meisten von uns fehlt durch die Belastung in Schule, Studium oder Beruf die Zeit und vor allem die Kraft, sich intensiv mit dem Schachspiel zu befassen und ein systematisches Training zu absolvieren. Aber selbst ein minimales Training hilft uns schon, etwas besser Schach zu spielen und zugleich unsere mentale Fitness zu steigern. Wer sich über einen längeren Zeitraum hinweg auch nur wenige Minuten am Tag mit Schachtaktik beschäftigt, wird sich verbessern und mehr vom Schachspiel verstehen.

Aus diesem Grund habe ich in diesem Buch 365 Aufgaben mit leicht verständlichen Lösungen zusammengetragen mit der Idee, dass der Leser jeden Tag eine dieser Aufgaben lösen möge. Du kannst das morgens oder abends tun, auf der Bahn- oder Busfahrt, in den TV-Werbepausen (ein sehr ergiebiges Zeitpolster!) oder bei allen Wartezeiten und Pausen, von denen es täglich selbst für äußerst angespannte Mitmenschen genügend gibt.

Natürlich ist es nicht verboten, mehr als eine Aufgabe zu lösen oder sogar generell das "Trainingsjahr" im Zeitraffertempo zu absolvieren. Wichtig ist jedoch, **regelmäßig** zu trainieren – besser täglich eine Kombination als ein- oder zweimal im Jahr einige Stunden geballtes Training und dann lange Zeit gar nichts mehr!

Wir beginnen mit einfachen Aufgaben und Motiven, aber keine Bange, es wird bald schwerer! Ziel ist nicht nur, Aufgaben zu lösen, sondern auch, typische Motive zu erkennen und in den eigenen Erfahrungsschatz aufzunehmen. Schau dir die Lösungen **genau** an (nicht nur oberflächlich den ersten Lösungszug) und, falls es mehr als eine Lösung oder weitere Varianten gibt, schau dir alle genau an und versuche, sie zu verstehen. Versuche, die Lösung vom Diagramm aus im Kopf nachzuvollziehen, das ist zudem gleichzeitig eine gute Konzentrations- und Variantenberechnungsübung, die ebenfalls deine Spielstärke verbessern wird. Wer lernt, auch nur einen Zug weiter zu berechnen als er das bisher konnte, wird in Blitz- oder Turnierpartien so manches mehr sehen; ob als Angreifer oder in der Verteidigung.

Inhalt:

Warum Taktik-Training?

Taktik hat in der Schachpartie die größte "Spannweite"; Taktik kommt von den Eröffnungszügen bis zum Endspiel in sämtlichen Partiephasen vor. Der Schwerpunkt der Anwendung der Taktik liegt aber meist im Mittelspiel, wo oft schon die Weichen für Sieg oder Niederlage gestellt werden – eine übersehene Springergabel oder ein Abzugsschach, und alle Endspielkunst kann nichts mehr retten!

Taktik ist am einfachsten zu lernen. Man kann mit dem Erlernten sofort etwas anfangen und erweitert seinen Horizont, während z.B. Endspielkenntnisse für den unerfahrenen Spieler meist wenig bringen – weil ihn der Gegner durch einen taktischen Schlag schon lange zuvor besiegt hat!

Taktik lernen macht mehr Spaß als die meisten anderen Trainingsbereiche. Die kombinatorischen Ein- und Reinfälle sind interessant, manchmal sogar verblüffend und die Motive, Ideen und Mattbilder prägen sich leichter ein und bleiben uns länger im Gedächtnis als etwa Theoriezüge in der Eröffnung.

Natürlich muss man, um ein guter Schachspieler zu sein, alle Phasen des Spiels beherrschen und Kenntnisse in der Eröffnung ebenso wie in Taktik und Strategie und erst recht im Endspiel haben. Aber wenn man am Anfang steht oder nicht so viel Zeit ins Training investieren kann/will, dann hilft Taktik schnell, ist gut dosierbar und macht mehr Spaß als das trockene Lernen in den anderen Bereichen der Schachtechnik.

Zur Anwendung dieses Buches

Bei Aufgaben, wo nichts weiter angemerkt ist, ist Weiß am Zug. Die Lösungen findest du auf den Seiten ab S.74. Sie sind versetzt, damit du nicht aus Versehen die Lösung der nächsten Aufgabe siehst. In der ersten Spalte findest du die Lösung der Aufgabe 1, auf der nächsten Seite die der Aufgabe 2 usw. Nach Lösung 61 geht es wieder auf der ersten Lösungsseite in der zweiten Spalte weiter und entsprechend für die weiteren Lösungen.

Die **fettgedruckte Variante** ist die Hauptvariante (auch Textvariante genannt). In Einzelfällen kann die Nebenlösung die bessere sein (z.B. statt Matt nur Materialverlust), aus Gründen der Anschaulichkeit oder weil diese "Reinfälle" typisch sind und häufig vorkommen wurde dennoch die Mattvariante zuerst aufgeführt.

Züge, die **fettgedruckt** und *kursiv* sind (Beispiel: ***Tg1-g8+***) geben Alternativen an. Dies kann etwa eine weitere, gleichwertige Lösung sein oder auch eine weitere gegnerische Verteidigung.

Und nun genug der Vorrede. Ich wünsche Dir 365 Tage lang Freude am Schach und an der Schachtaktik!

Heinz Brunthaler

Die Schachtaktik und ihre Motive

Bevor wir richtig loslegen möchte ich noch eine kleine Einführung in die Schachtaktik voransetzen.

> "**Schachtaktik**, die Art, wie man seinen Plan durchführt, wie man sich seinen Zielvorstellungen nähert. Während die Schachstrategie auf die Frage antwortet, *was* man machen soll, bedeutet die S. Antwort auf die Frage, *wie* man es machen soll." ... "Wichtigstes Element des taktischen Planes ist die Durchrechnung einzelner Züge, manchmal einer ganzen Reihe von Zügen, sog. Manövern und Kombinationen."
>
> (aus "Großes Schach Lexikon", Klaus Lindörfer,Gütersloh 1977, S.228)

Etwas pragmatischer formulierte Großmeister Tartakower (1887-1956):

> "Der Taktiker muss wissen, was er zu tun hat, wenn es etwas zu tun gibt; der Stratege muss wissen, was er zu tun hat, wenn es nichts zu tun gibt."

Tatsächlich kann der Taktiker nichts tun, wenn eine Stellung keine Schwächen aufweist und im Gleichgewicht ist. Wird eine Schachpartie von beiden Spielern korrekt geführt, sollte sie stets Remis enden und der Versuch dennoch etwas zu unternehmen wird scheitern. Beim Versuch aber, auf Gewinn zu spielen, muss man Ungleichgewichte schaffen / zulassen und damit Risiken eingehen, die der Gegner eventuell zum Gewinn nutzen kann. Dazu muss er oft Bauern oder Figuren opfern, was er wie oben erwähnt als "Kombination" durchrechnen muss, um die Machbarkeit und die gegnerischen Erwiderungsmöglichkeiten zu prüfen. Grundsätzlich unterscheiden wir drei Arten von Kombinationen:

- Die Mattkombination;
- Die Pattkombination;
- Die Kombination zum Materialgewinn.

Erstere ist heute selten geworden und überwiegend im unteren Spielstärkebereich anzutreffen, denn die Kenntnis der Eröffnung und die Verbesserung der Spieltechnik verhindern die spontanen Überfälle, die das Schach der frühen Jahrhunderte kennzeichnete.

Unter Pattkombinationen versteht man auch alle solche, die ein Remis durch Dauerschach oder Zugwiederholung herbeiführen, was ja oft auch die Alternative zum Patt darstellt.

Kombinationen zum Materialgewinn sind die häufigste Art. Sie unterteilen sich in verschiedene Bereiche, die wir "Motive" nennen.

Die wichtigsten sind:

Doppelangriff; Fesselung; Abzug und Abzugsschach; Doppelschach; Hin- und Weglenkung und **Figuren in der Falle.**

Es gibt darüber hinaus zahlreiche weitere Untermotive oder komplette Angriffstechniken, die in bestimmten Situationen gewinnen. Je nach Stärke der Spieler treten solche Kombinationen mehr oder weniger häufig auf und dies in grober oder subtilerer Form. Der unerfahrene Spieler wird schon in den ersten Zügen mit Kombinationen konfrontiert. Fast jeder Schachfreund hat zu Beginn Bekanntschaft mit dem "Schäfermatt" gemacht und schnell gelernt, es zu vermeiden. Damit hat er das erste Kombinationsmotiv kennen gelernt und auch, wie er es vermeiden kann. Der doppelte Nutzen von Kombinationsmotiven liegt genau darin, sie sowohl anwenden als auch vorhersehen und vermeiden zu können. Das lernt man meistens auf die harte Tour durch Eröffnungsfallen und –reinfälle. Schauen wir uns die wichtigsten Motive ein wenig näher an.

Der Doppelangriff kommt wohl am häufigsten vor. Alle Figuren und auch der Bauern können ihn ausüben, wenn auch mit unterschiedlichster Reichweite und Kraft.

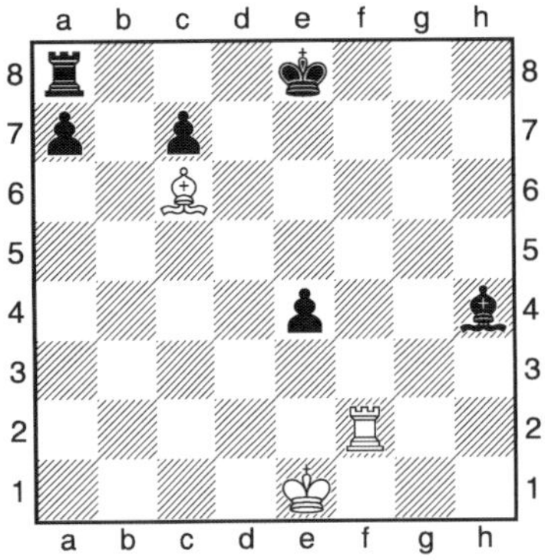

Der Läufer

kann zwei Arten von Doppelangriff führen.

Die Gabel greift nach zwei Seiten hin an, was nach links und rechts oder oben und unten geschehen kann, (*D links oben und mitte).*

Der Spieß greift zwei hintereinander stehende Figuren an (*D rechts unten).*

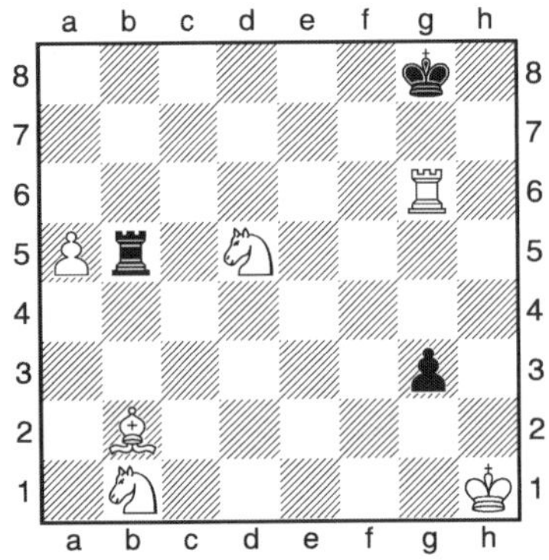

Der Turm

kann ebenfalls zwei Arten von Doppelangriff führen und zwar in seiner Laufrichtung waagerecht *(D links)* und senkrecht *(D rechts).*

Zudem kann er auch Figuren aufspießen, wie er es links in Richtung nach unten tut. Läufer und Springer sind aufgespießt, nur einer von ihnen kann sich retten.

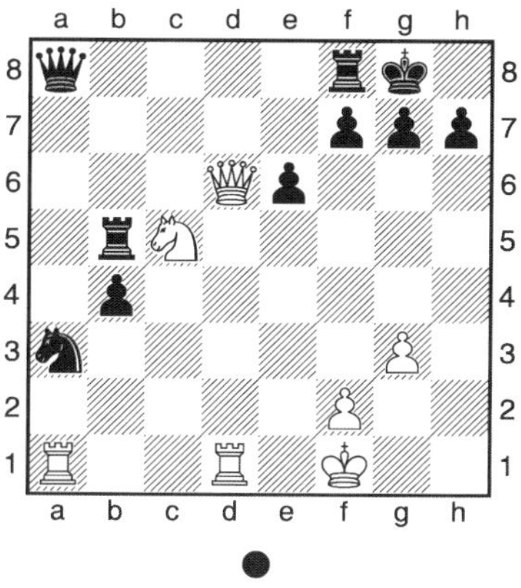

Die Dame

kombiniert die Gangart von Läufer und Turm, kann also die Doppelangriffe beider anwenden und zwischen ihnen wechseln, was sie so gefährlich und vielseitig macht. Da die Dame aus der Entfernung und brettumspannend angreifen kann, sind ihre Doppelangriffe für den ungeübten Spieler oft schwer vorherzusehen. Hier ein Beispiel:

1...Da8-h1+ 2.Kf1-e2 Dh1-h5+

Doppelangriff gegen König und Springer!

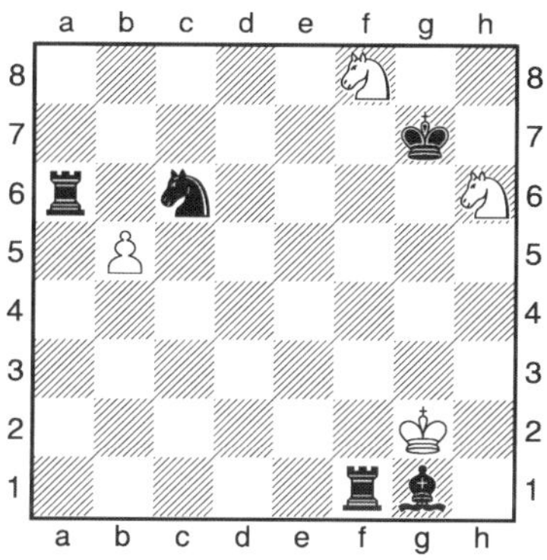

Bauer und König

können nur sehr bescheidene Doppelangriffe führen. Der Bauer kommt bei Vorstößen öfter zum Doppelangriff, wie *D links* zeigt. Der König kann keinen Doppelangriff gegen eine Dame führen, da er ja nicht in ein Schach eintreten darf. Doch auf engen Raum findet er manchmal seine Opfer, wie die Beispiele im *D rechts* zeigen.

Ein Doppelangriff kann sich nicht nur gegen zwei oder mehr Steine richten, sondern auch gegen einen Stein und ein wichtiges Feld, z. B. das Mattfeld, und kann so auch ohne Materialgewinn erfolgreich sein.

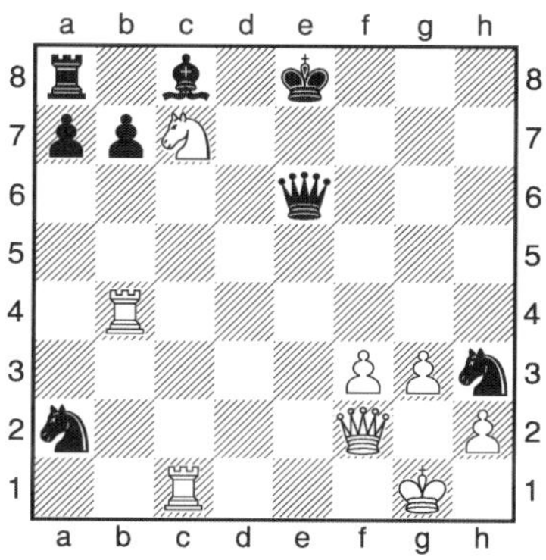

Der Springer

hat seine eigene Art des Doppelangriffs, die Springergabel. Da sie nach allen Seiten wirken kann, ist sie schwerer zu erkennen als es bei den "Linienfiguren" (so nennt man Dame, Turm und Läufer, die sich auf Linien fortbewegen). Die schlimmste Springergabel sehen wir im *Diagramm oben links*, das sogenannte "Familienschach", bei dem der Springer gleich drei Figuren angreift.

Die Fesselung

liegt vor, wenn ein Stein nicht wegziehen kann, ohne dadurch eine andere, wertvollere Figur preiszugeben. Es gibt drei verschiedene Arten von Fesselungen:

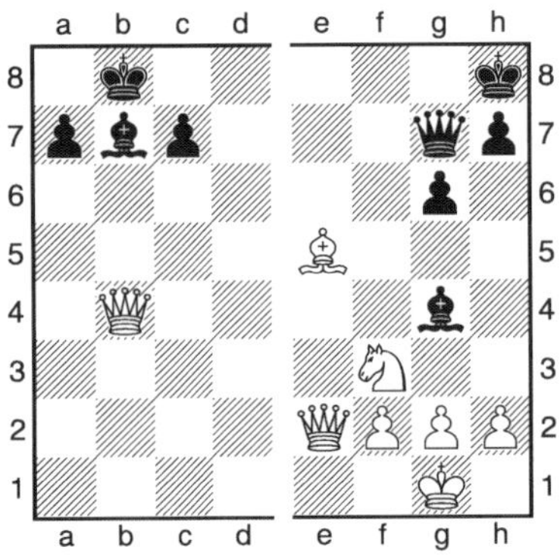

Die **"echte"** Fesselung sehen wir im *D links*. Der gefesselte Läufer kann gar nicht ziehen, weil sonst sein König im Schach stände.

Die **"bedingte"** Fesselung zeigt *D rechts oben*. Die gefesselte Dame kann ziehen und den Läufer schlagen, aber keinen anderen Zug machen.

D rechts unten zeigte eine **"unechte"** Fesselung. Der Springer kann beliebig ziehen, gibt aber dadurch seine Dame preis.

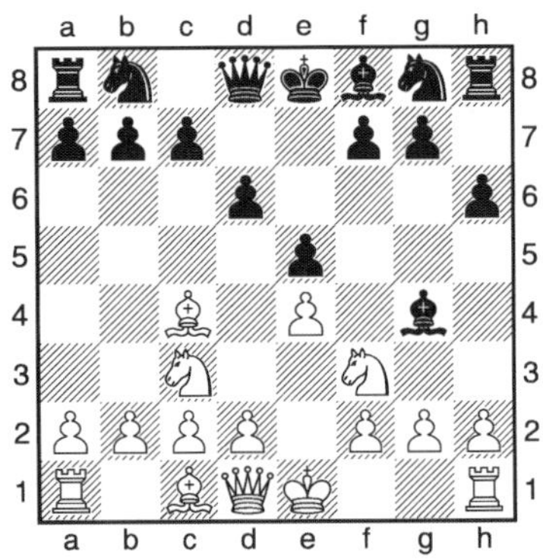

Auf solche Fesselungen sollte man sich nicht zu sehr verlassen, wie die folgende Eröffnungsfalle zeigt. Nach

1.e2-e4 e7-e5 2.Sg1-f3 d7-d6
3.Lf1-c4 Lc8-g4 4.Sb1-c3 h7-h6? *(D)*
wird der unecht gefesselte Springer aktiv:
5.Sf3xe5 Lg4xd1?? [5...d6xe5 6.Dd1xg4]
6.Lc4xf7+ Ke8-e7 7.Sc3-d5#

Diese Falle wird "Seekadetten-Matt" genannt.

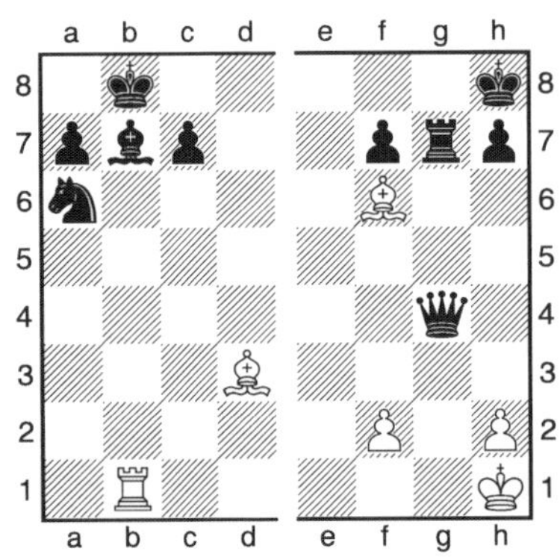

Ein wichtiger Punkt, der von unerfahrenen Schachfreunden leicht übersehen wird:

Ein gefesselter Stein kann einen anderen Stein nicht verteidigen!

Im *D links* ist der Springer daher praktisch ungedeckt und kann vom Läufer einfach geschlagen werden.

Ein gefesselter Stein kann aber einen Angriff unterstützen. Im *D rechts* ermöglicht der gefesselte Turm daher **...Dg4-g2#**

Der Abzug und das Abzugsschach

Zieht ein Stein weg und macht die Wirkungslinie einer anderen Figur frei, so nennt man das einen Abzug. Wenn durch die frei gewordene Figur etwas droht, muss sich der Gegner darum kümmern und der Stein, der abgezogen ist, droht vielleicht auch etwas oder hat ein Feld betreten, das er sonst nicht hätte betreten mögen. Besonders wenn eine der beteiligten Figuren des Abzugs Schach bieten kann, hat der Gegner ein ernsthaftes Problem. Hier einige Beispiele:

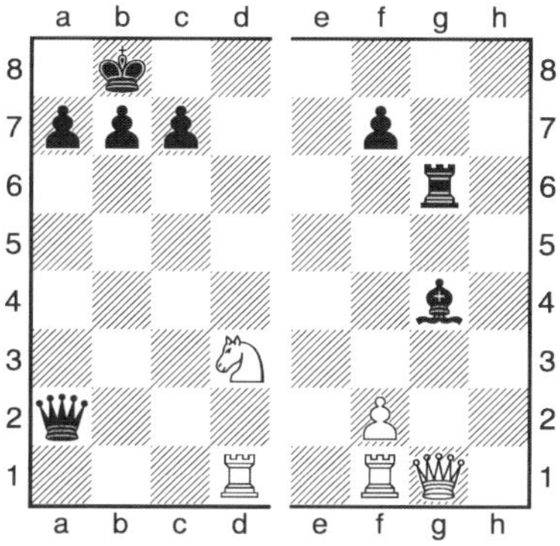

Im *D links* macht der Abzug Sd3-b4 dem Turm die d-Linie frei, wodurch Matt auf d8 droht, während der Springer die Dame angreift. Da Schwarz das Matt abwehren muss, geht die Dame verloren.

Im *D rechts* gewinnt der Abzug Lg4-e2 oder Lg4-h3 den Turm.

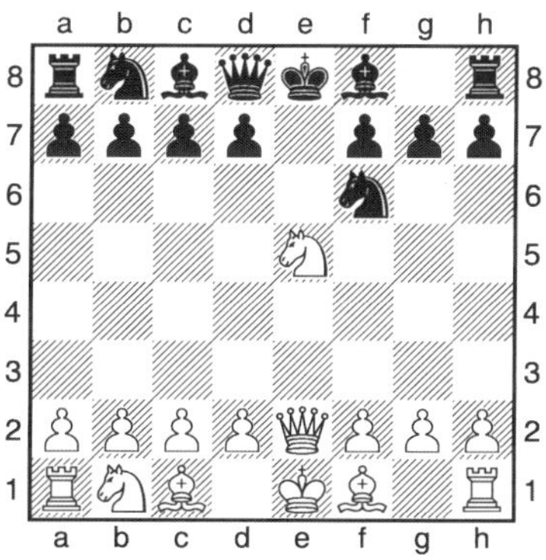

Einen typischen Eröffnungsreinfall durch ein Abzugsschach sehen wir hier:

1.e2-e4 e7-e5 2.Sg1-f3 Sg8-f6 3.Sf3xe5 Sf6xe4

[Richtig 3...Dd8-e7 4.Se5-f3 De7xe4+ *(4.d2-d4 d7-d6)*]

4.Dd1-e2 Se4-f6?? *(D)* **5.Se5-c6+**

mit Damengewinn, z.B.

5...Dd8-e7 6.Sc6xe7 Lf8xe7 usw.

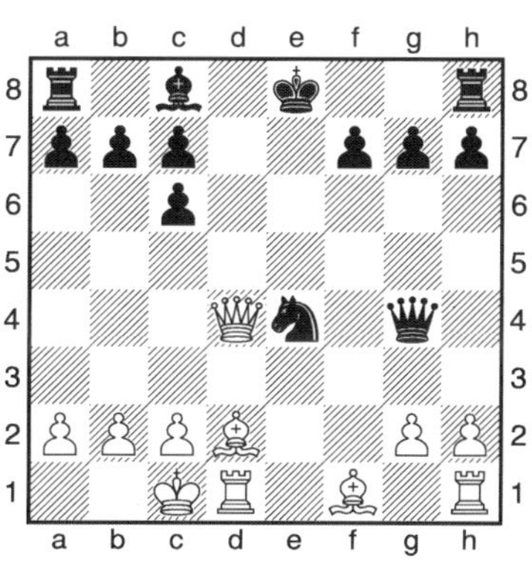

Eine besonders gefährliche Abart des Abzugs ist das Doppelschach, was oft gleich zum Matt führt. Hier ein nettes Beispiel:

1.Dd4-d8+ Ke8xd8 2.Ld2-g5+ und sogar ein Doppelschach und Matt!

Schwarz könnte beide Schachgebote leicht abwehren, aber nicht gleichzeitg – und das heißt Game over!

Hin- und Weglenkung

Der erste Zug der vorhergegangenen Stellung 1.Dd4-d8+ leitet gleich zu unserem nächsten Motiv hin. Mit einem Opfer wird ein Stein des Gegners auf ein Feld hin (oder von einem Feld weg) gelenkt, wo er angegriffen werden kann. Dieses Motiv ist also der Wegbereiter für ein anderes, z.B. für Doppelangriff oder Abzug.

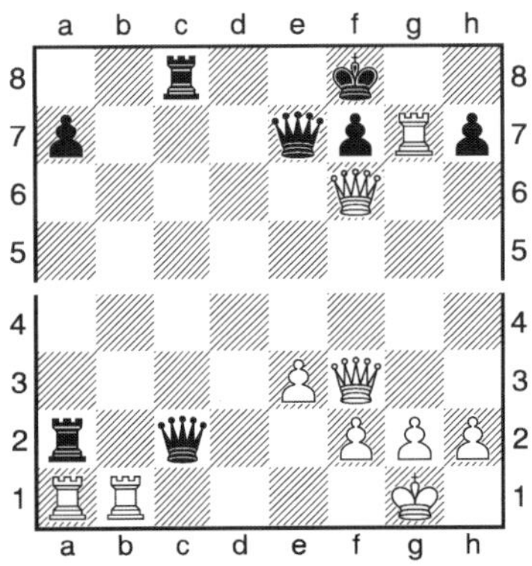

Im *D oben* lenkt der Turm den König weg:

1.Tg7-g8+ Kf8xg8 2.Df6xe7

Besonders beim Kampf um die Grundreihe spielt die Weglenkung eine wichtige Rolle, wie wir im *D unten* sehen:

1...Dc2-b2 gewinnt einen Turm:

2.Tb1xb2? [2.Tb1-f1 Ta2xa1]

2...Ta2xa1+ und Matt folgt.

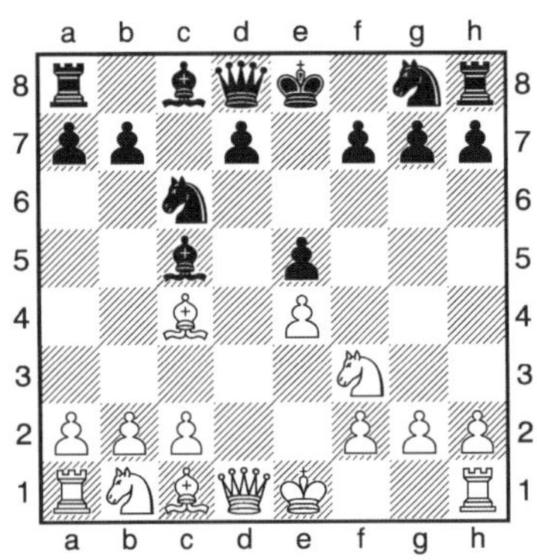

In manchem Eröffnungsreinfall wirkt die Hinlenkung aktiv mit dem Einschlag auf f7:

1.Lc4xf7+ Ke8xf7

Hinlenkung des Königs in einen Doppelangriff der Dame!

2.Dd1-d5+

gewinnt den Läufer zurück und hat außer dem Bauerngewinn auch die gegnerische Stellung arg geschwächt und die Rochade verdorben.

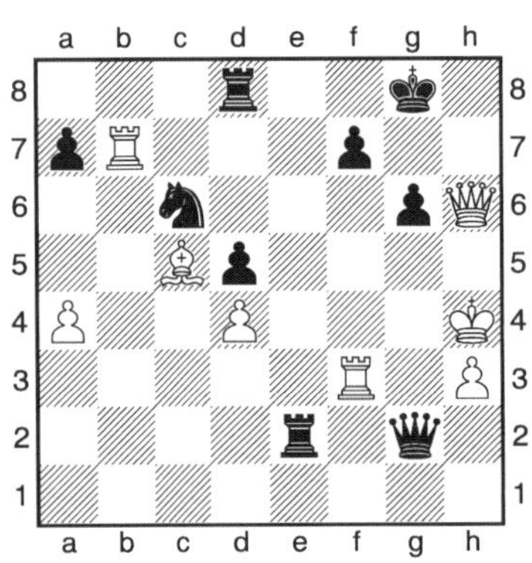

Eine Hinlenkung des Königs ins Matt ist der ultimate Fall dieses Motivs. Weiß am Zug ist hier akut vom Matt bedroht. Aber Judit Polgar, die stärkste Schachspielerin aller Zeiten, nutzte eine Hinlenkung zum Gewinn:

1.Dh6-g7+ Kg8xg7 2.Tf3xf7+ Kg7-g8 3.Tf7-g7+ Kg8-h8 4.Tg7-h7+ Kh8-g8 5.Tb7-g7#

Polgar – Hansen, Vejstrup 1990

Figuren in der Falle

Unerfahrene Spieler machen zu Beginn der Partie gerne verfrühte Ausfälle oder ziehen zu oft mit der gleichen Figur. Diese findet sich dann manchmal in der Situation, abgeschnitten und erobert zu werden. Auch bei Stellungen mit vielen Steinen auf dem Brett wird manchmal eine Figur gefangen. Hier einige typisch Beispiele:

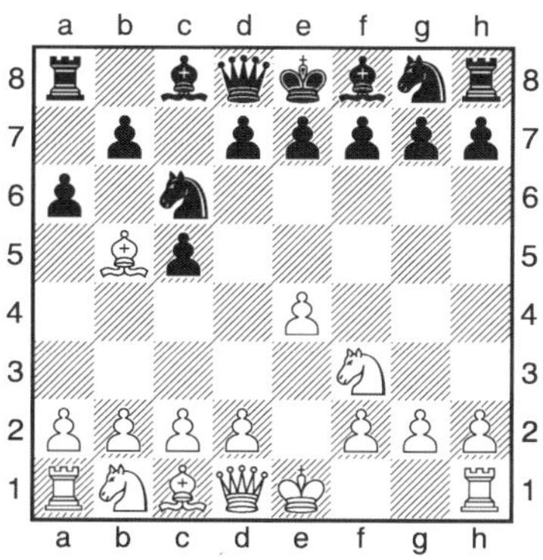

Einen typischen Anfängerfehler sehen wir hier schon nach den Zügen

1.e2-e4 c7-c5 2.Sg1-f3 Sb8-c6

3.Lf1-b5 a7-a6 *(D)* **4.Lb5-a4?**

[richtig ist Rückzug nach e2 oder Abtausch 4.Lb5xc6 d7xc6]

4...b7-b5 5.La4-b3 c5-c4

und der Läufer geht gegen einen Bauern verloren.

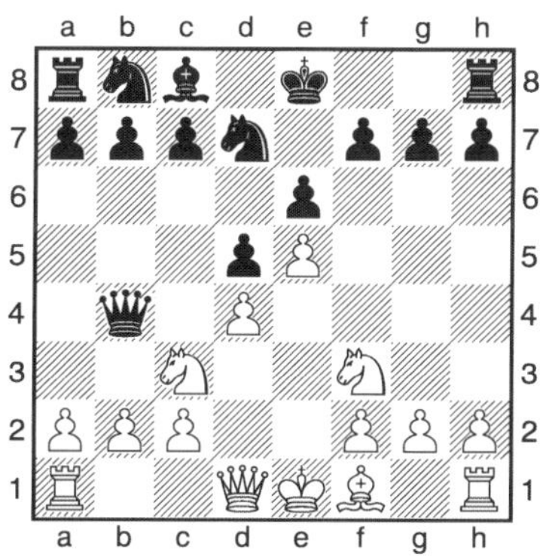

Der bekannteste Fall des Figurenfangs ist der "vergiftete Bauer". Hier greift die Dame den b-Bauern an, den der vermeintlich unaufmerksame Weiße nicht verteidigt:

1.a2-a3 Db4xb2 2.Sc3-a4

Und es wird klar, dass der Schwarze der Unaufmerksame war - wohin mit der Dame?

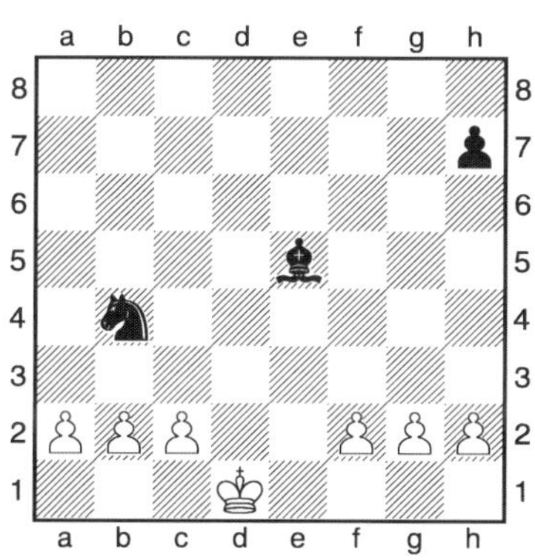

Einige scheinbar harmlose Situationen entpuppen sich als typische Reinfälle. Die Bauern auf a2 und h2 sind beide angegriffen. Doch sie zu schlagen will bedacht sein:

1...Sb4xa2? 2.c2-c3 und der König erobert den Springer durch Kd1-c1 - b1.

1...Le5xh2 2.g2-g3 und der Läufer ist abgeschnitten, kann sich aber gerade noch durch das Manöver **2...h7-h5 3.Kd1-e2 h5-h4** retten, **4.Ke2-f3 h4xg3 5.f2xg3 Lh2-g1** Hätte der König ein Feld näher gestanden, wäre der Läufer aber verloren gegangen.

Überlastung

Wenn eine Figur oder ein Bauer mehrere Steine verteidigen muss, kann sie "überlastet" werden. Das meint, dass sie zwar jede dieser Verteidigungsaufgaben erfüllen kann, aber nicht alle gleichzeitig. Dies wird leicht übersehen und kann Material kosten:

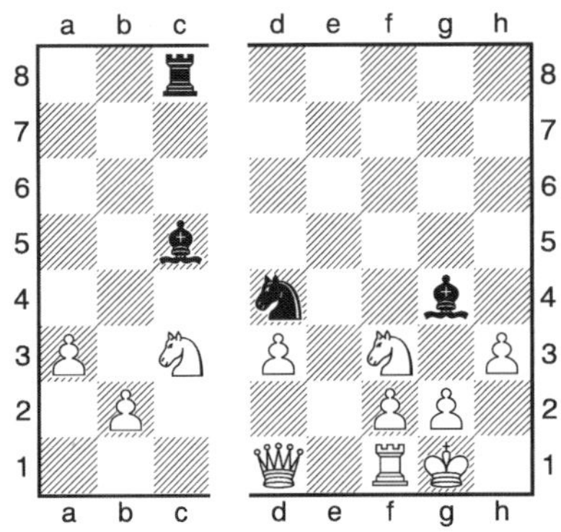

D links: **1...Lc5xa3** und der Bb2 ist überlastet: **2.b2xa3 Tc8xc3**

Im *D rechts* zog Weiß zuletzt h2-h3, um den Läufer zu vertreiben. Aber damit hat er eine Überlastungssituation geschaffen, die einen wichtigen Bauern kostet und die Königsstellung schwächt:

1...Sd4xf3+ 2.g2xf3 Lg4xh3

Taktik im Endspiel

Viele Schachfreunde glauben, Taktik sei nur in Eröffnung und Mittelspiel anzutreffen und nicht im oft für langweilig gehaltenem Endspiel. Das ist ein großes Missverständnis, denn auch in der finalen Phase der Partie entscheidet oft die Taktik über den Ausgang der Partie. Hier zum Abschluss ein nettes Beispiel:

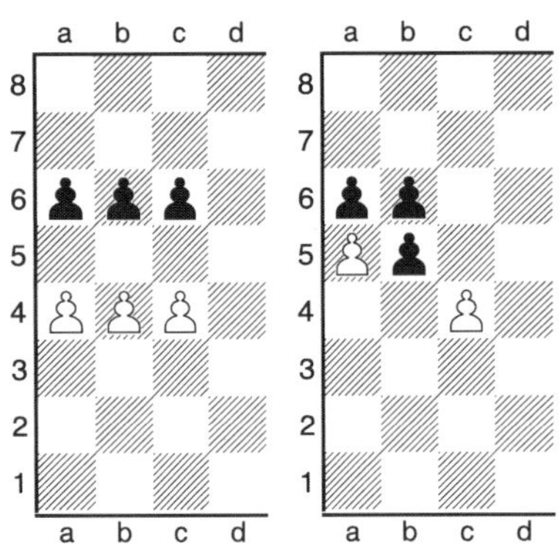

Man sollte meinen, es gäbe keine Möglichkeit zum Durchbruch eines Bauern. Aber ein taktischer Trick macht es möglich:

1.b4-b5 c6xb5

[1...a6xb5 2.c4-c5 b6xc5 3.a4-a5 *(2...b5xa4 3.c5xb6)*]

2.a4-a5 *(D rechts)* Weglenkung des Bb6 - oder auch Überlastung, da er die Felder a5 und c5 verteidigen muss!

2...b6xa5 3.c4-c5 [2...b5xc4 3.a5xb6]

Dies waren nur einige der zahllosen taktischen Motive und Methoden. Sie werden im weiteren Verlauf oft vorkommen und der Leser kann dann gleich wissend nicken: "Aha, eine Weglenkung", o. dgl.
Und nun genug der Theorie, los geht's mit den praktischen Aufgaben!

1. Tag

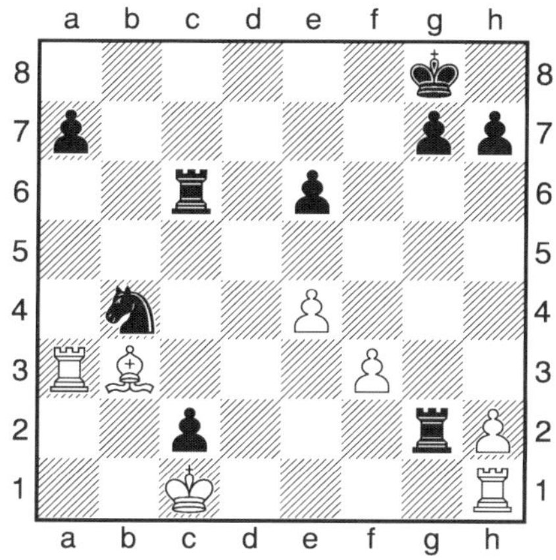

2. Tag

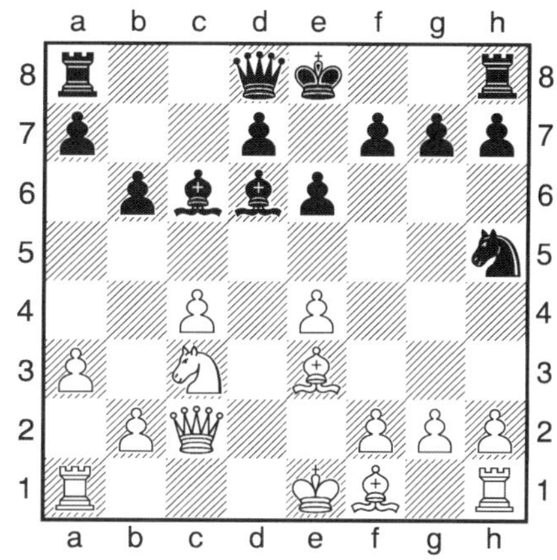

3. Tag

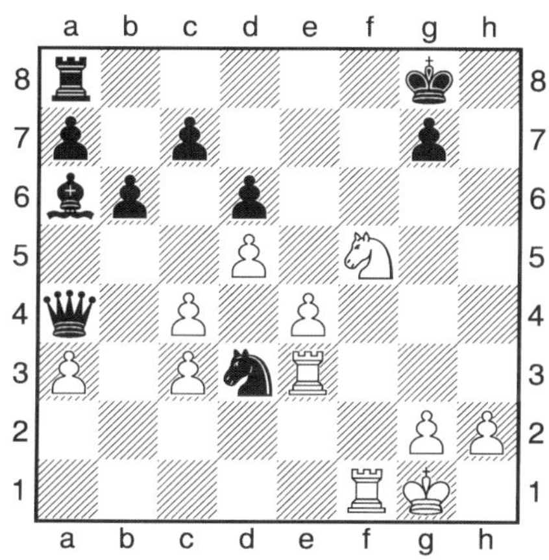

4. Tag

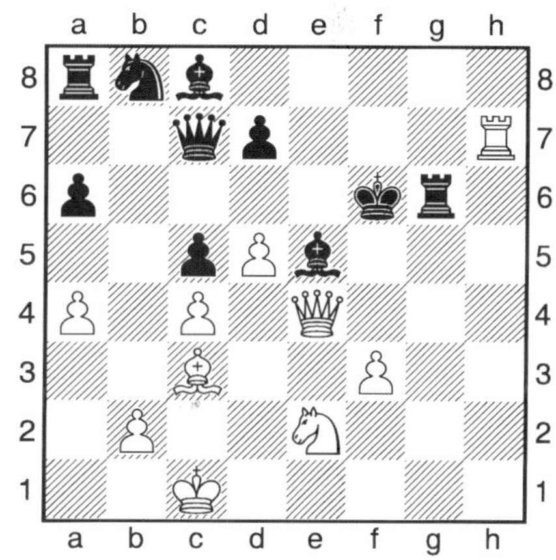

5. Tag

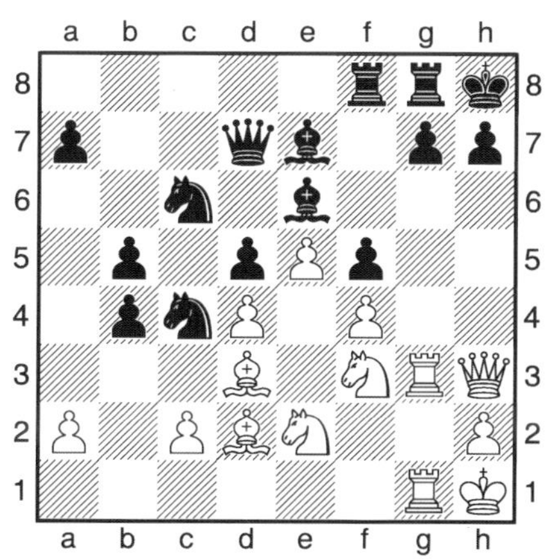

6. Tag

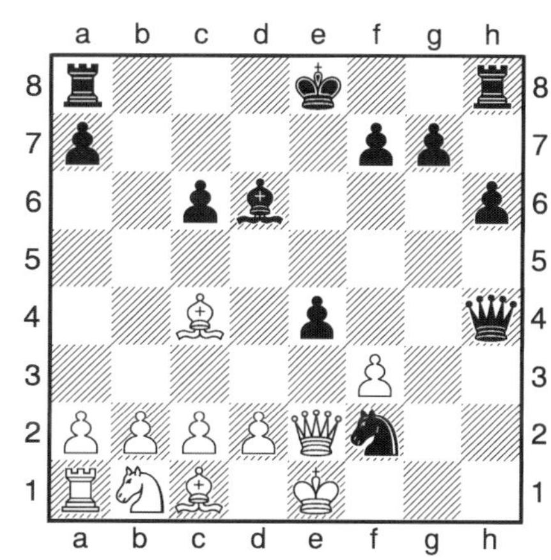

7. Tag

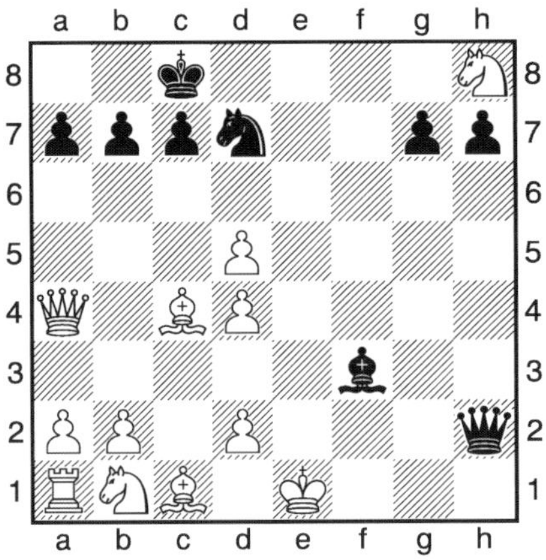

8. Tag

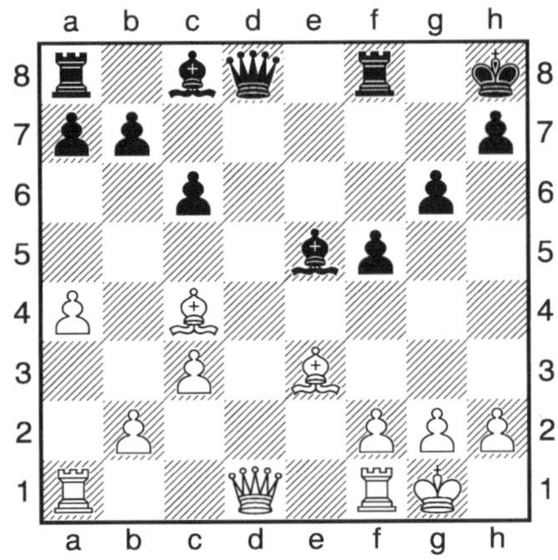

9. Tag

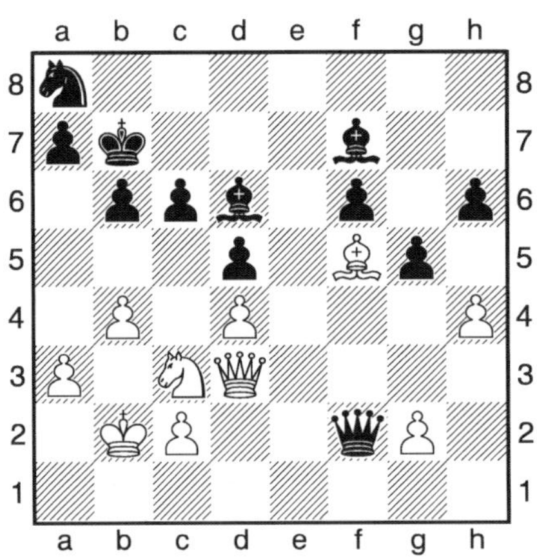

10. Tag

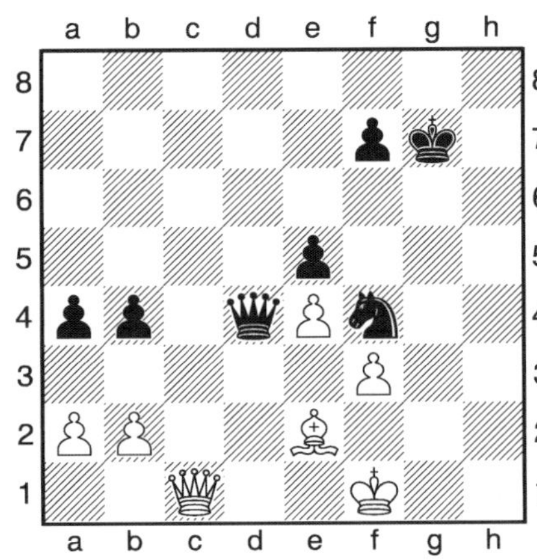

11. Tag

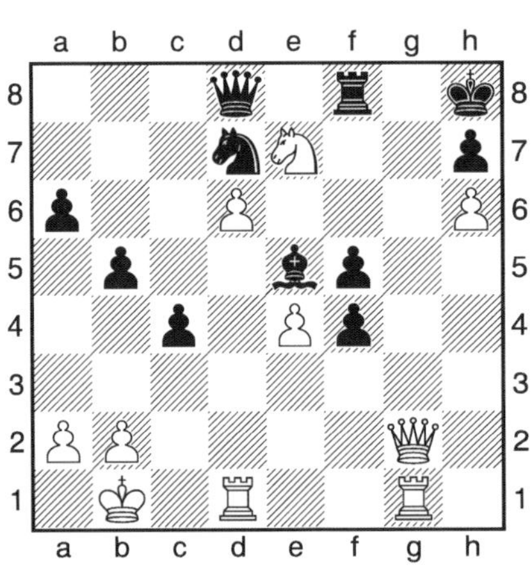

12. Tag

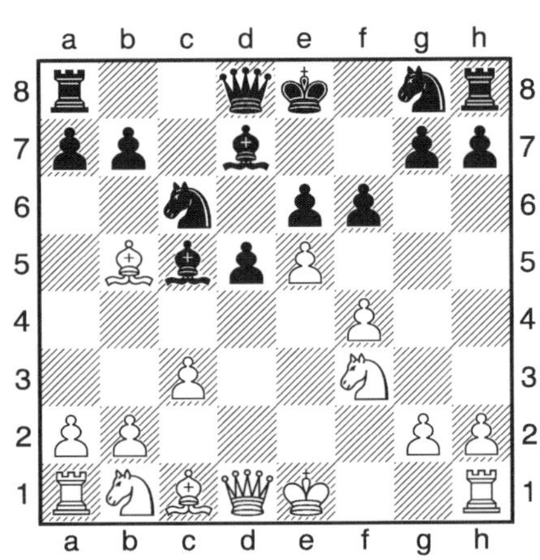

13. Tag

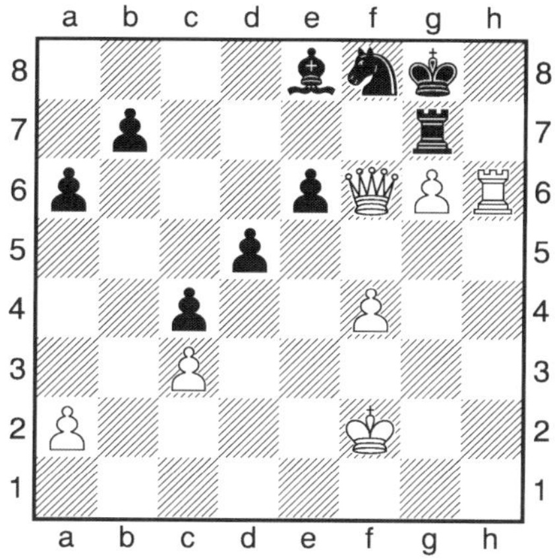

14. Tag

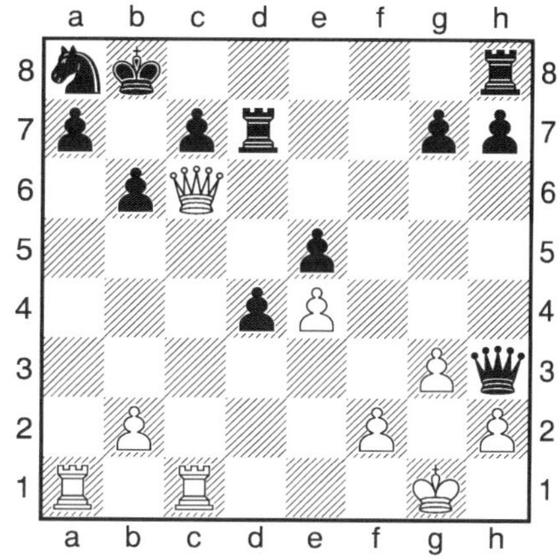

15. Tag

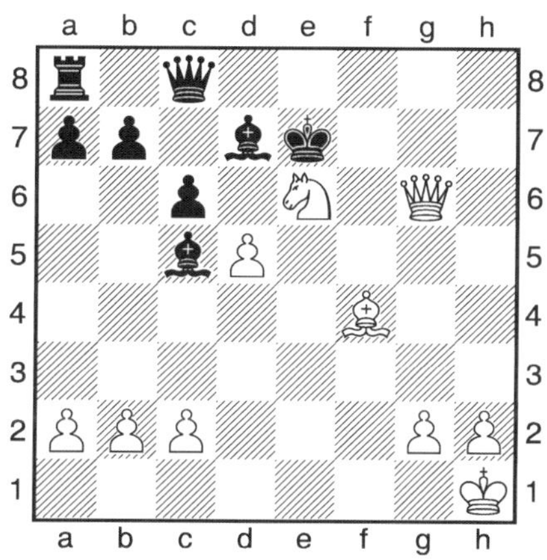

16. Tag

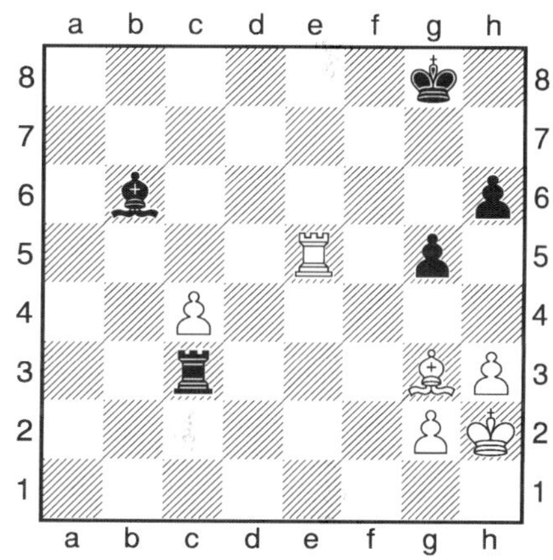

17. Tag

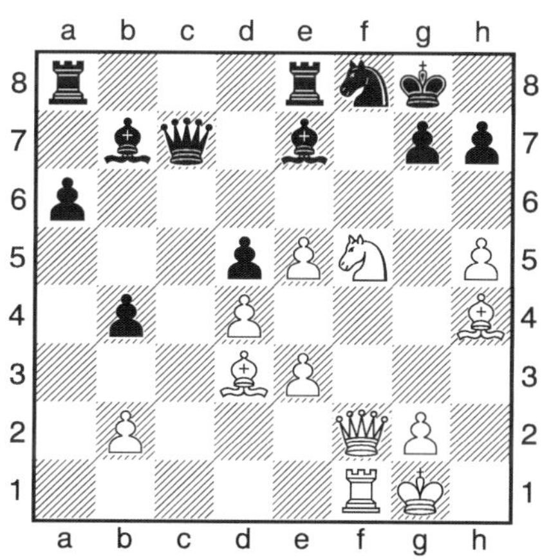

18. Tag

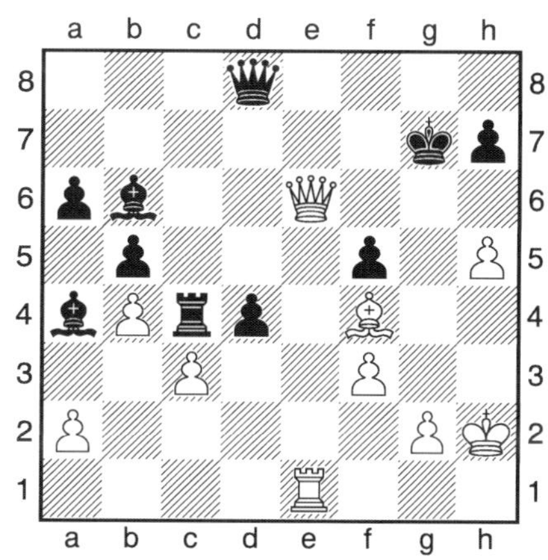

19. Tag

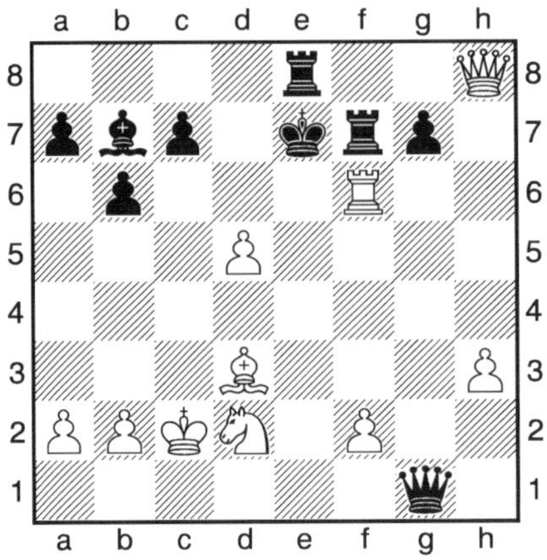

20. Tag

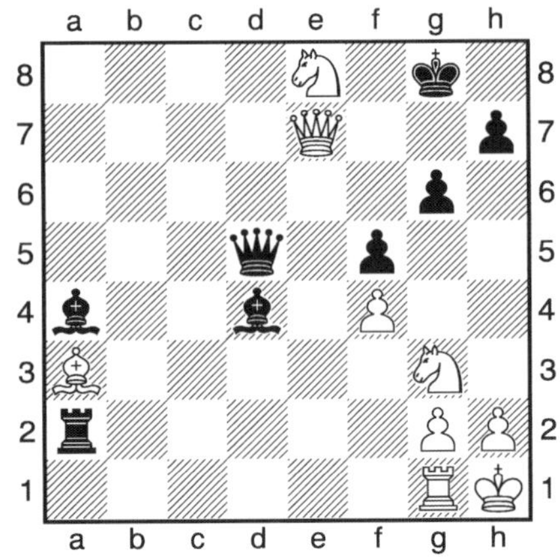

21. Tag

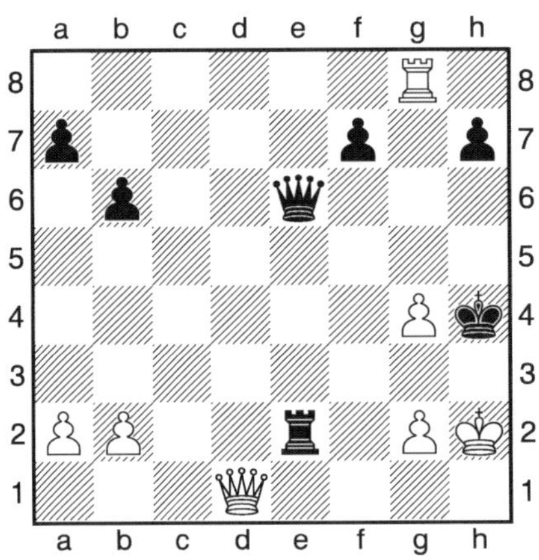

22. Tag

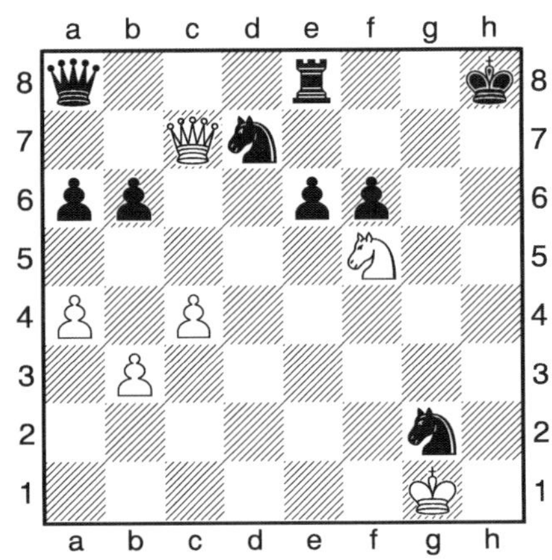

23. Tag

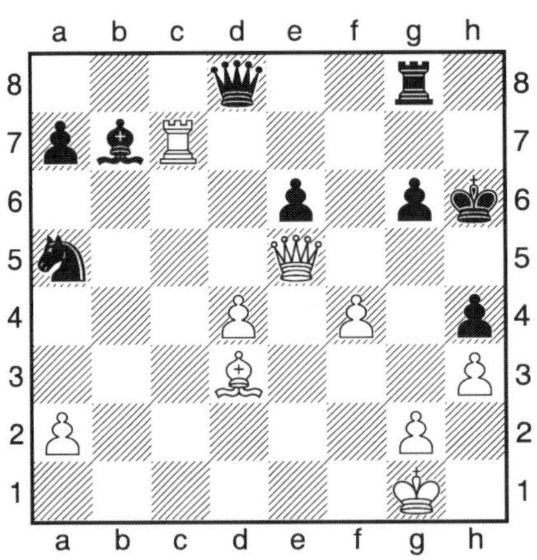

24. Tag

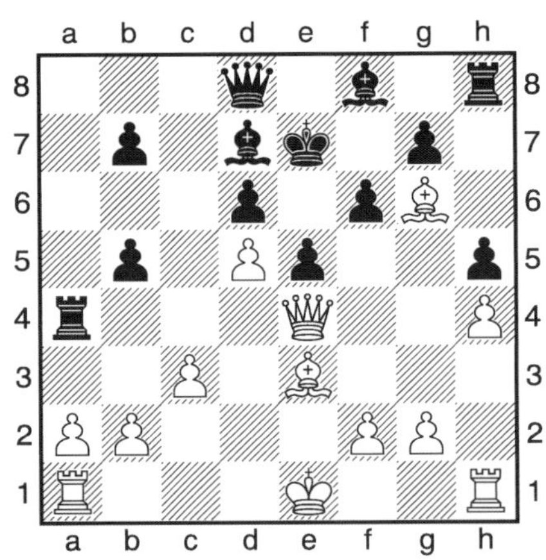

25.
Tag

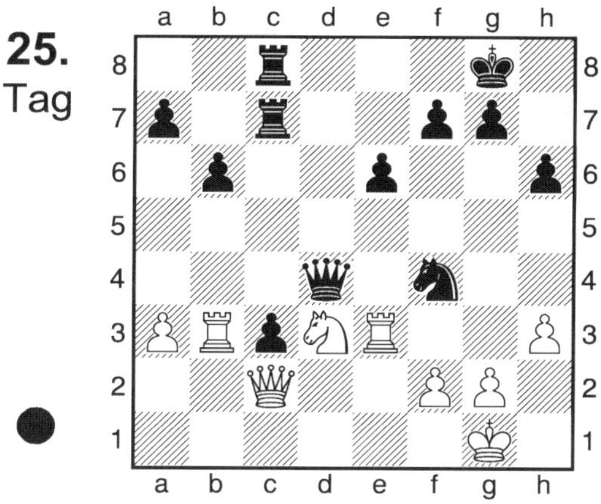

26.
Tag

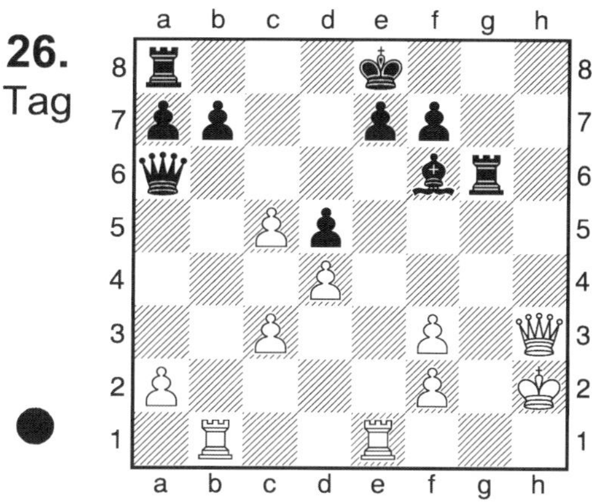

27.
Tag

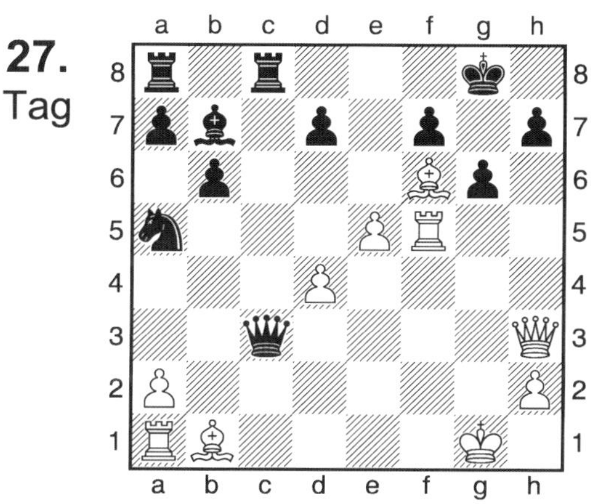

28.
Tag

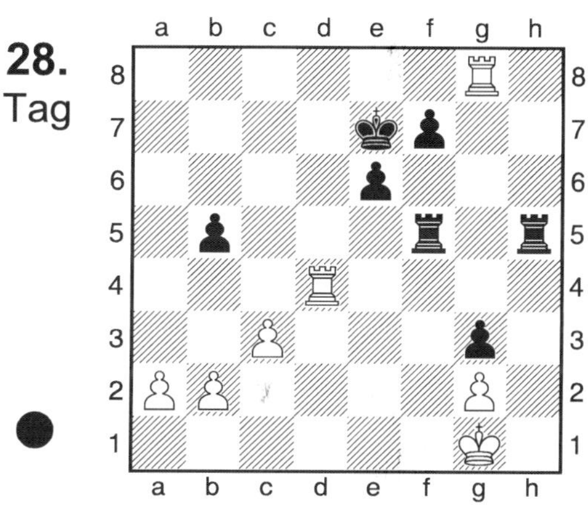

29.
Tag

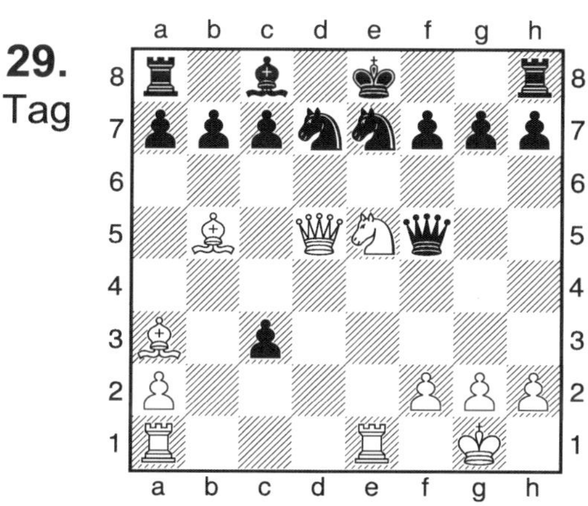

30.
Tag

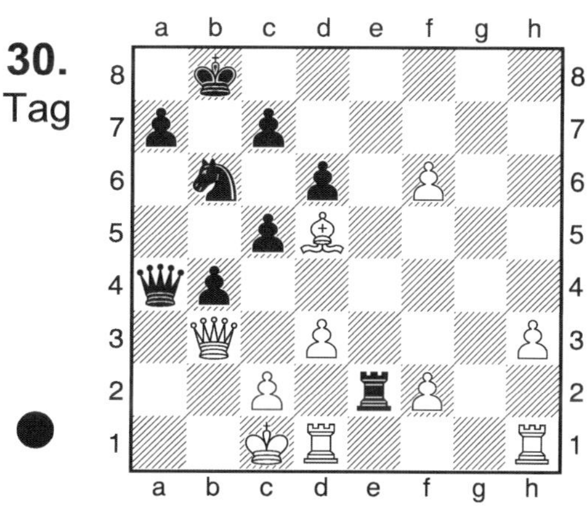

31. Tag

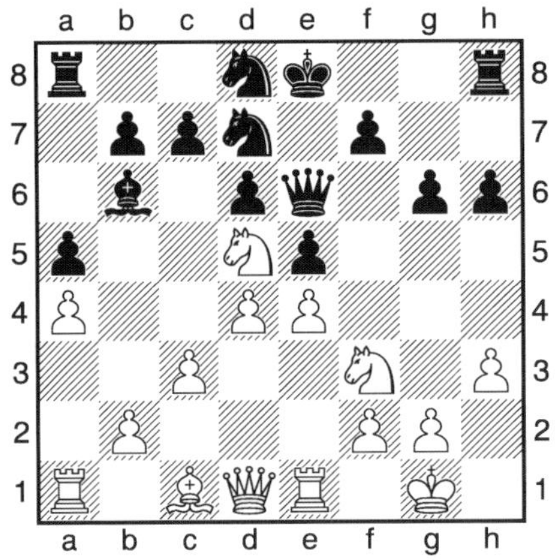

32. Tag

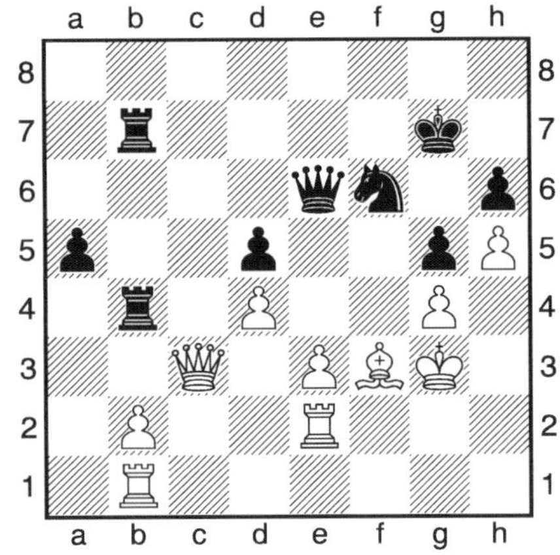

33. Tag

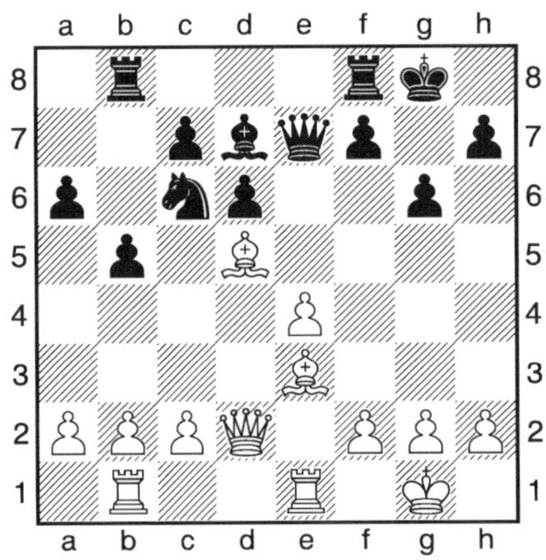

34. Tag

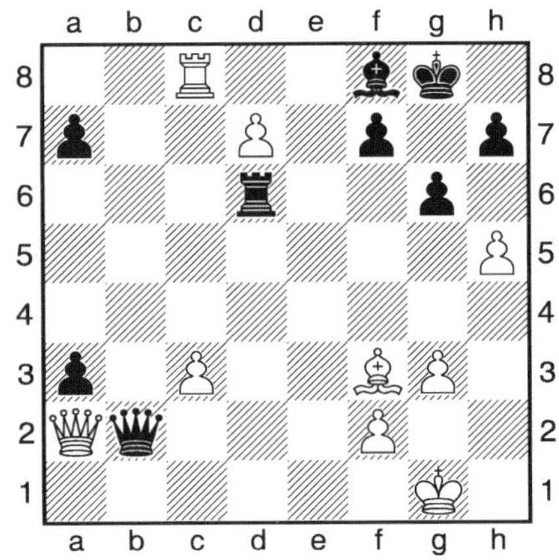

35. Tag

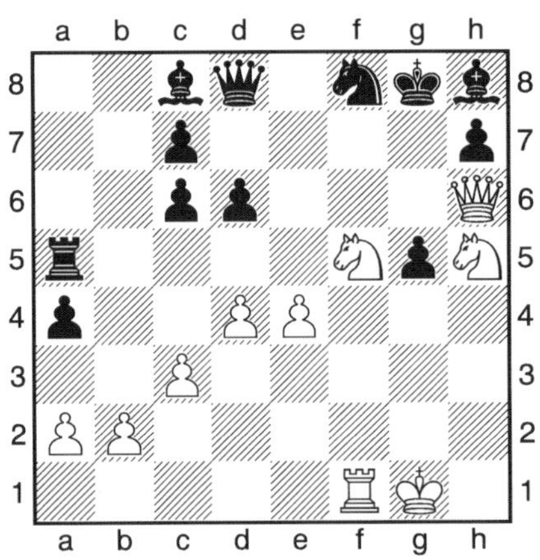

36. Tag

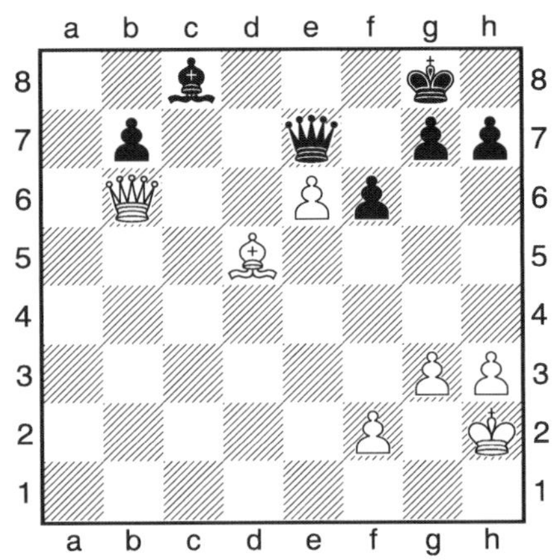

37. Tag

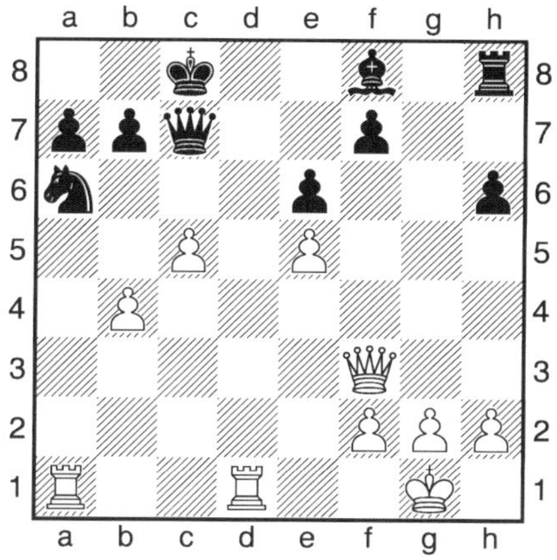

38. Tag

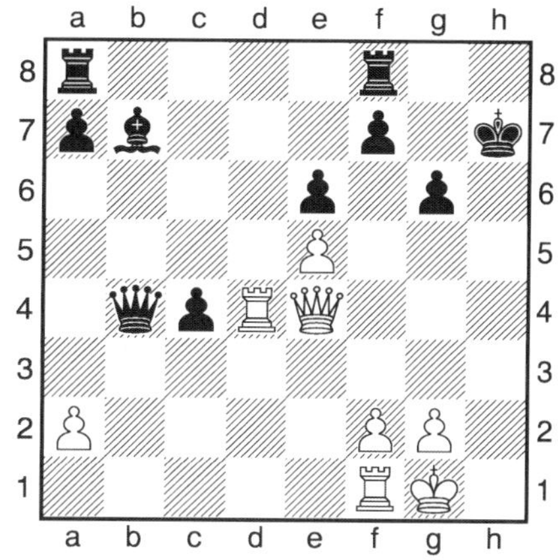

39. Tag

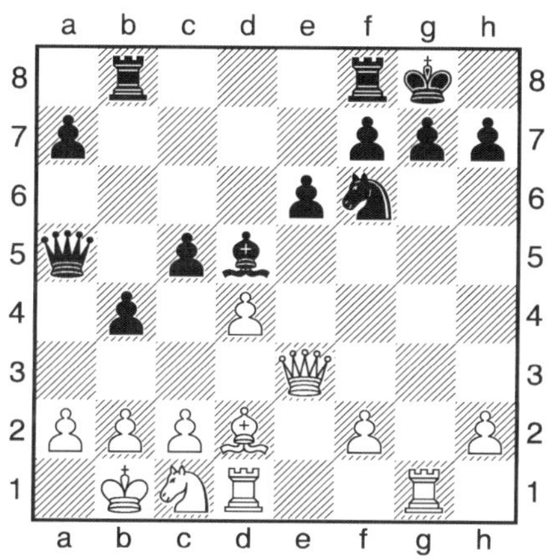

40. Tag

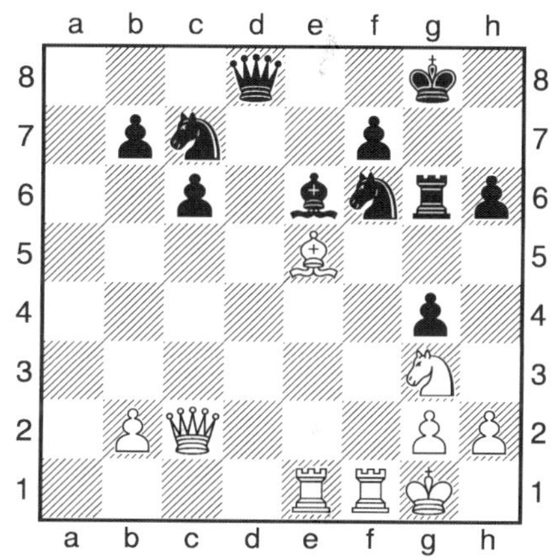

41. Tag

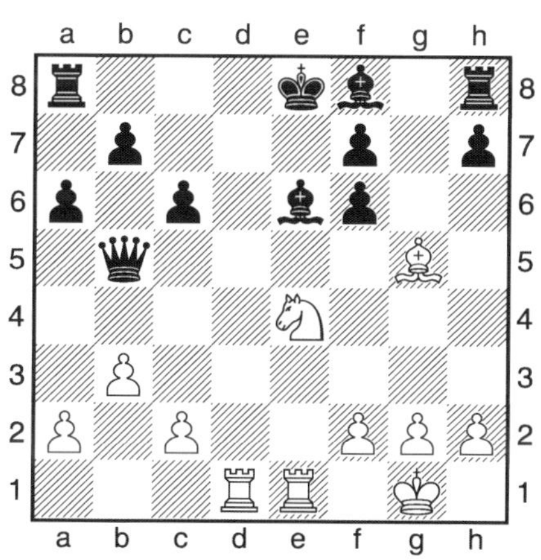

42. Tag

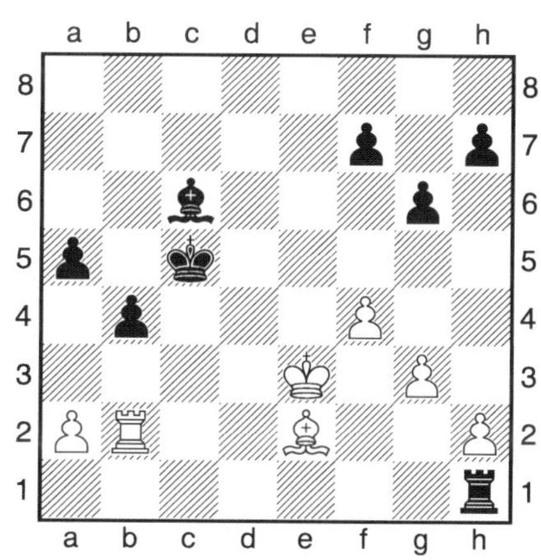

43. Tag

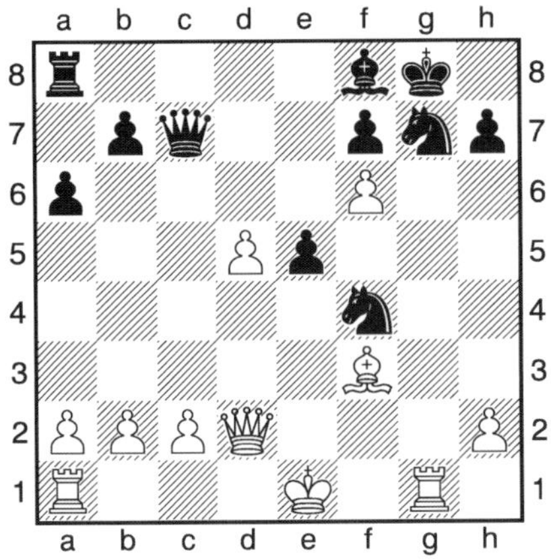

44. Tag

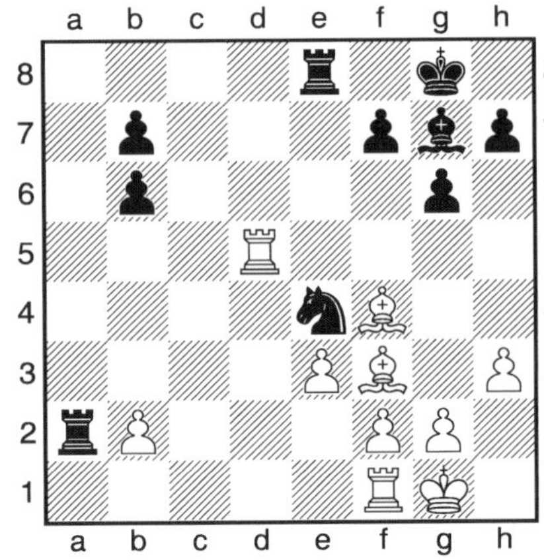

45. Tag

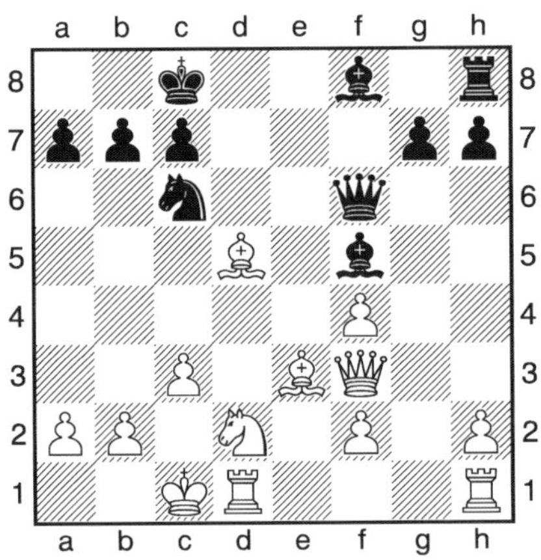

46. Tag

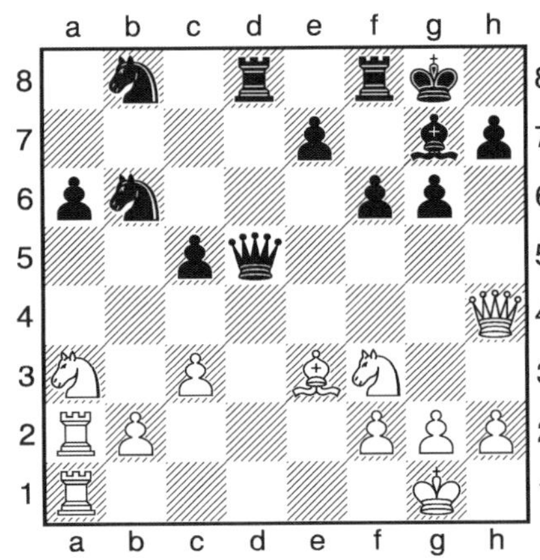

47. Tag

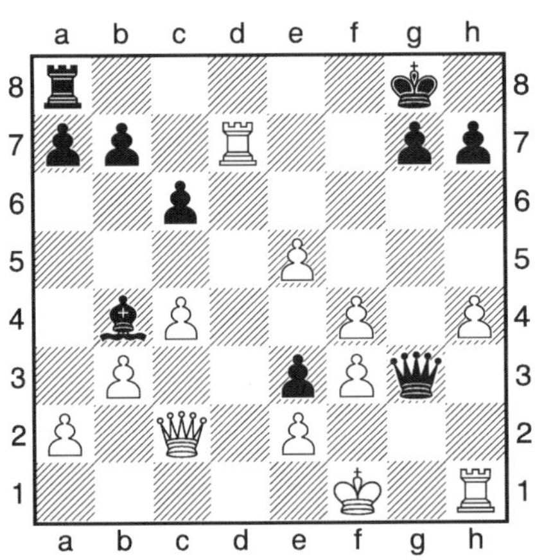

48. Tag

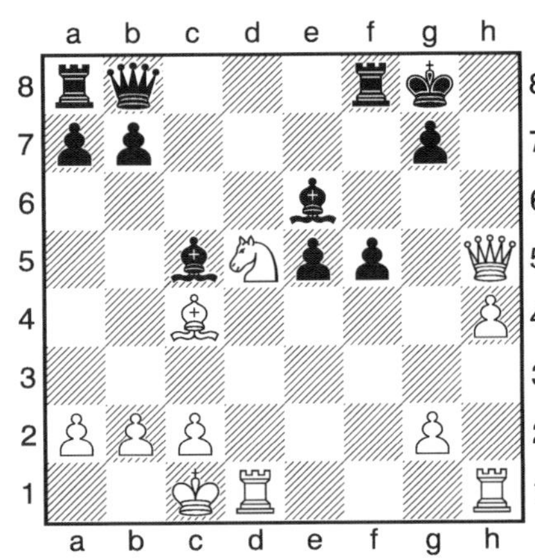

49. Tag

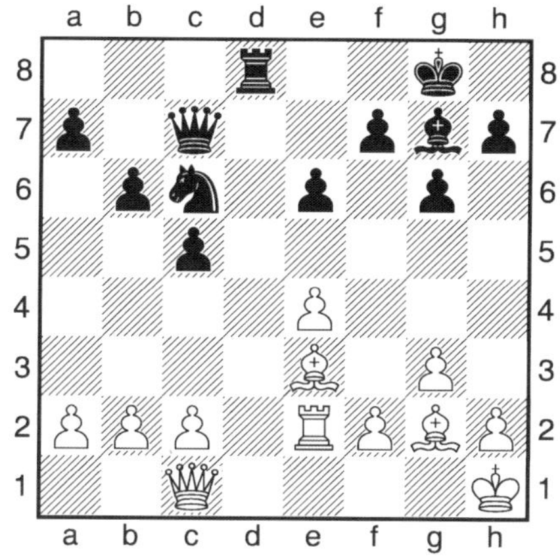

50. Tag

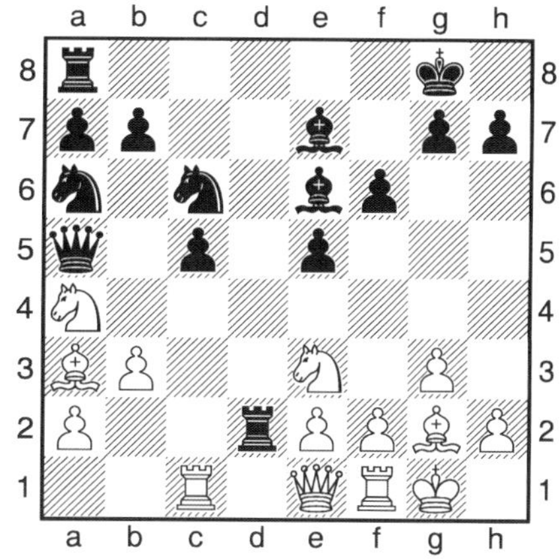

51. Tag

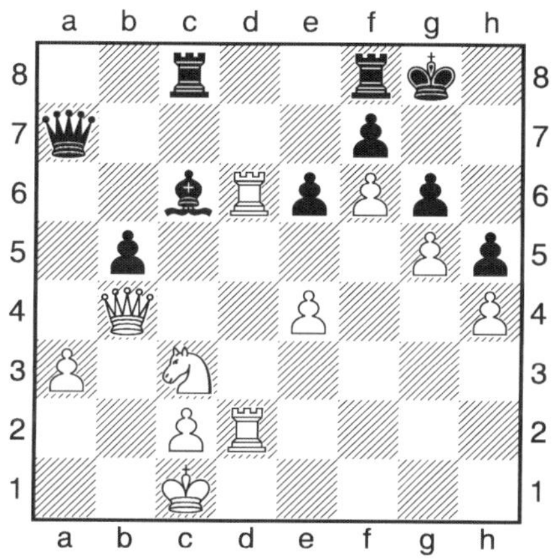

52. Tag

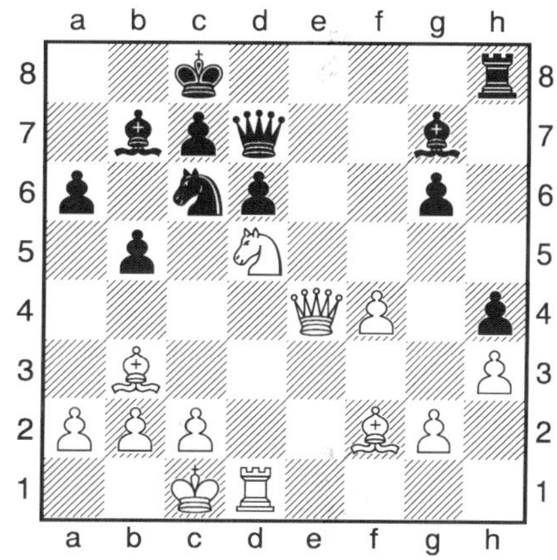

53. Tag

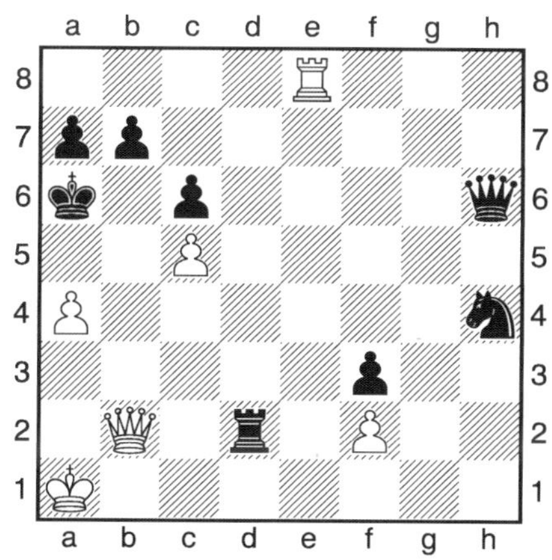

54. Tag

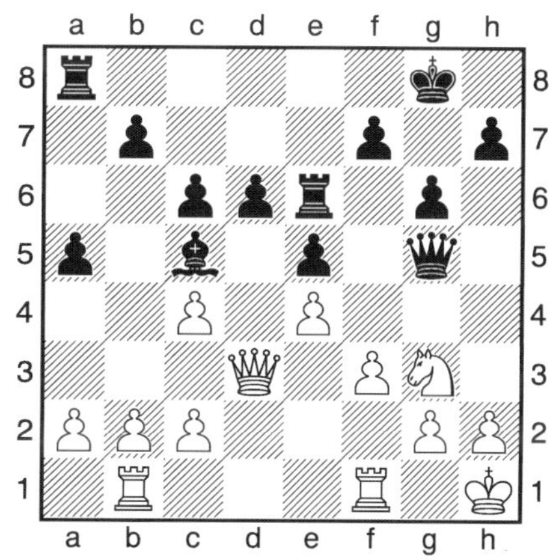

55. Tag

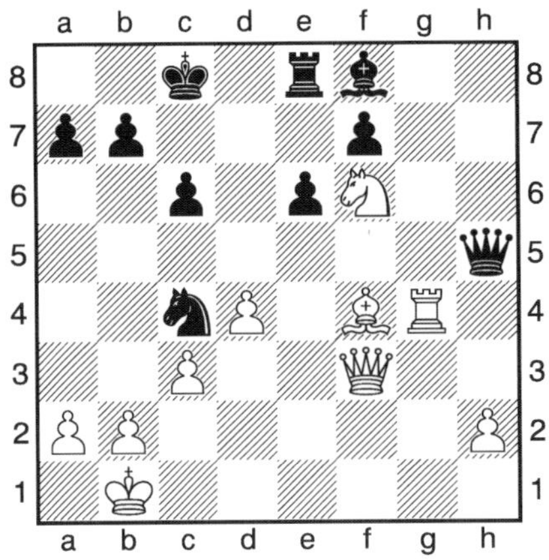

56. Tag

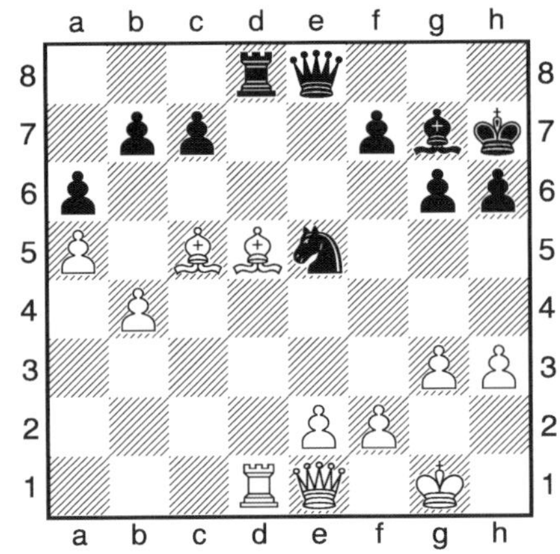

57. Tag

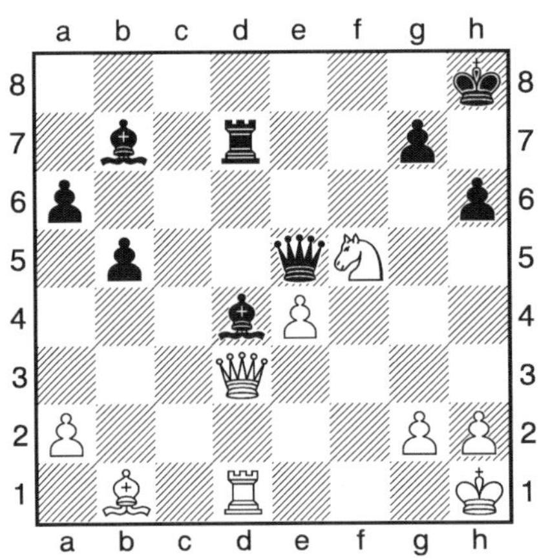

58. Tag

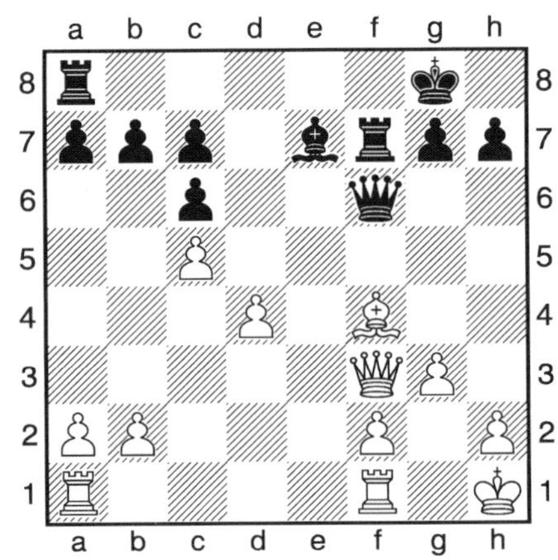

59. Tag

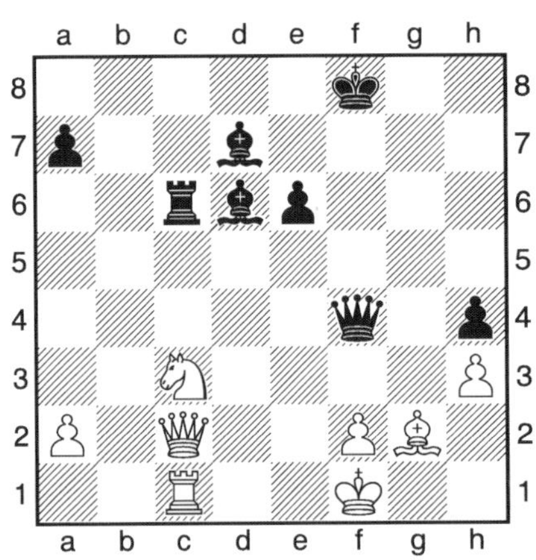

60. Tag

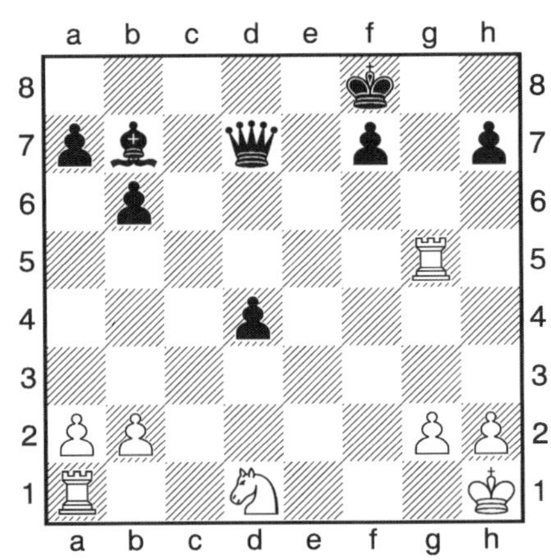

61. Tag

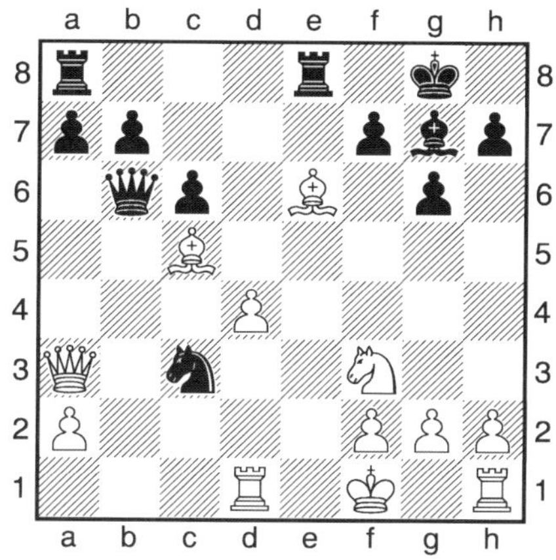

62. Tag

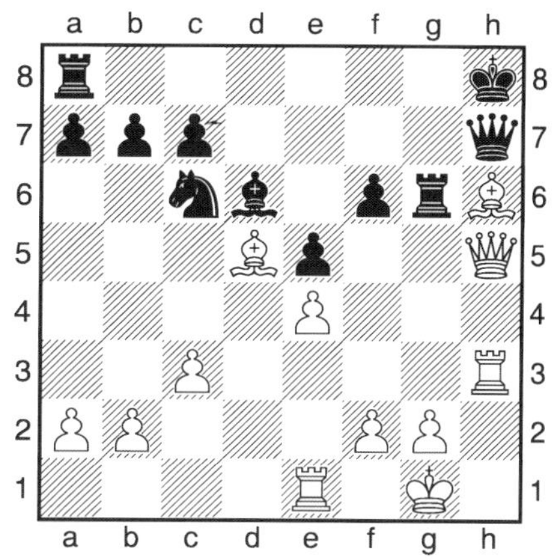

63. Tag

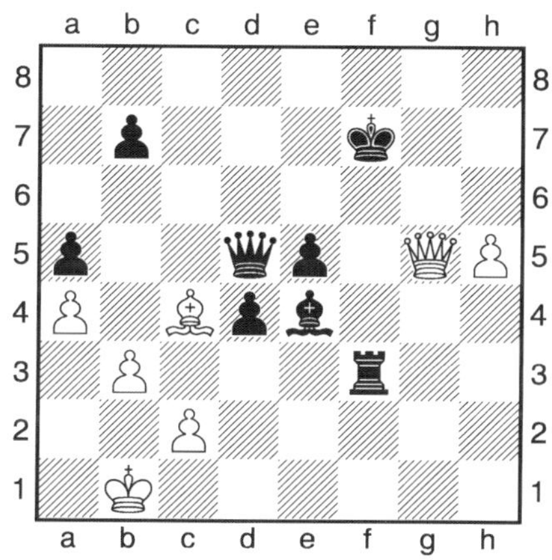

64. Tag

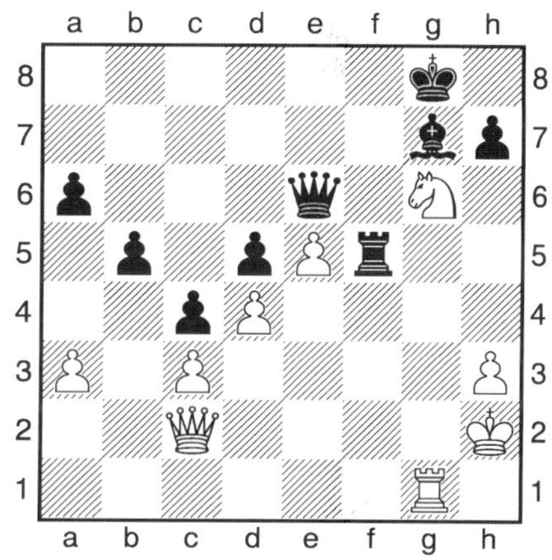

65. Tag

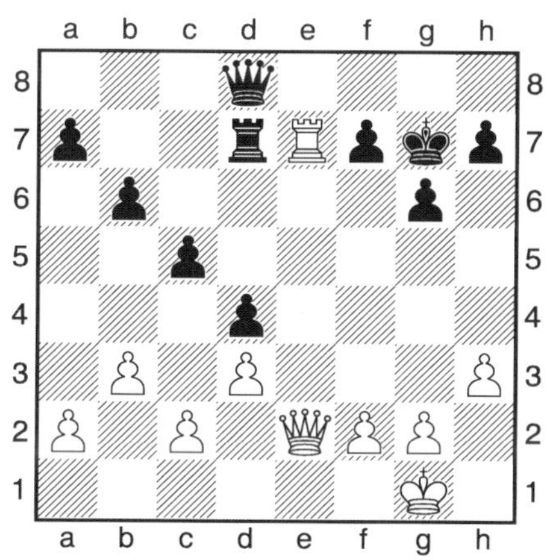

66. Tag

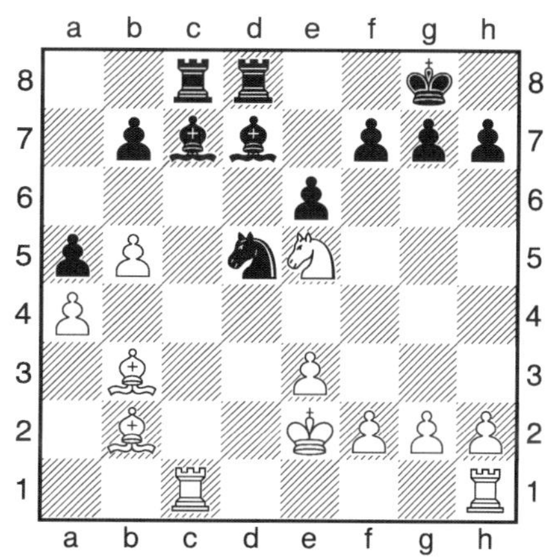

67. Tag

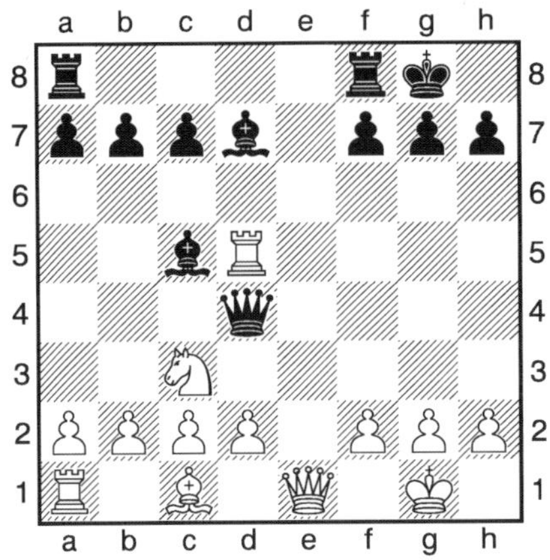

68. Tag

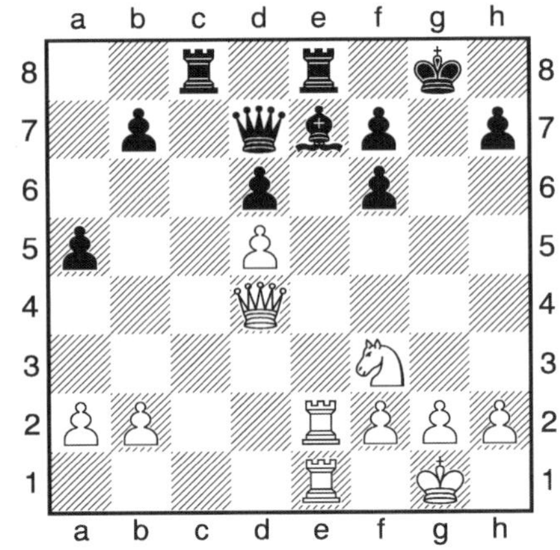

69. Tag

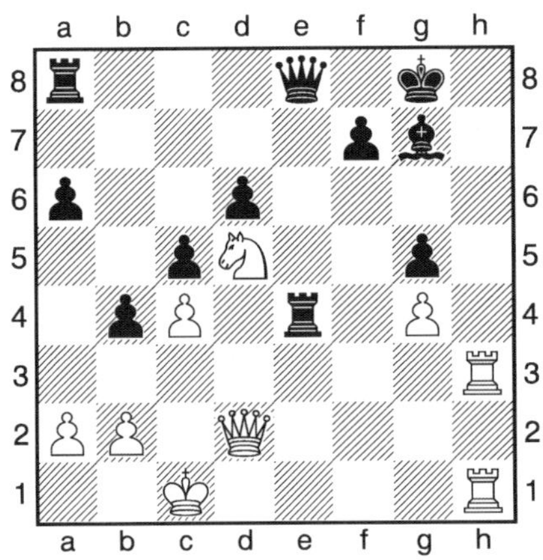

70. Tag

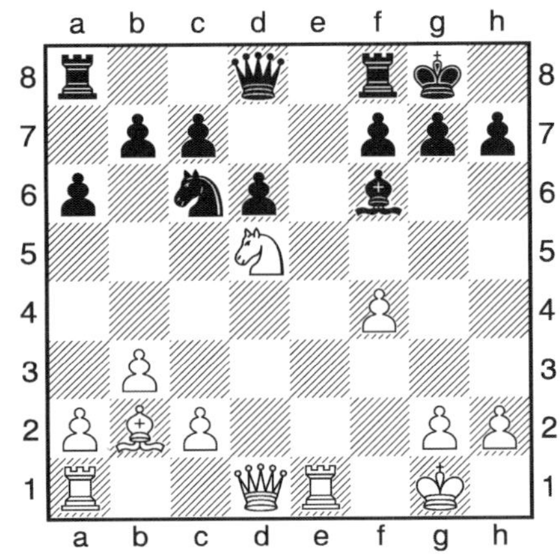

71. Tag

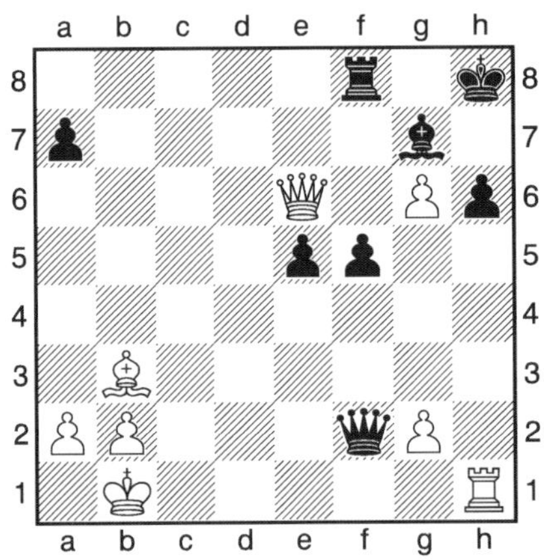

72. Tag

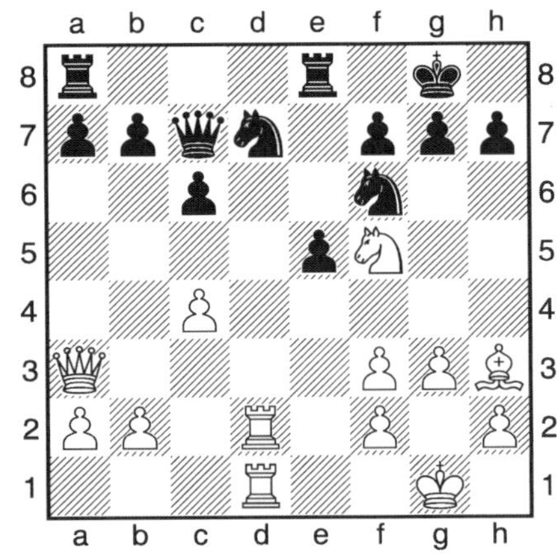

73. Tag

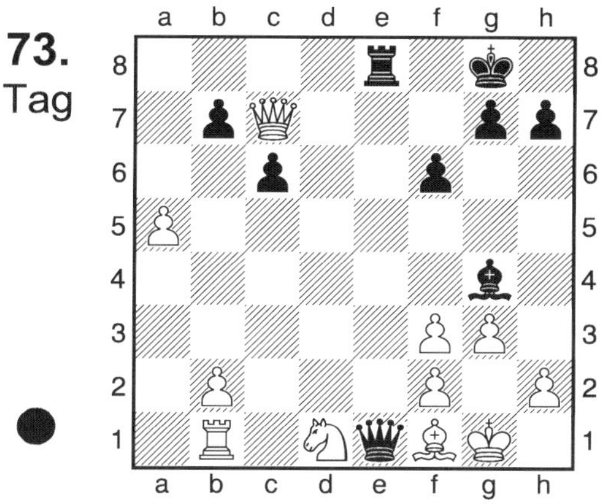

74. Tag

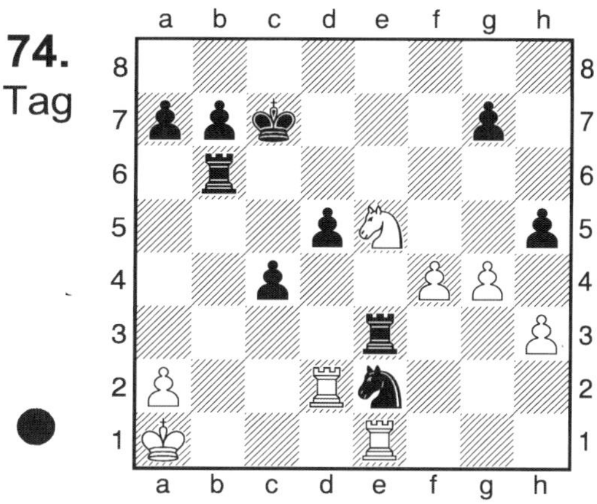

75. Tag

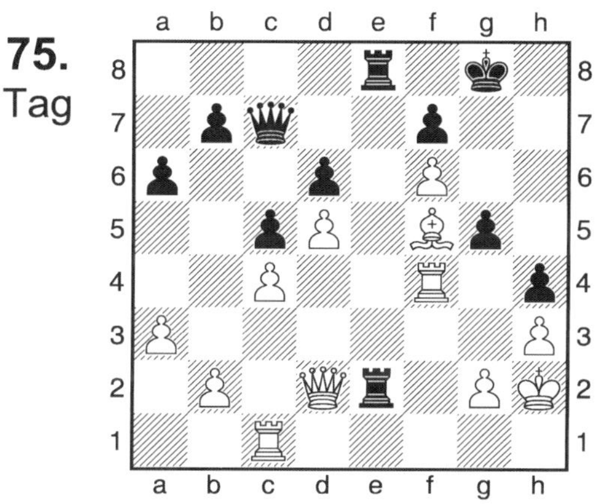

76. Tag

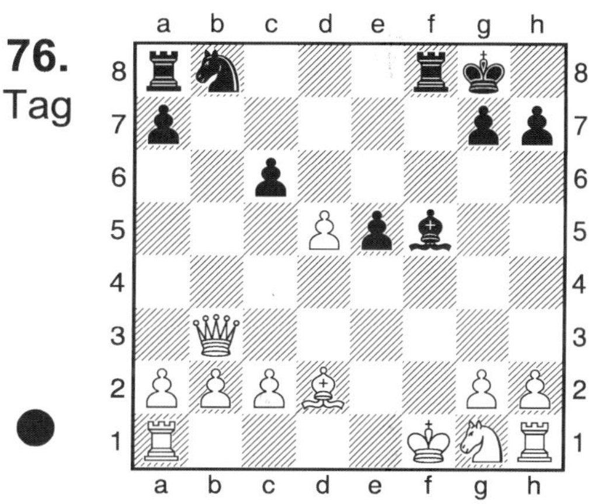

77. Tag

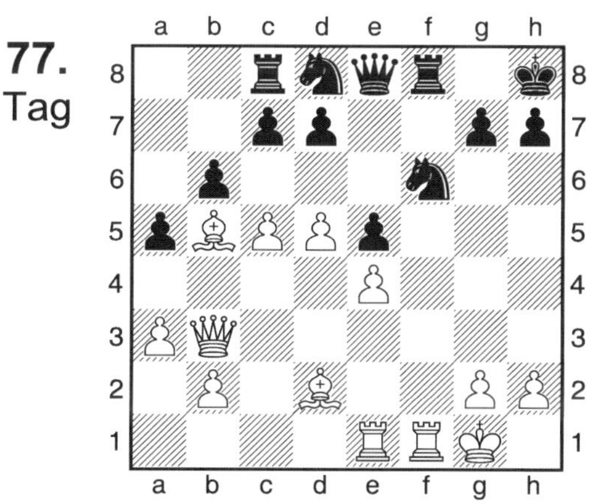

78. Tag

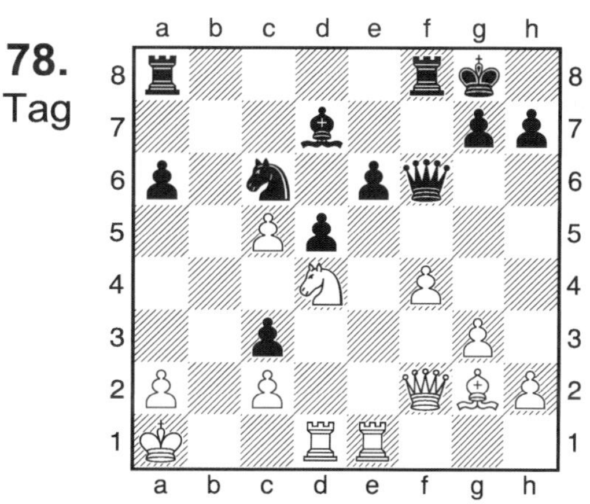

79. Tag

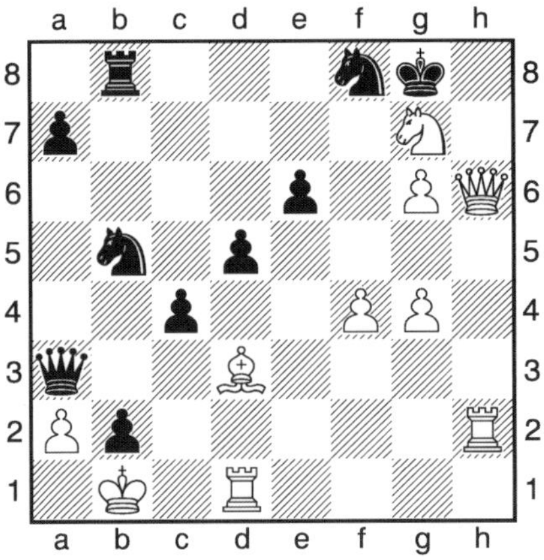

80. Tag

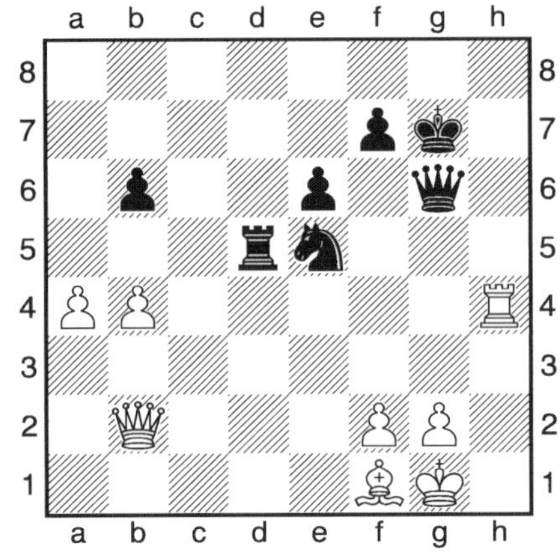

81. Tag

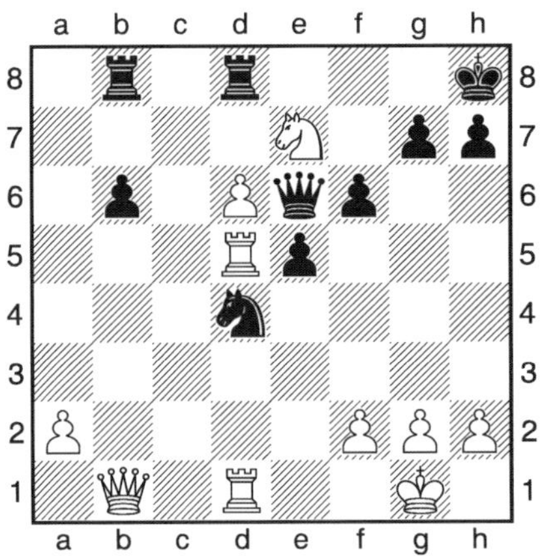

82. Tag

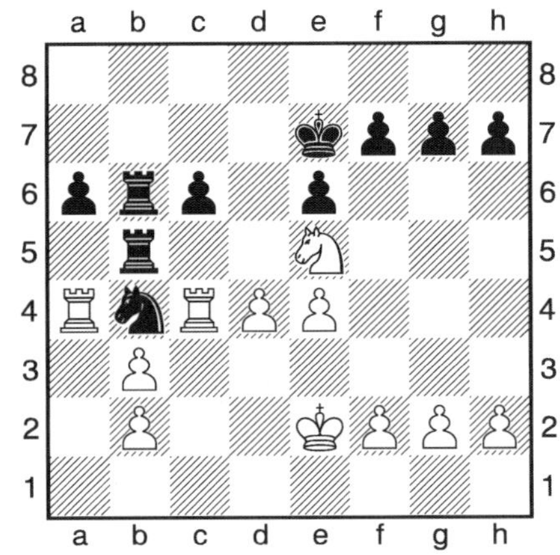

83. Tag

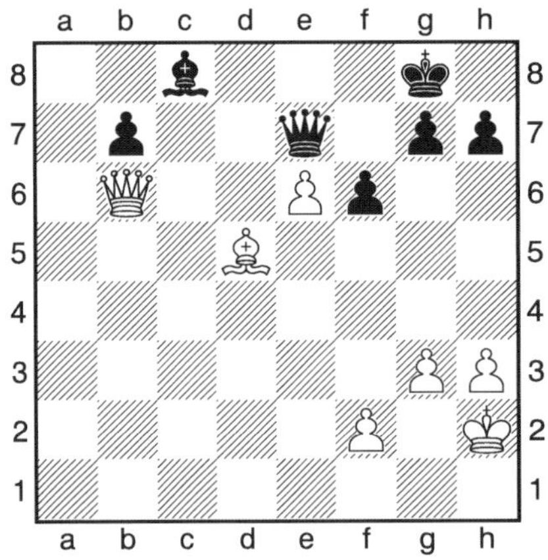

84. Tag

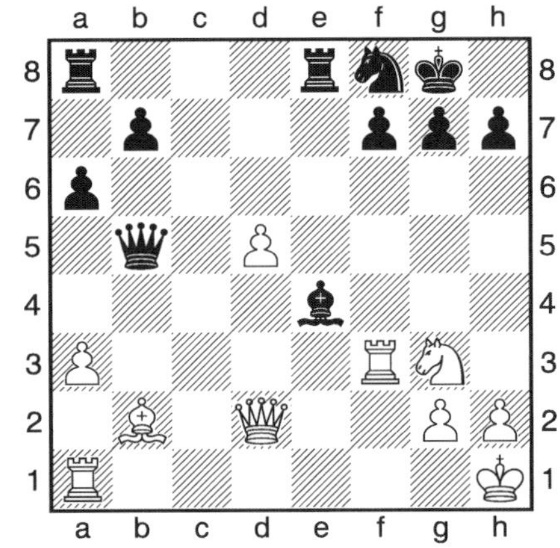

85. Tag

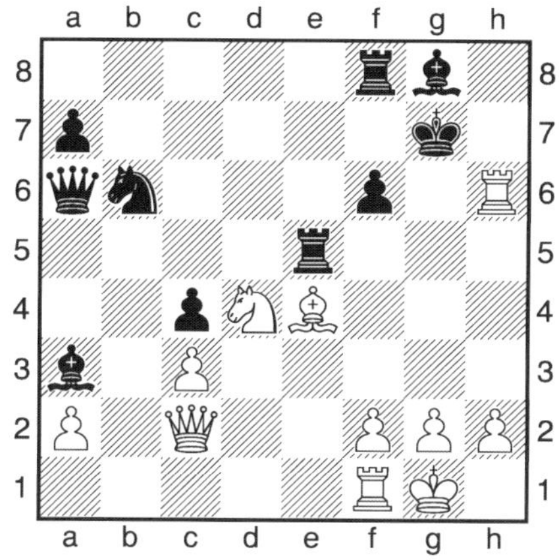

86. Tag

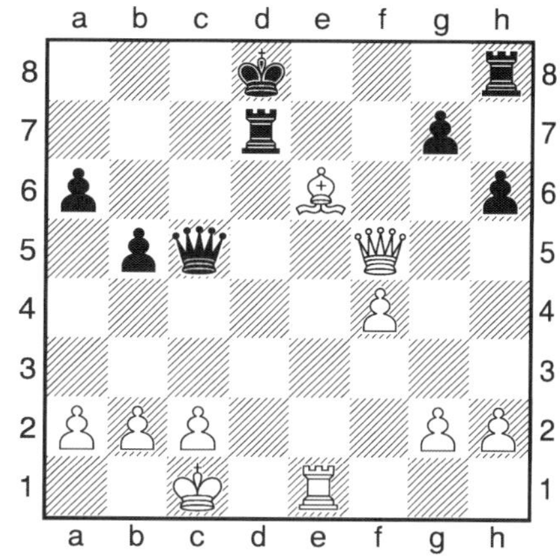

87. Tag

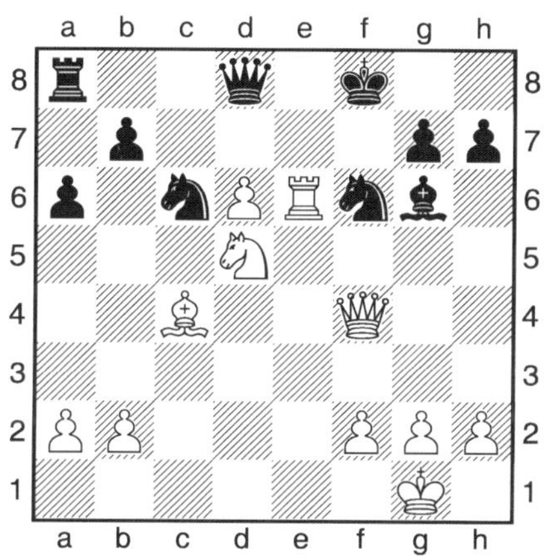

88. Tag

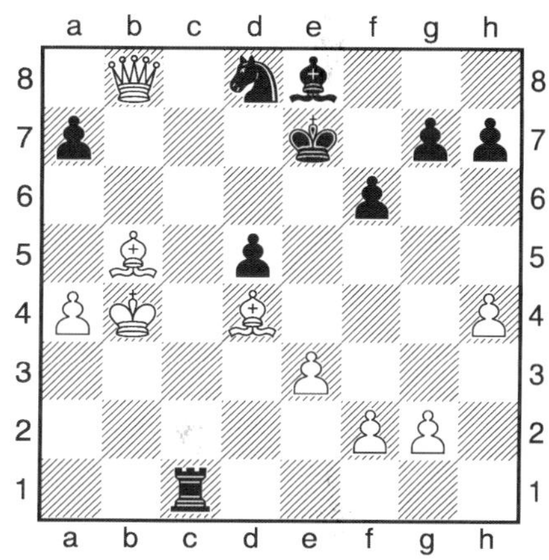

89. Tag

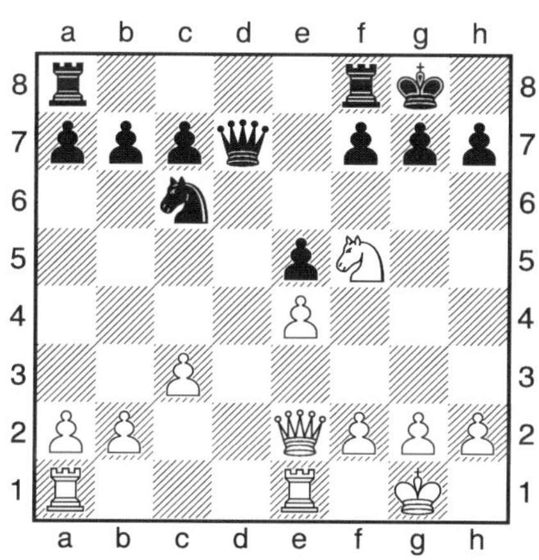

90. Tag

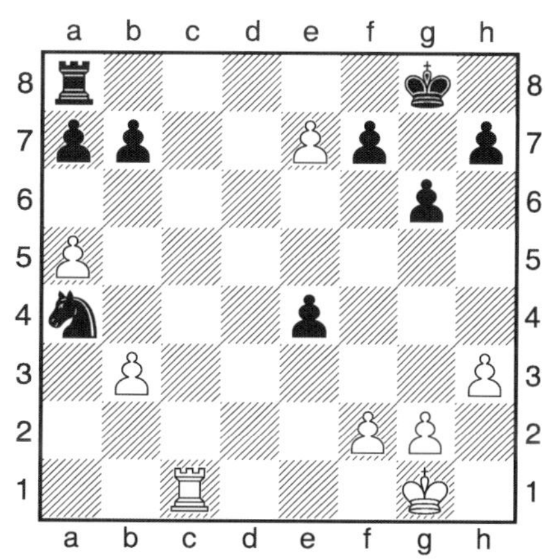

91. Tag

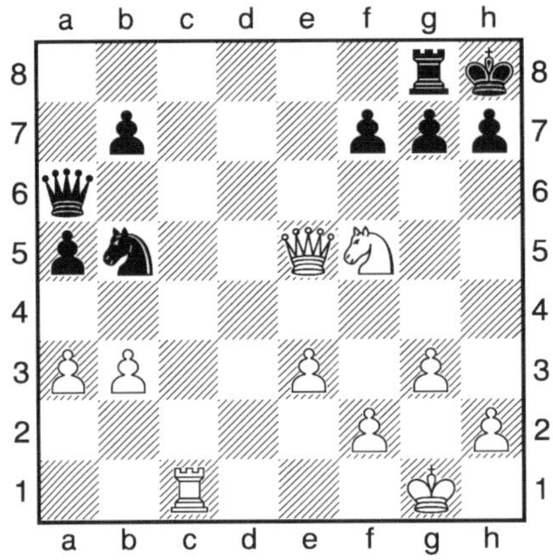

92. Tag

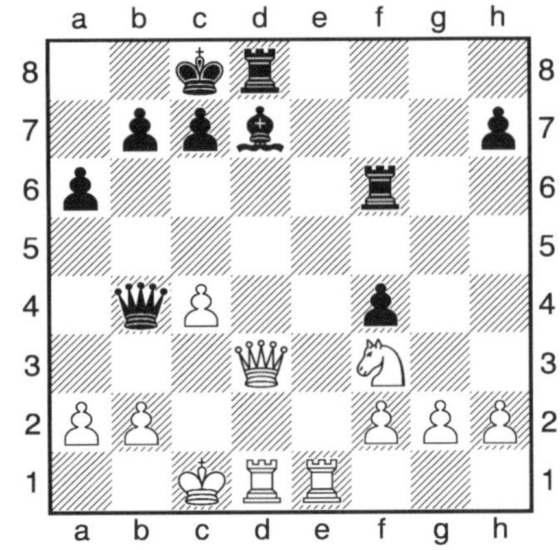

93. Tag

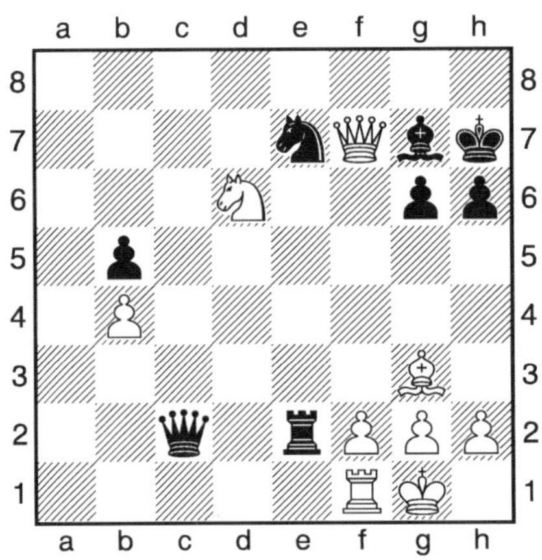

94. Tag

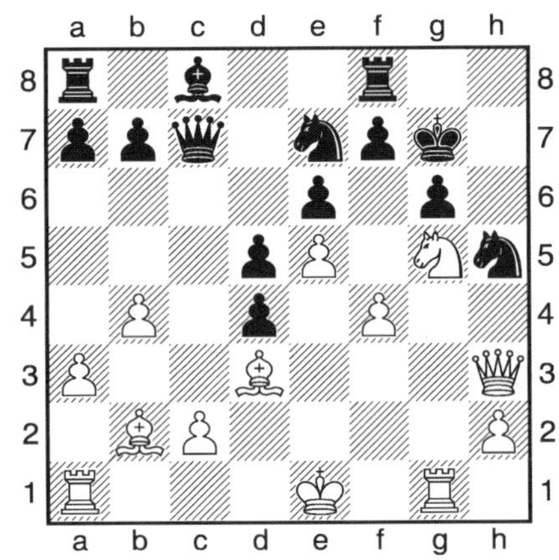

95. Tag

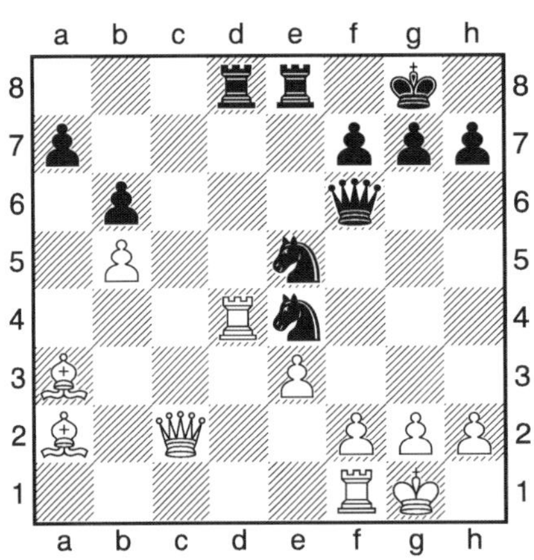

96. Tag

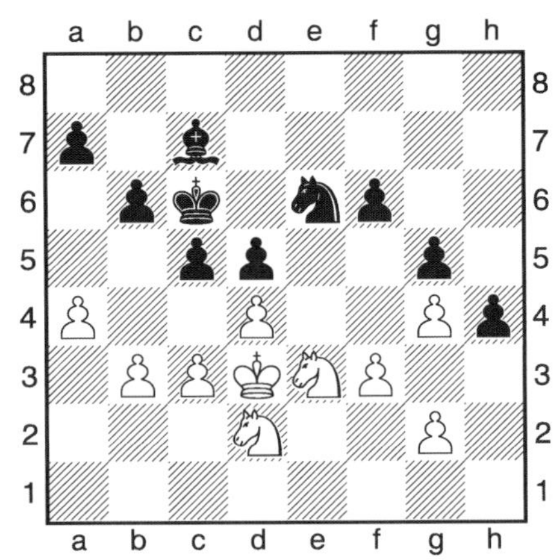

97. Tag

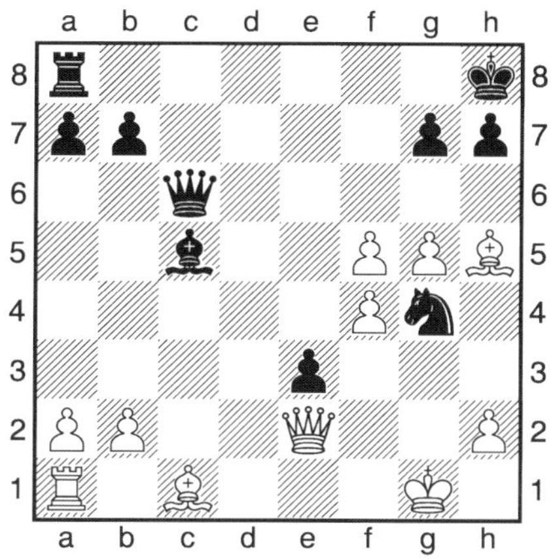

98. Tag

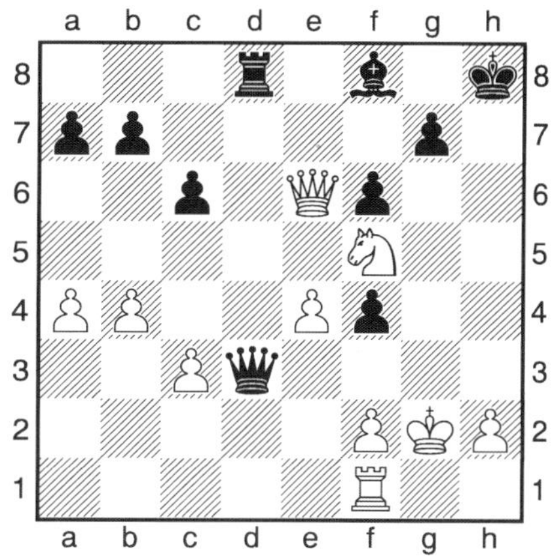

99. Tag

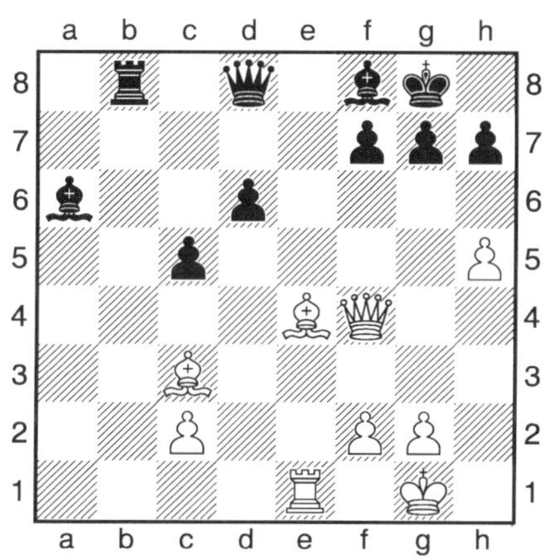

100. Tag

!!!

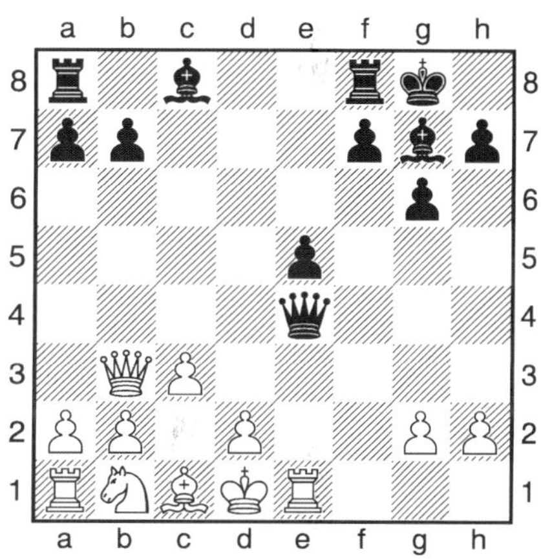

101. Tag

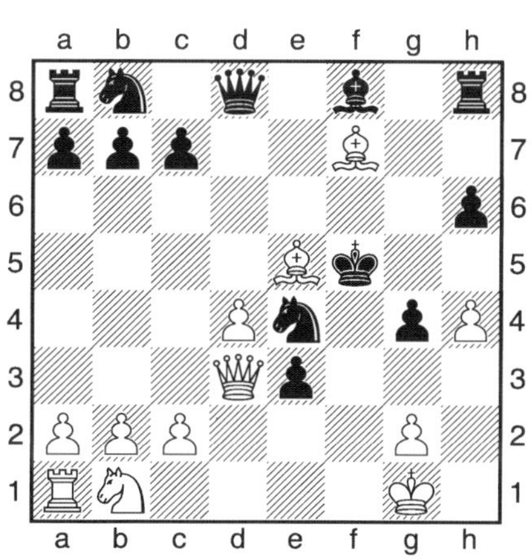

102. Tag

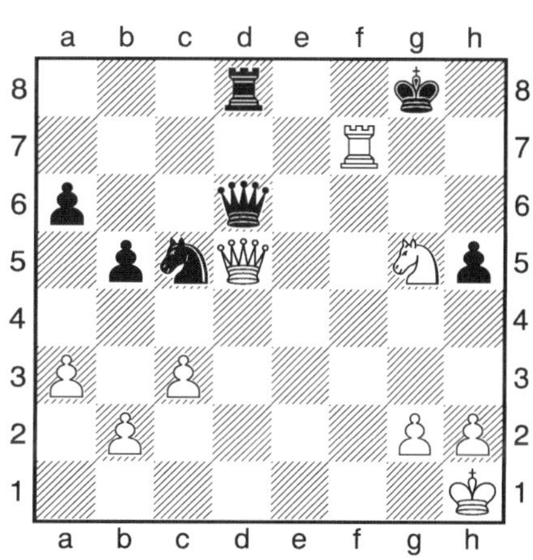

103. Tag

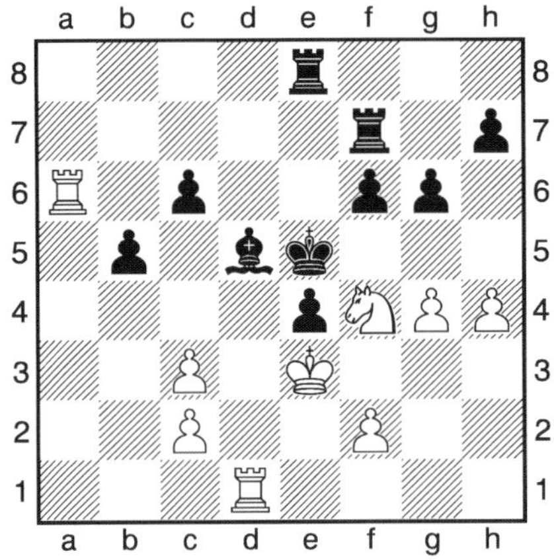

104. Tag

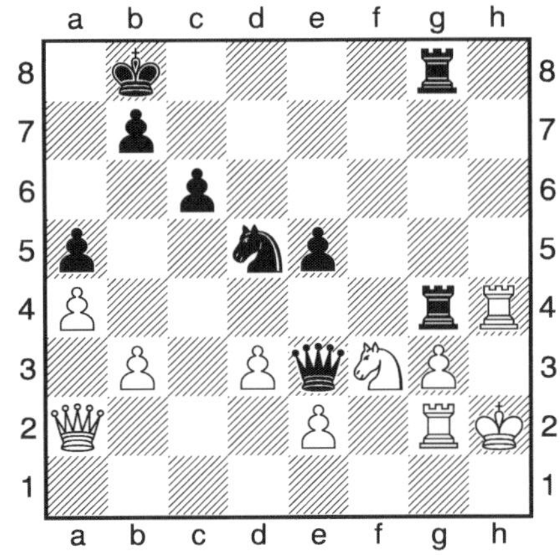

105. Tag

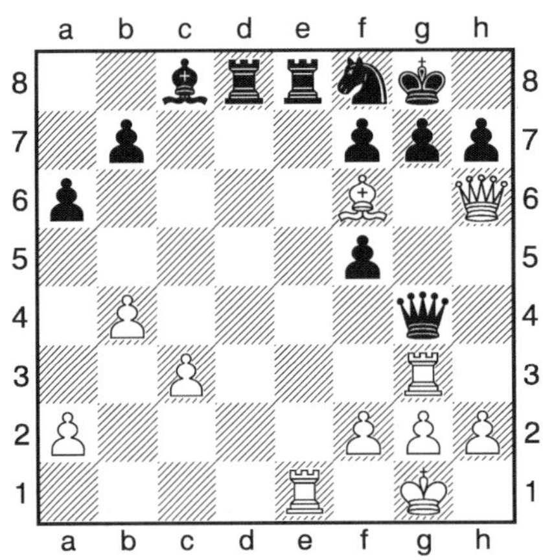

106. Tag

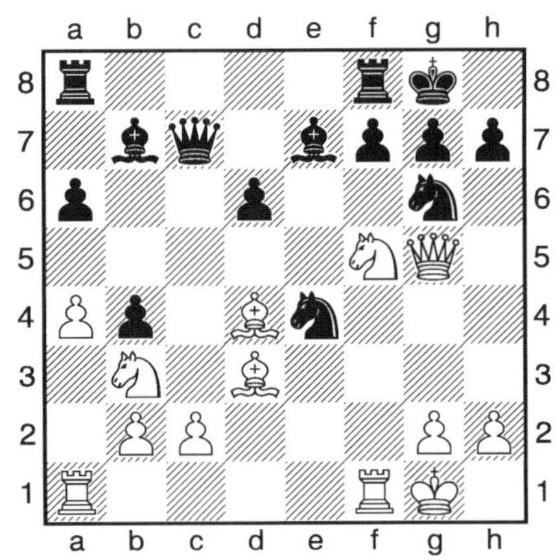

107. Tag

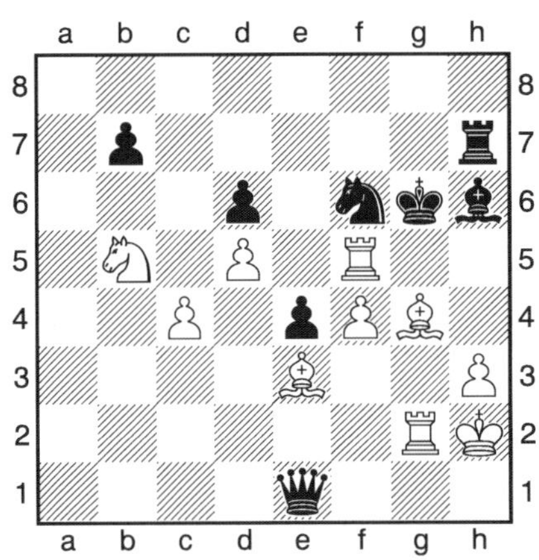

108. Tag

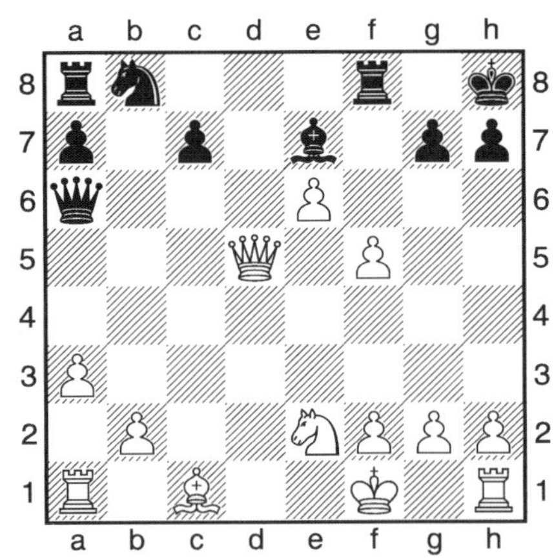

109. Tag

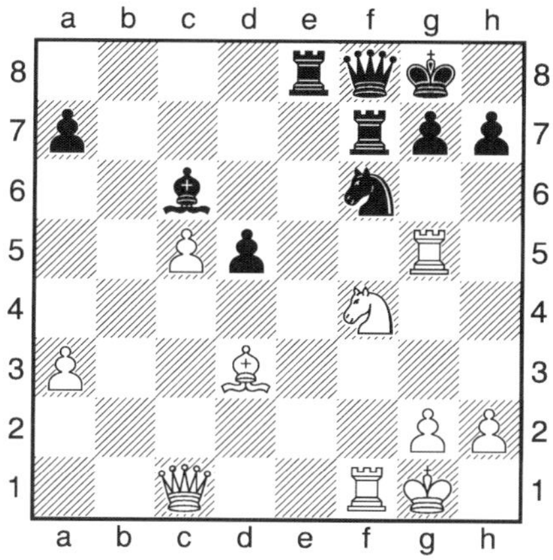

110. Tag

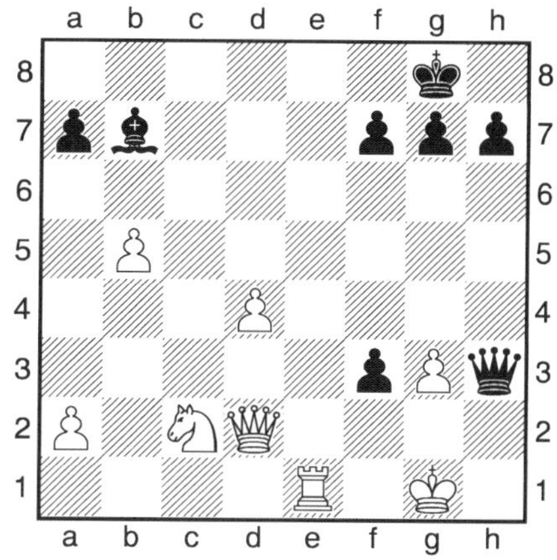

111. Tag

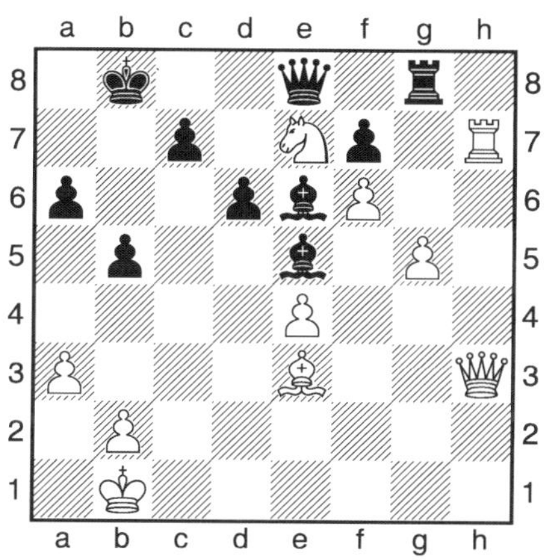

112. Tag

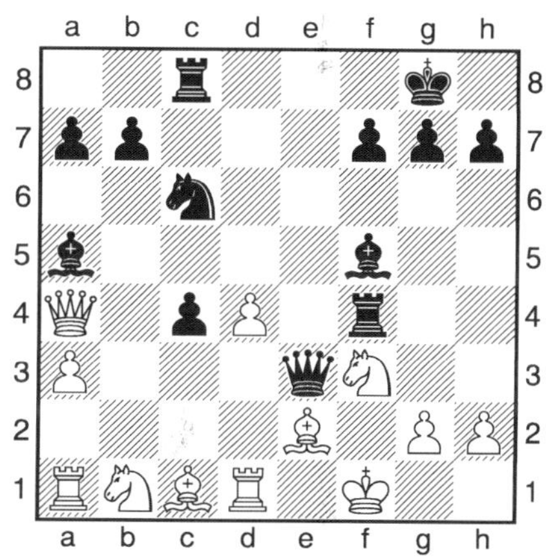

113. Tag

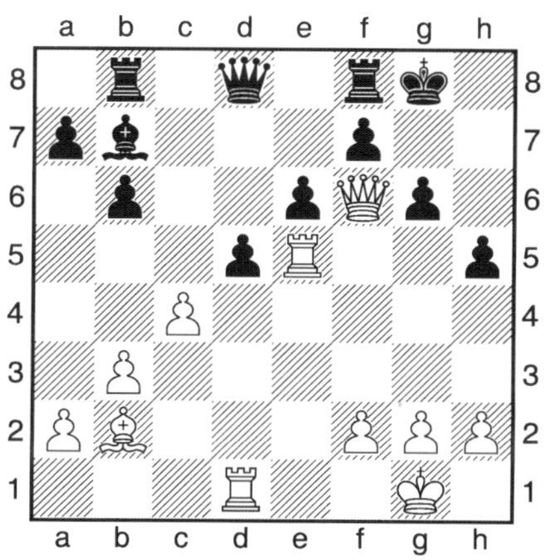

114. Tag

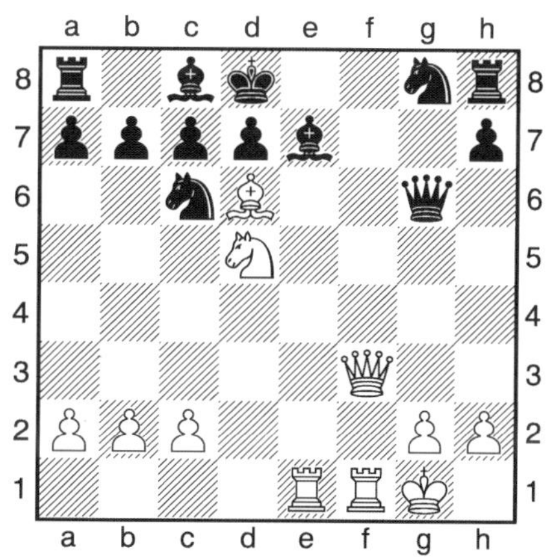

115. Tag

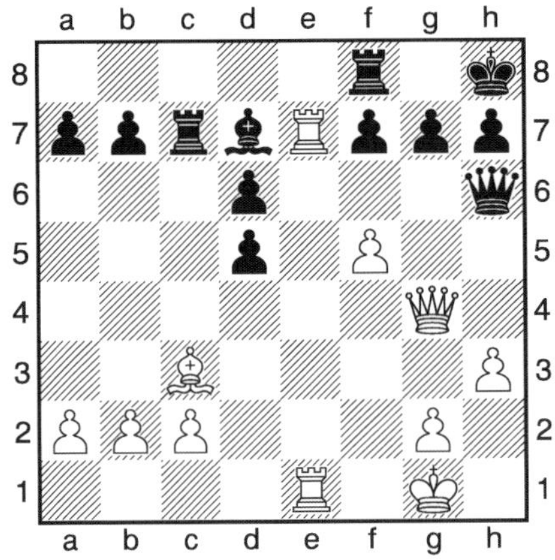

116. Tag

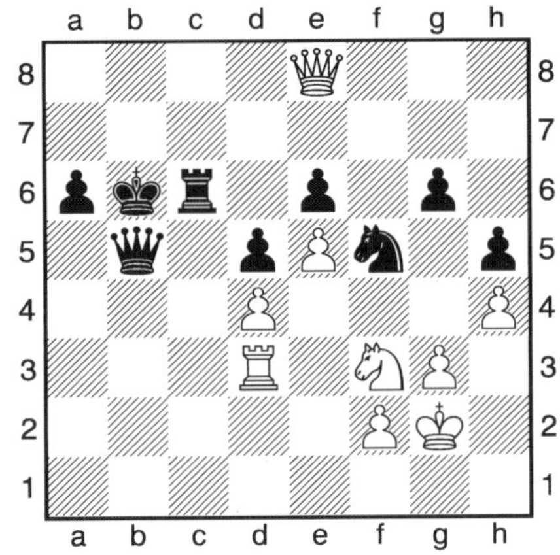

117. Tag

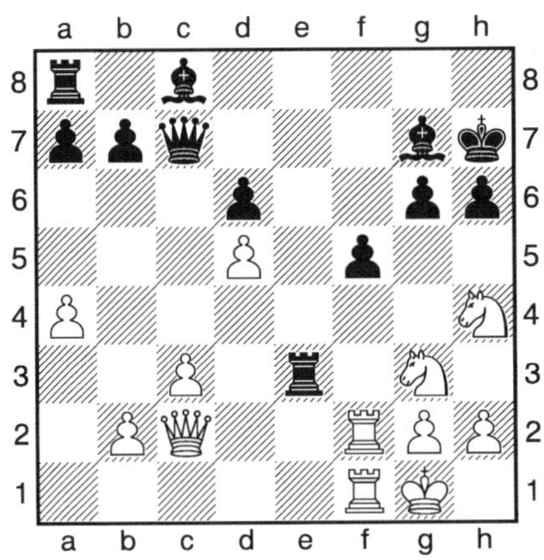

118. Tag

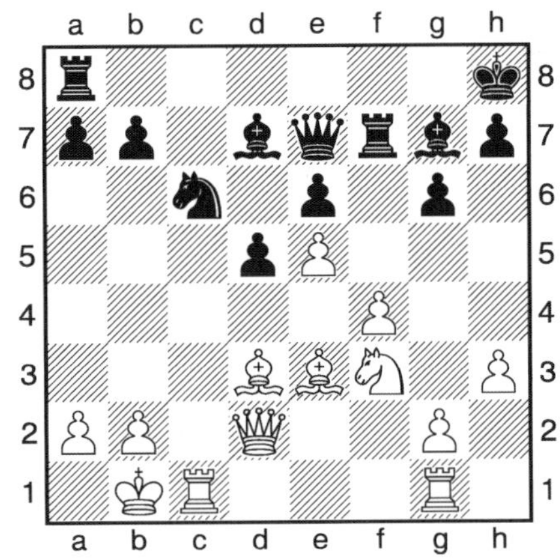

119. Tag

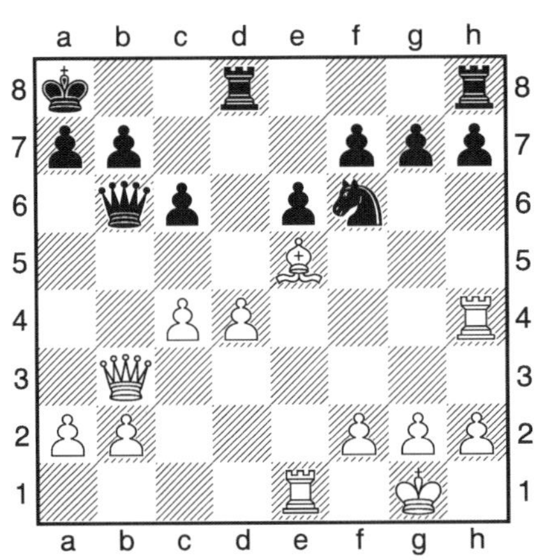

120. Tag

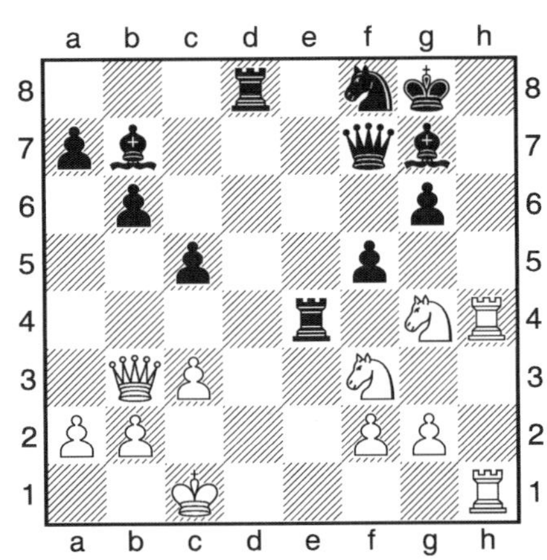

121. Tag

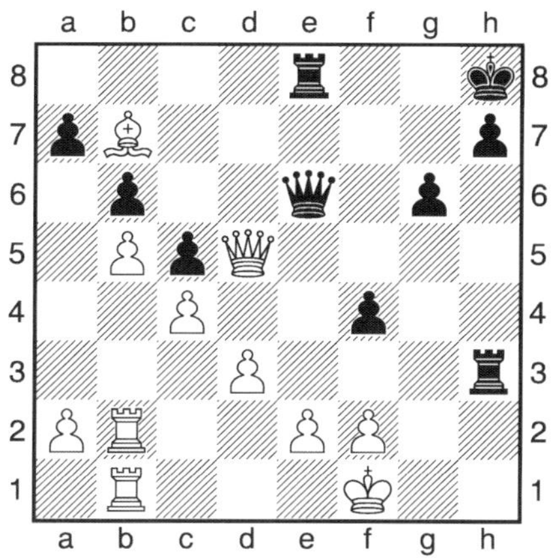

122. Tag

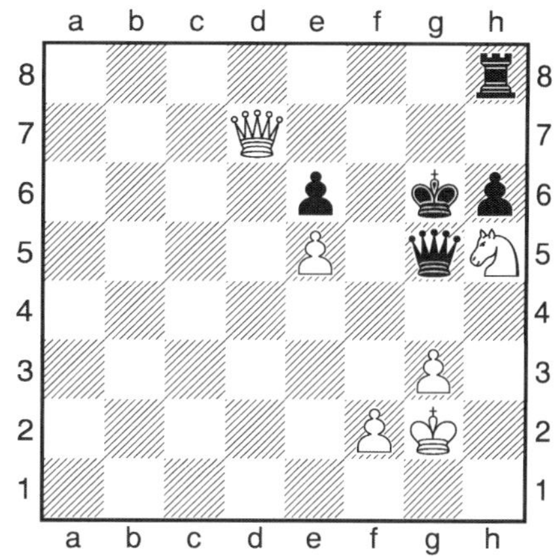

123. Tag

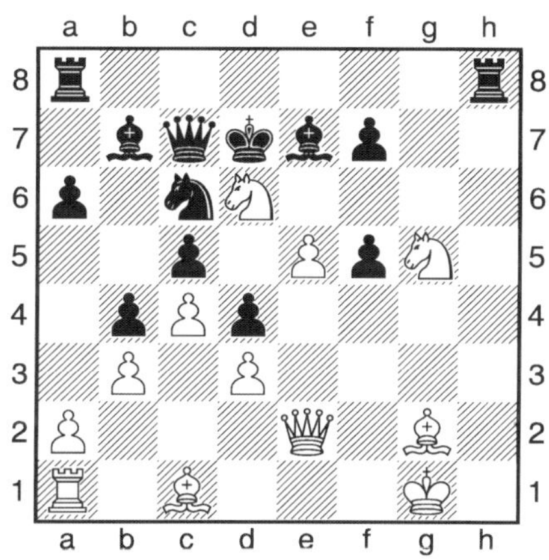

124. Tag

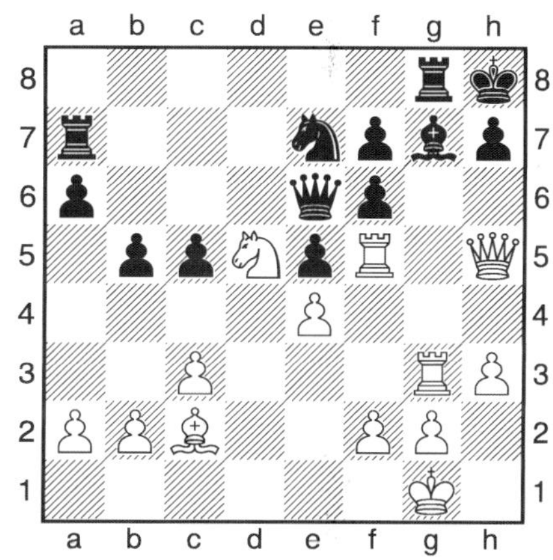

125. Tag

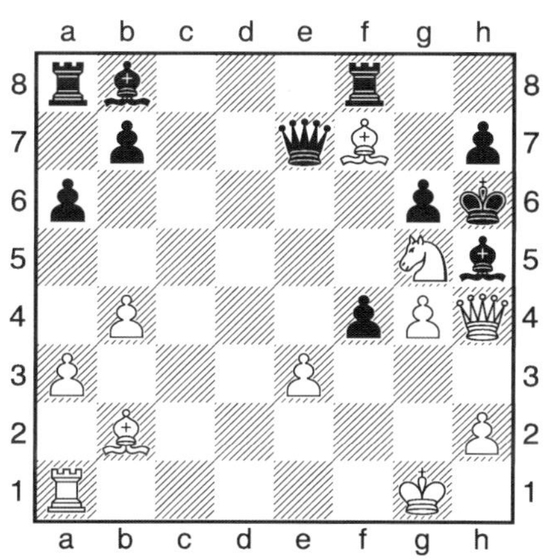

126. Tag

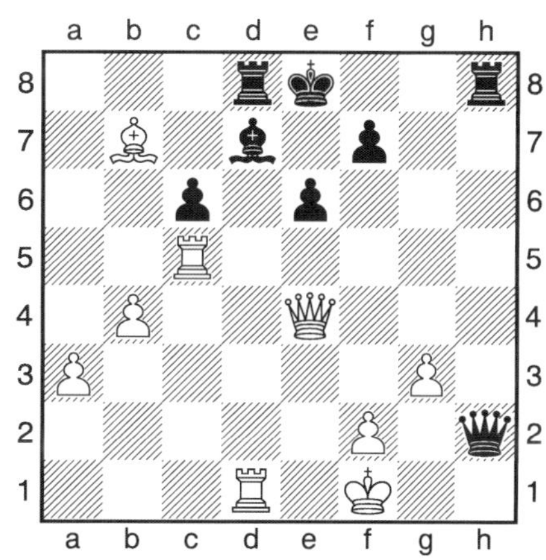

127. Tag

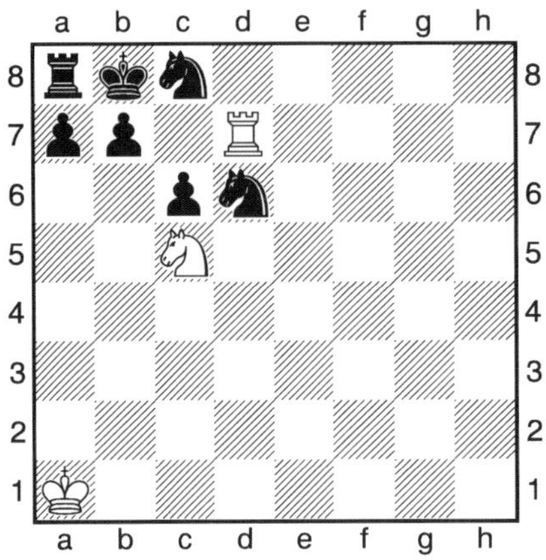

128. Tag

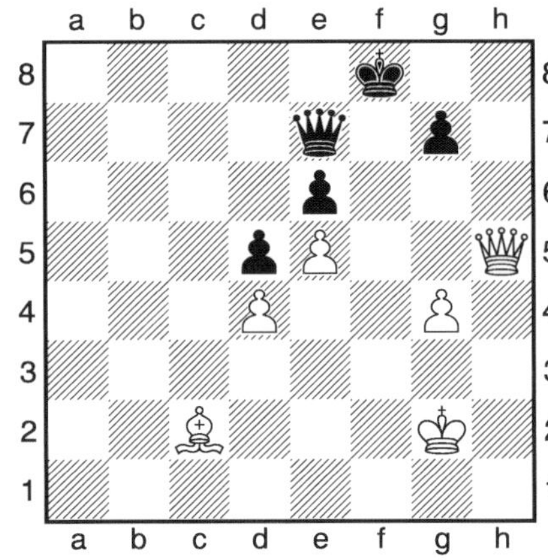

129. Tag

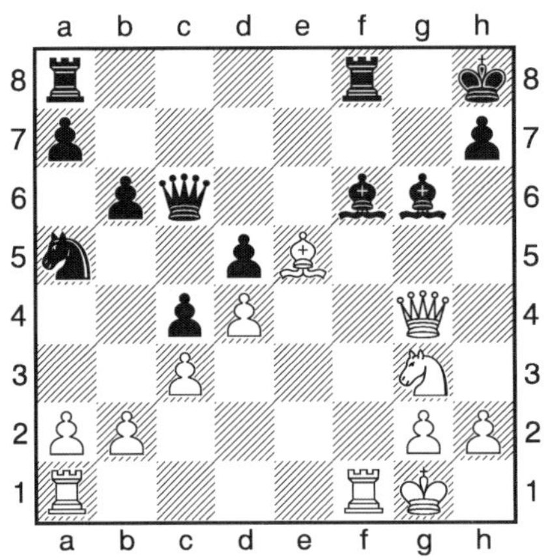

130. Tag

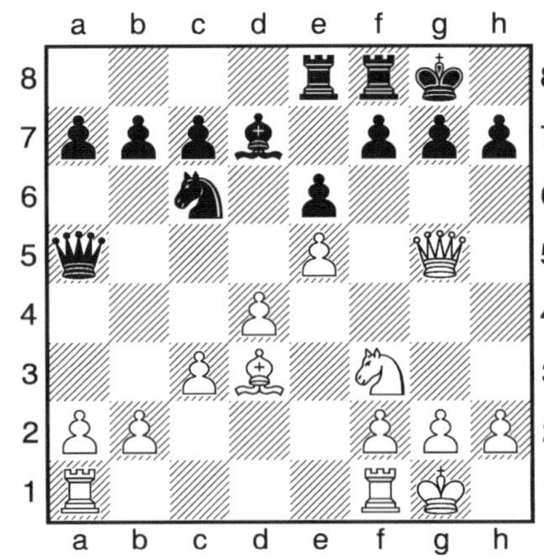

131. Tag

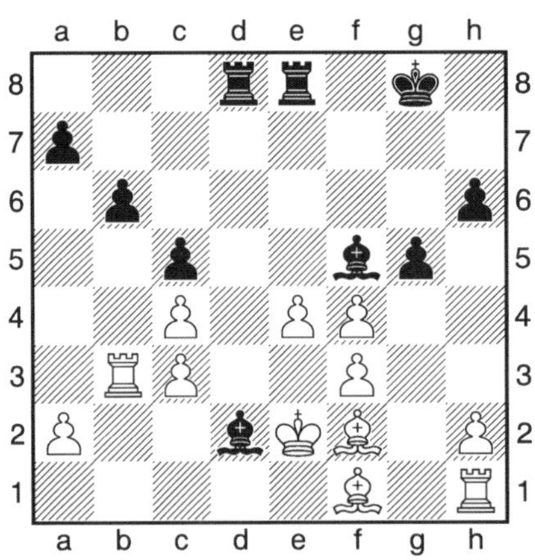

132. Tag

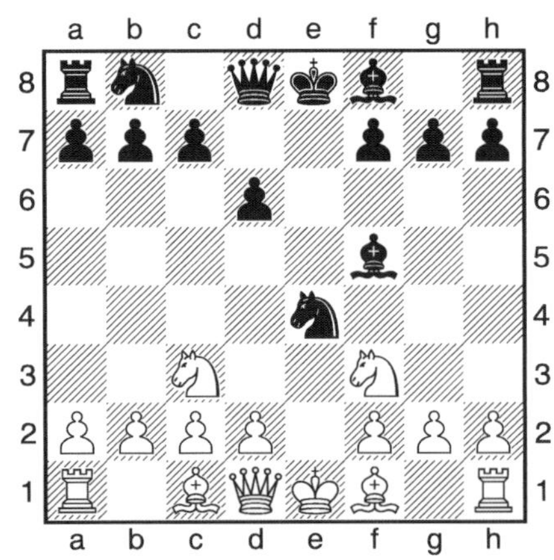

133. Tag

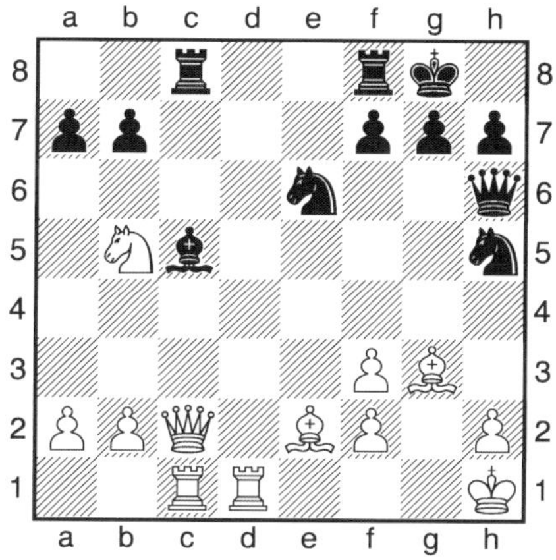

134. Tag

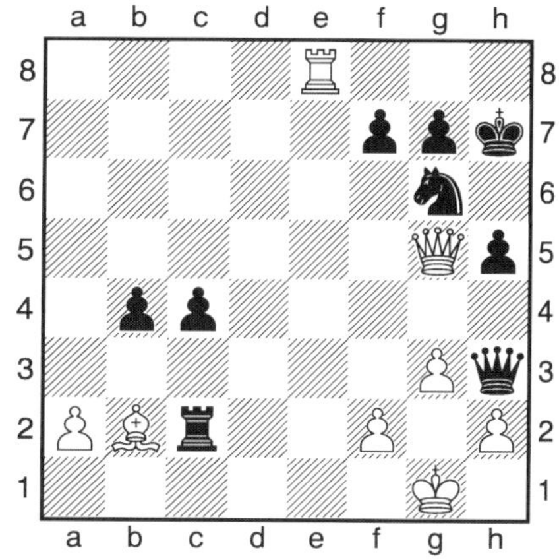

135. Tag

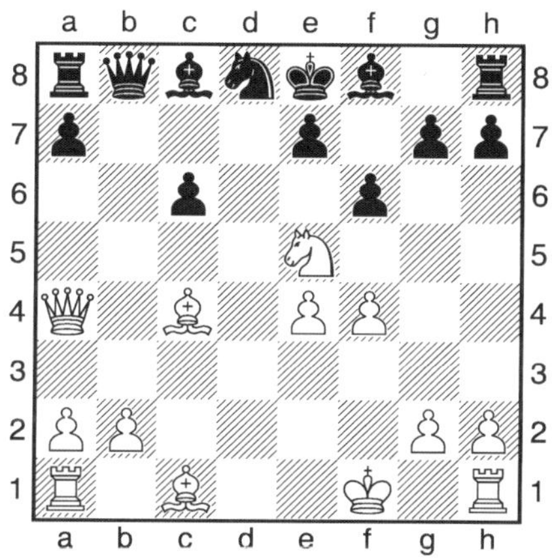

136. Tag

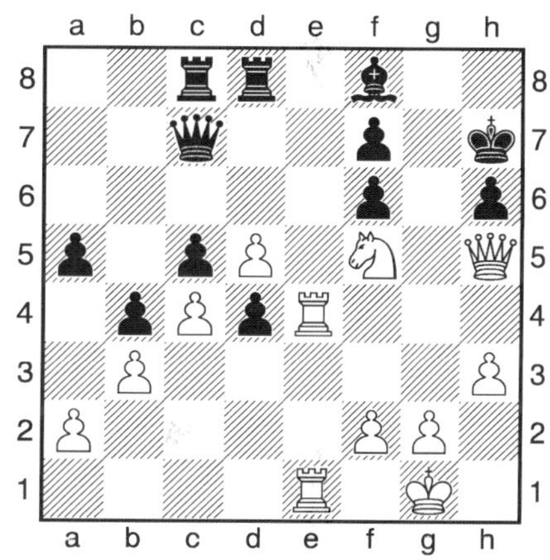

137. Tag

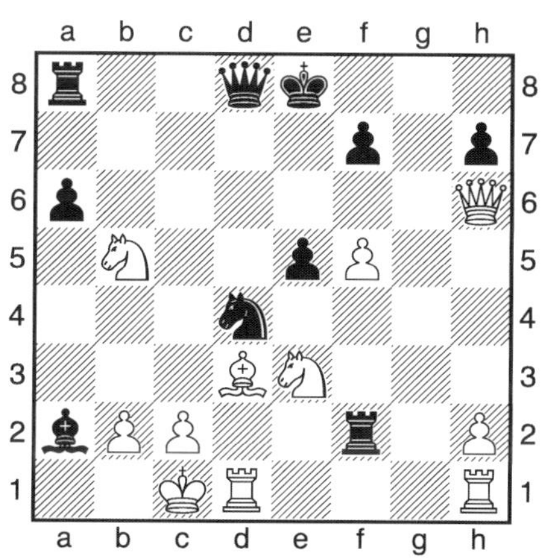

138. Tag

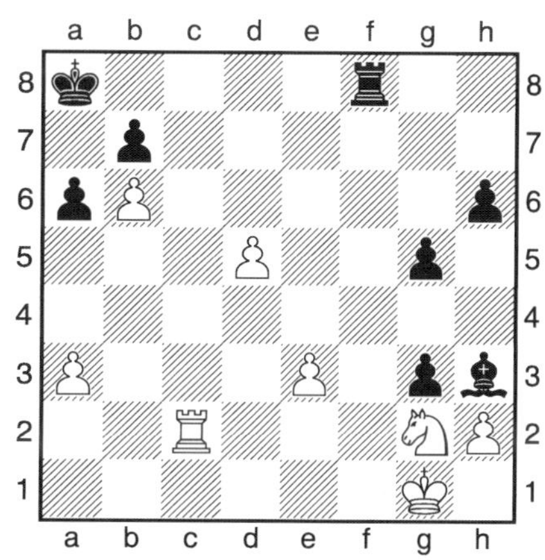

139. Tag

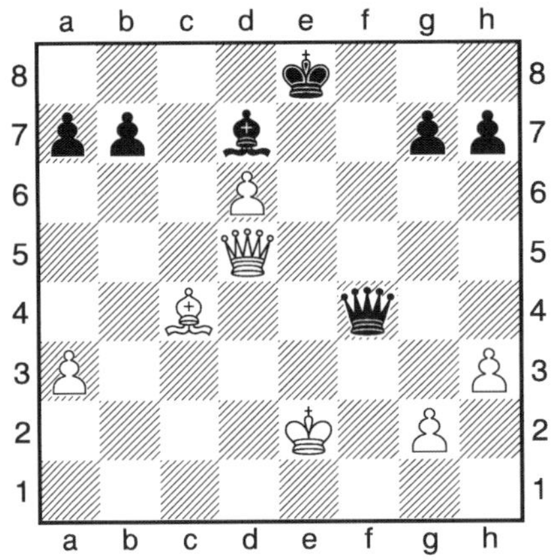

140. Tag

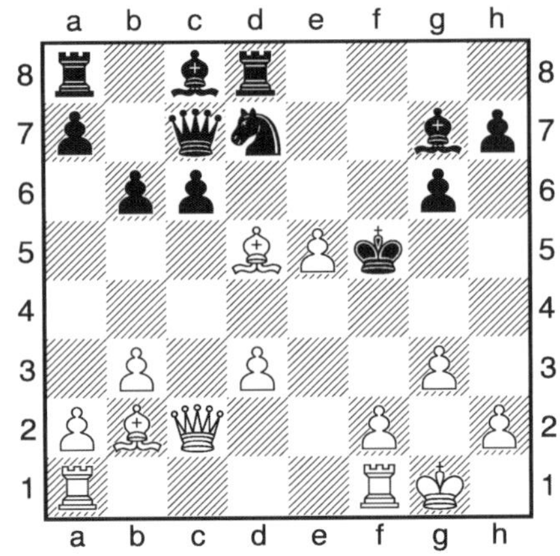

141. Tag

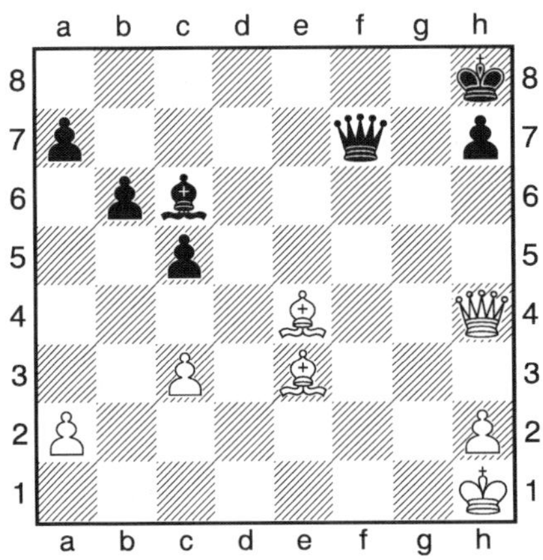

142. Tag

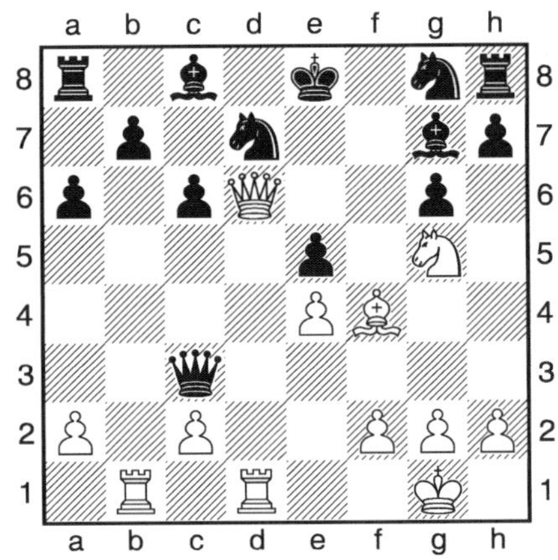

143. Tag

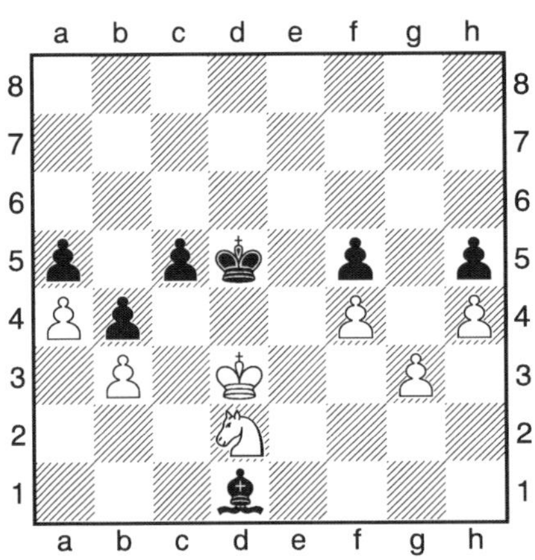

144. Tag

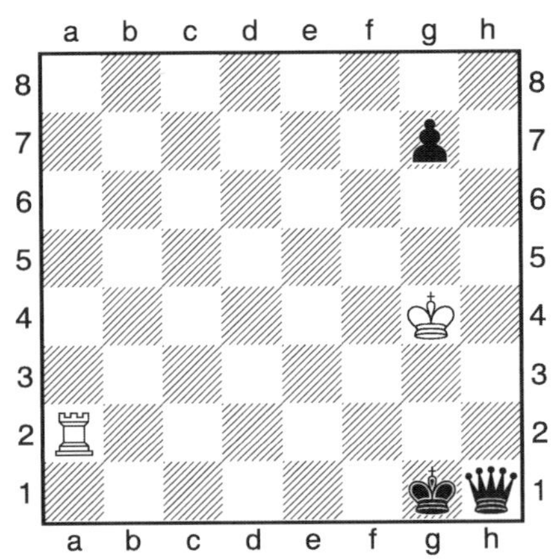

145. Tag

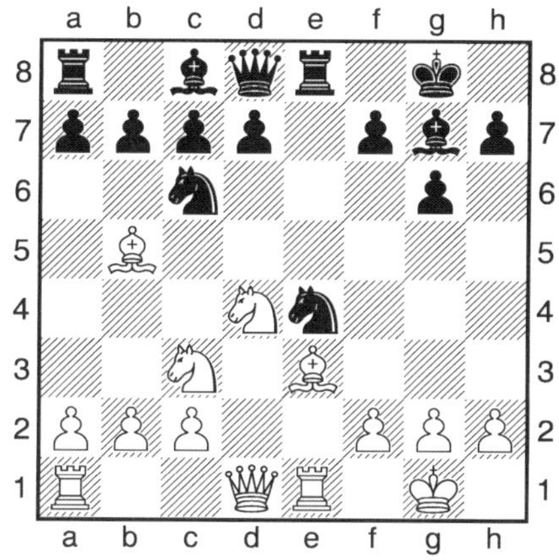

146. Tag

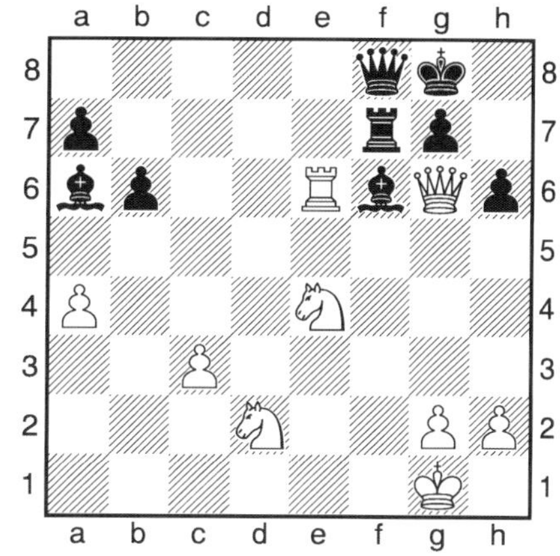

147. Tag

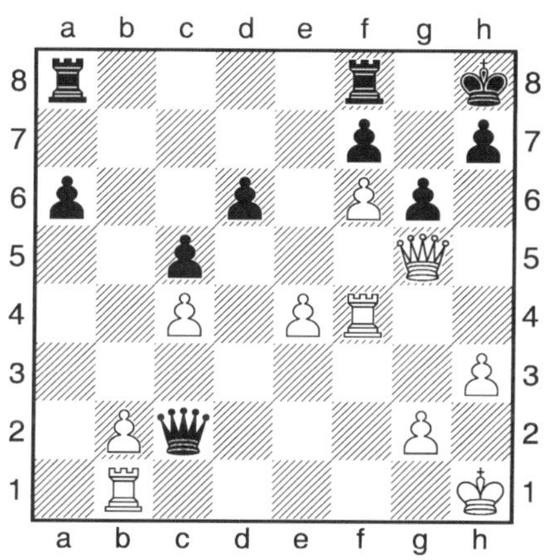

148. Tag

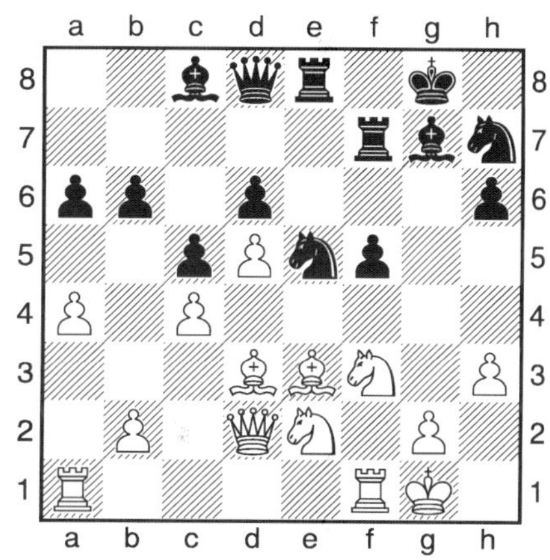

149. Tag

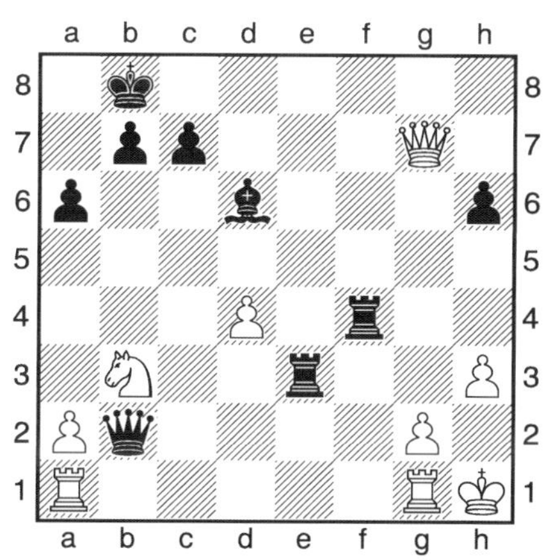

150. Tag

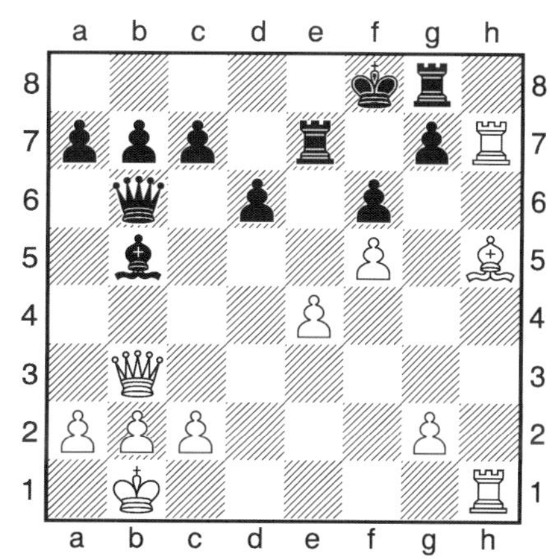

151. Tag

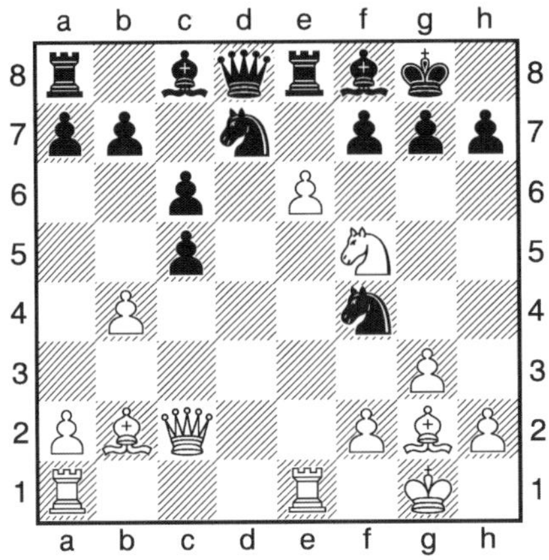

152. Tag

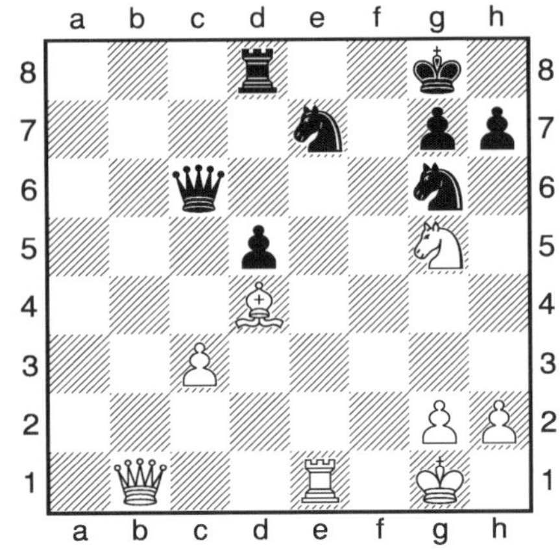

153. Tag

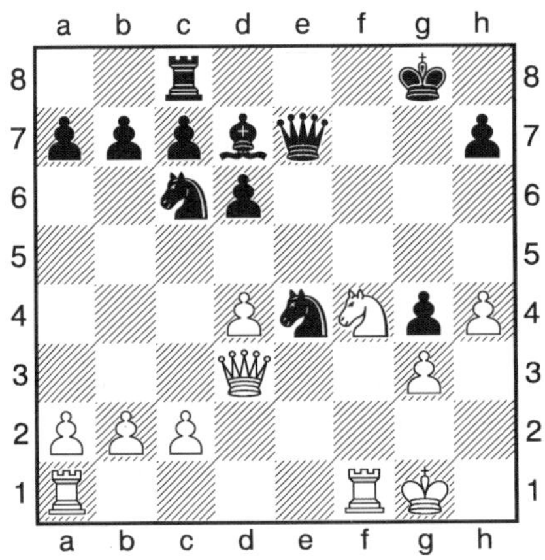

154. Tag

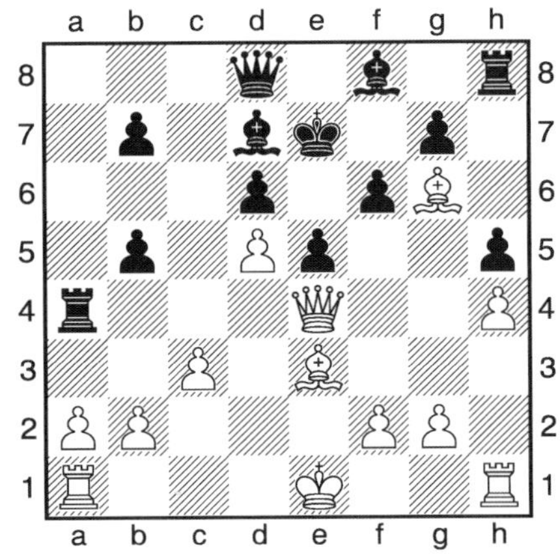

155. Tag

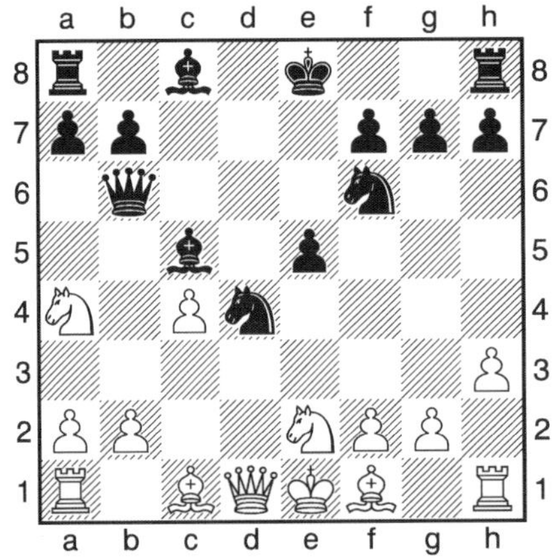

156. Tag

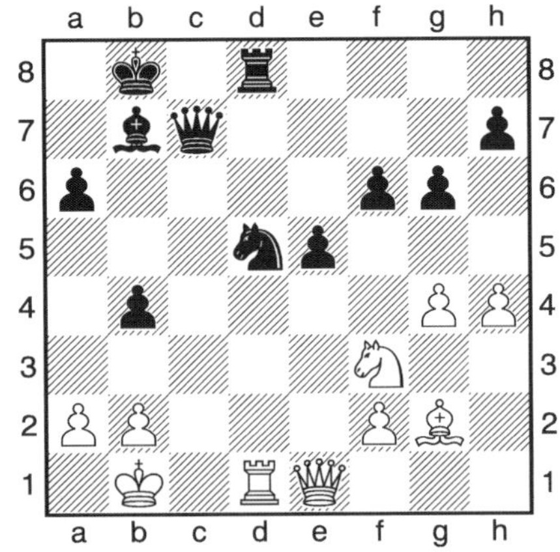

157. Tag

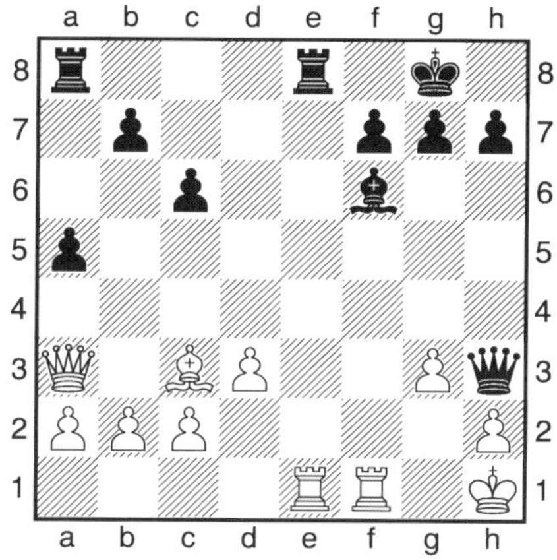

158. Tag

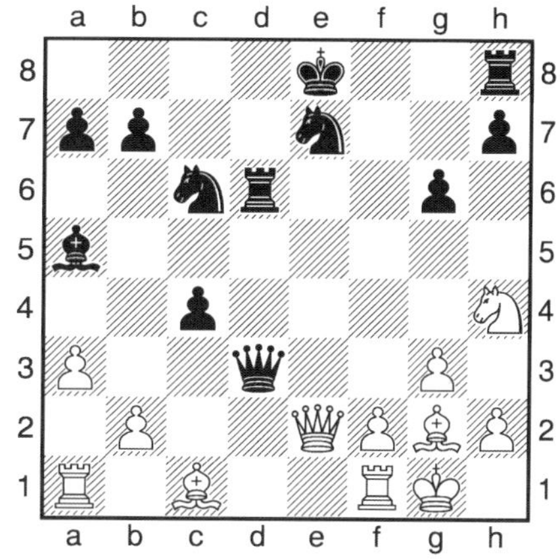

159. Tag

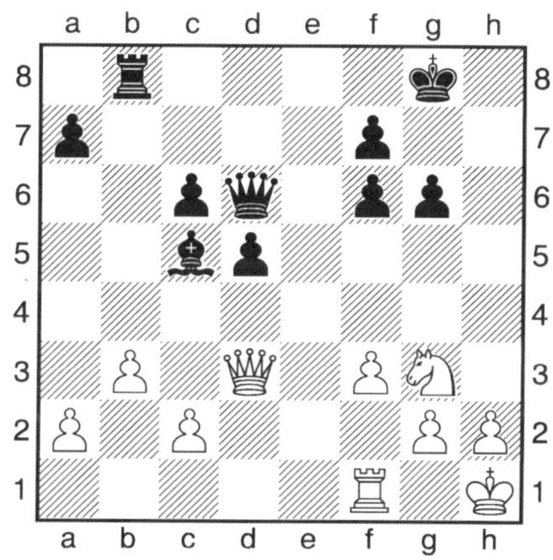

160. Tag

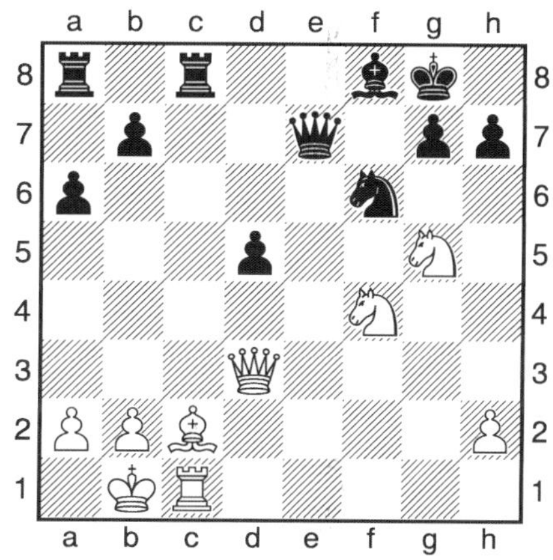

161. Tag

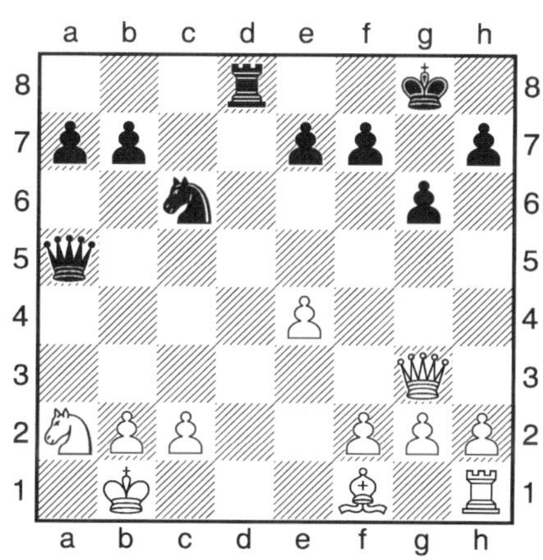

162. Tag

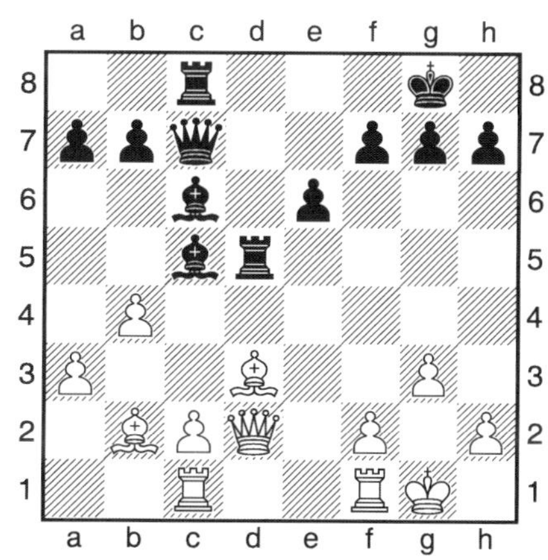

163. Tag

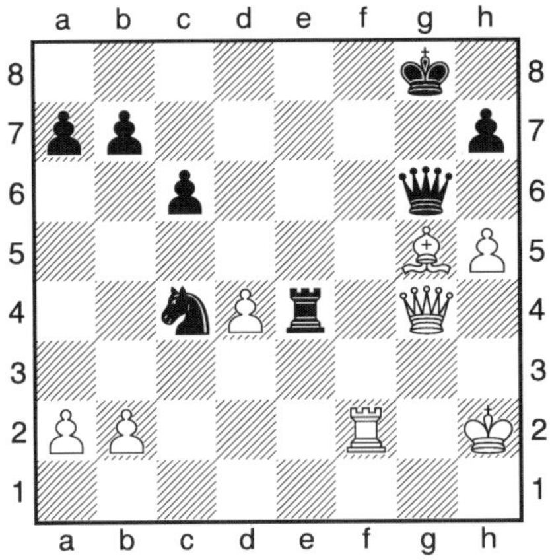

164. Tag

●

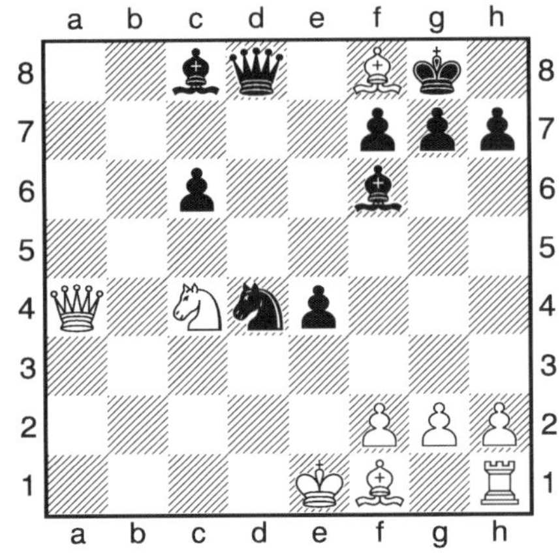

165. Tag

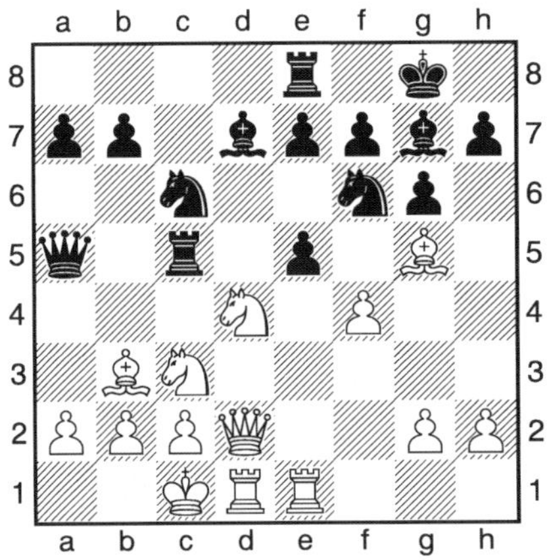

166. Tag

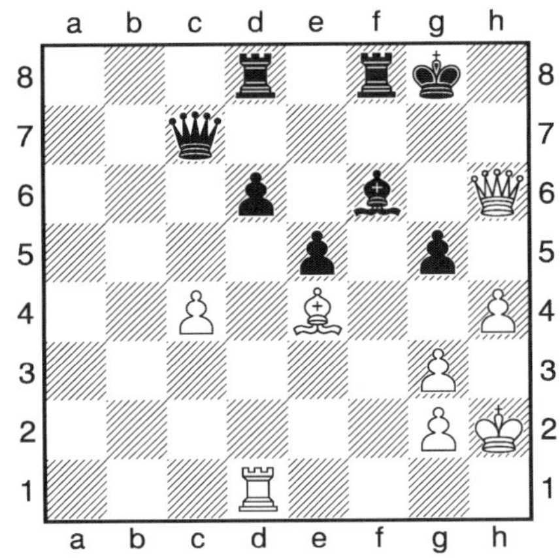

167. Tag

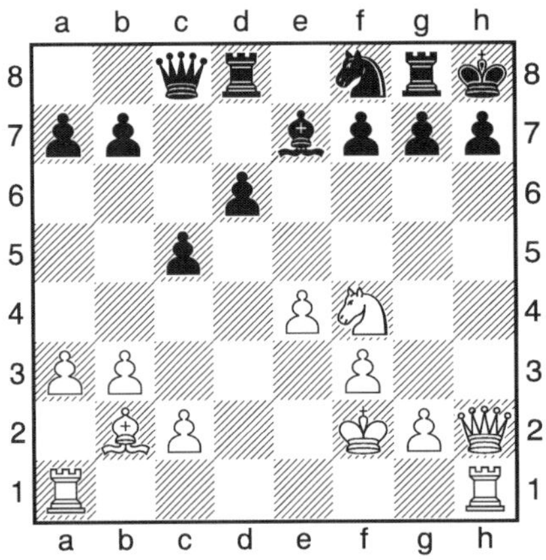

168. Tag

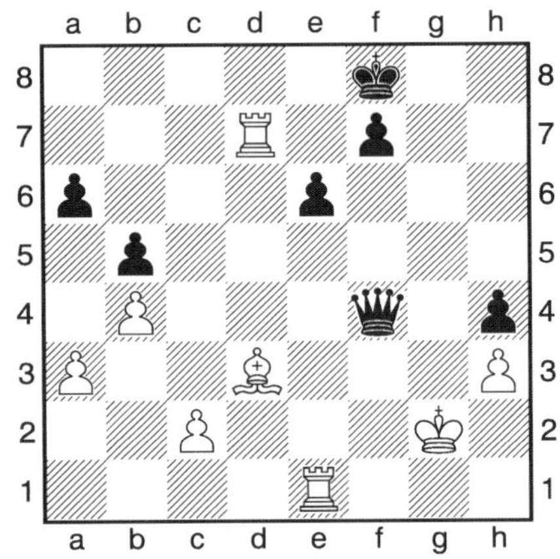

169. Tag

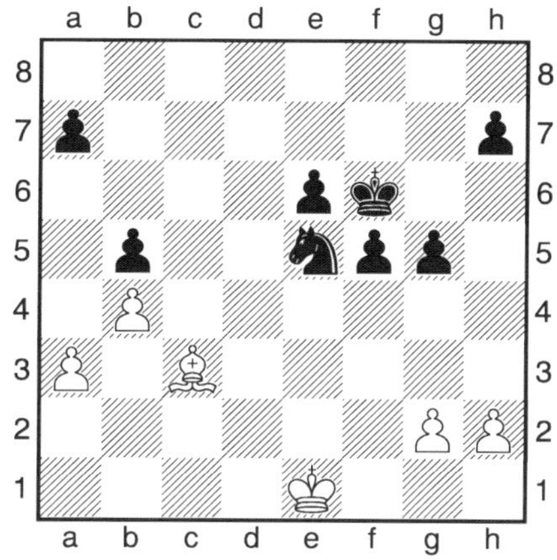

170. Tag

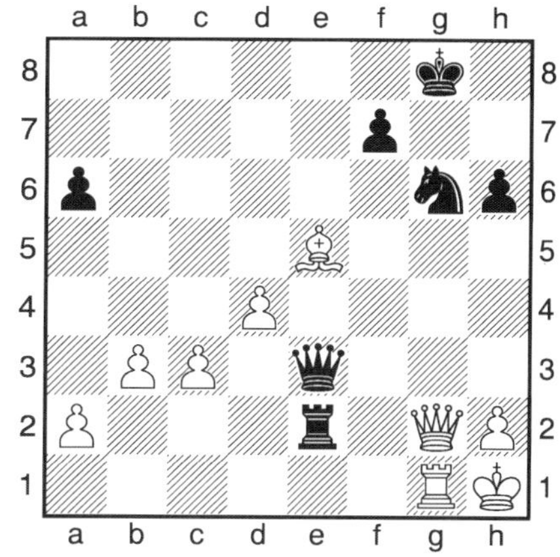

171. Tag

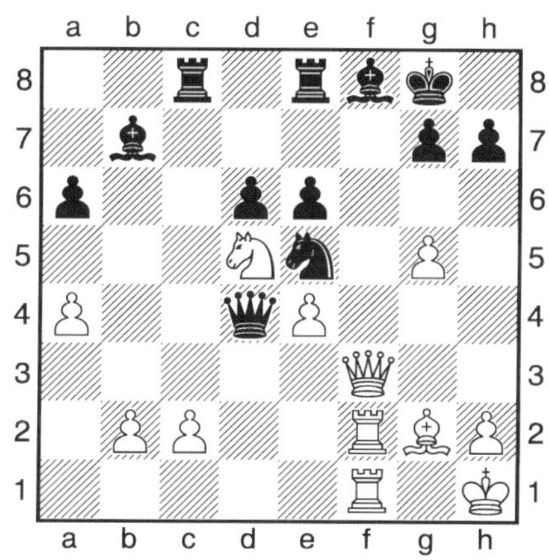

172. Tag

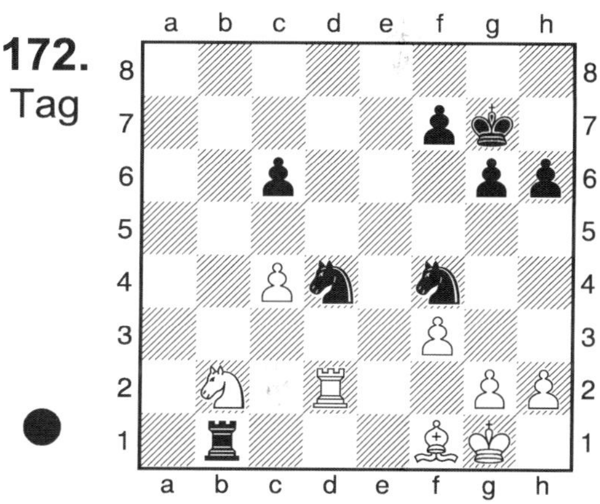

173. Tag

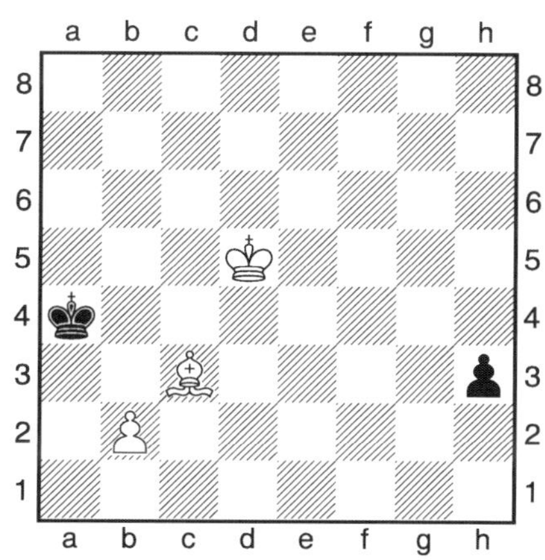

174. Tag

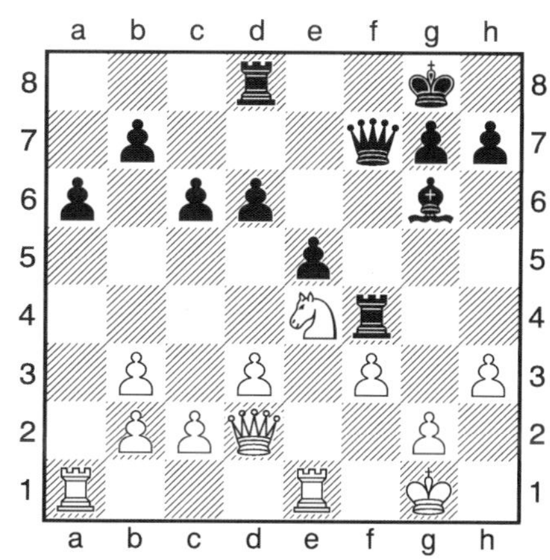

175. Tag

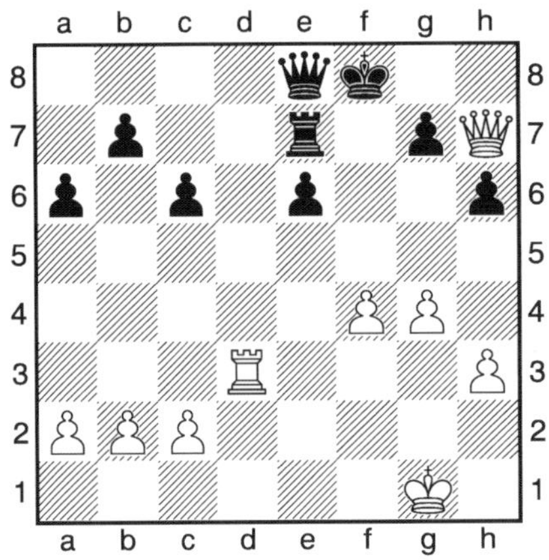

176. Tag

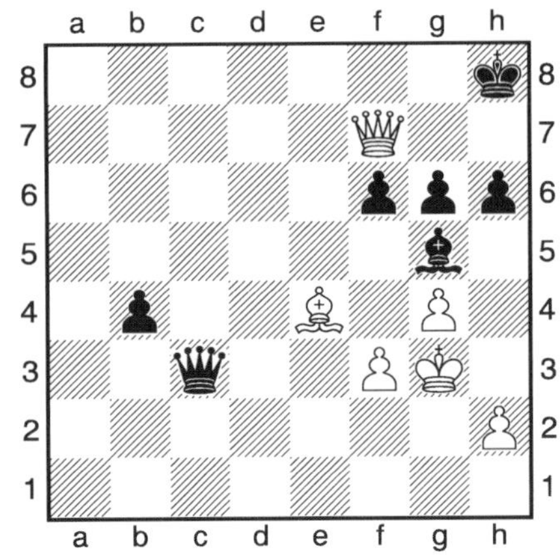

177. Tag

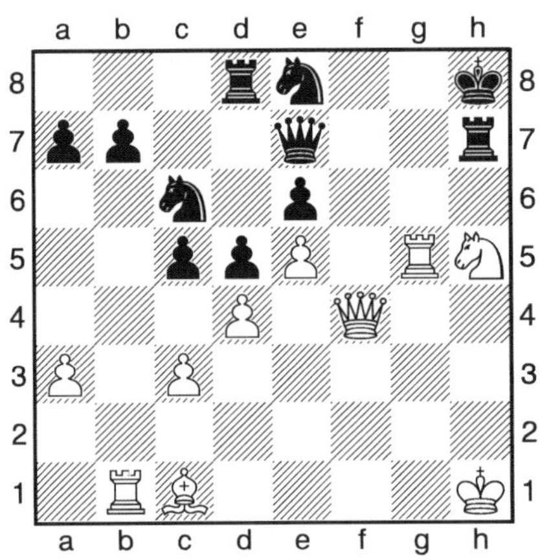

178. Tag

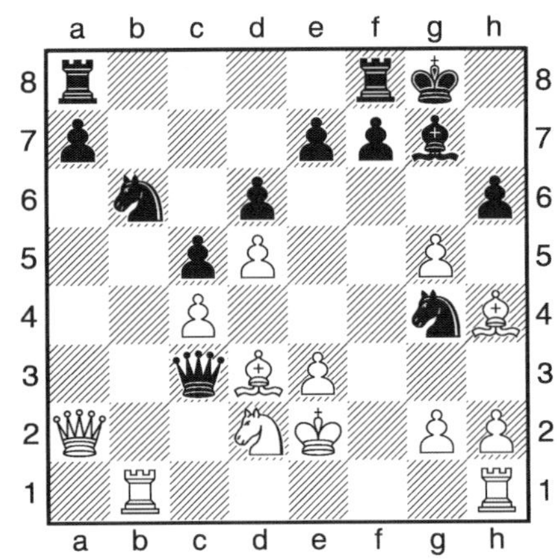

179. Tag

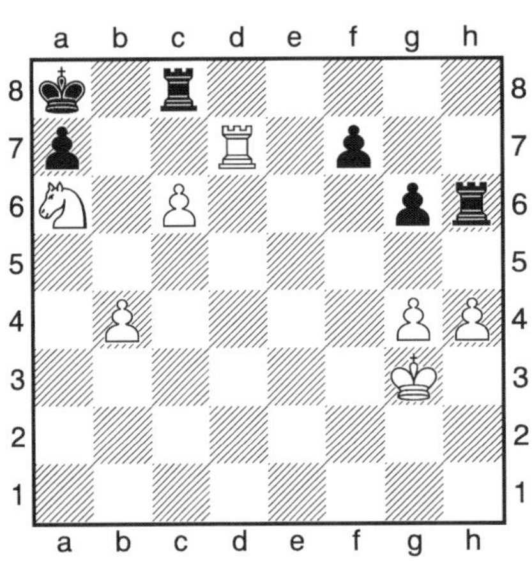

180. Tag

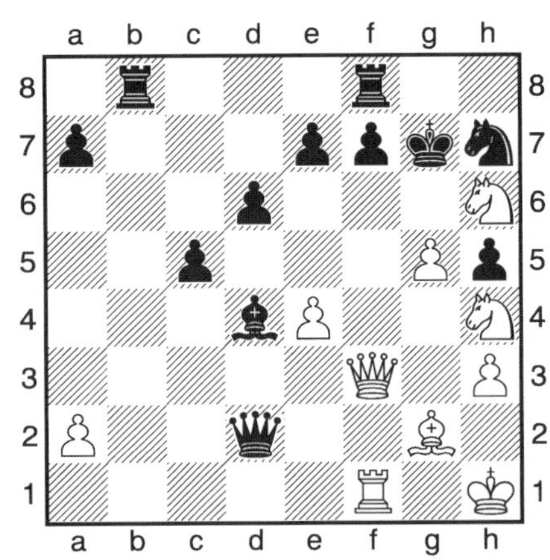

181. Tag

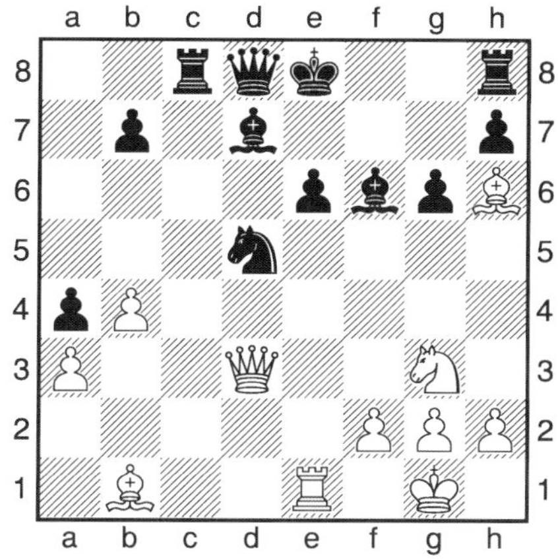

182. Tag

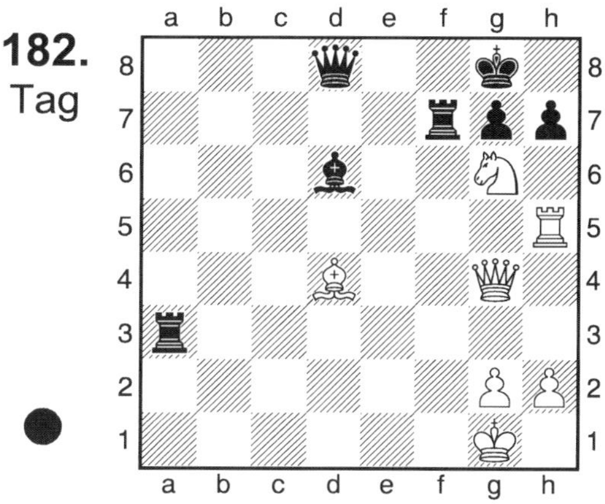

183. Tag

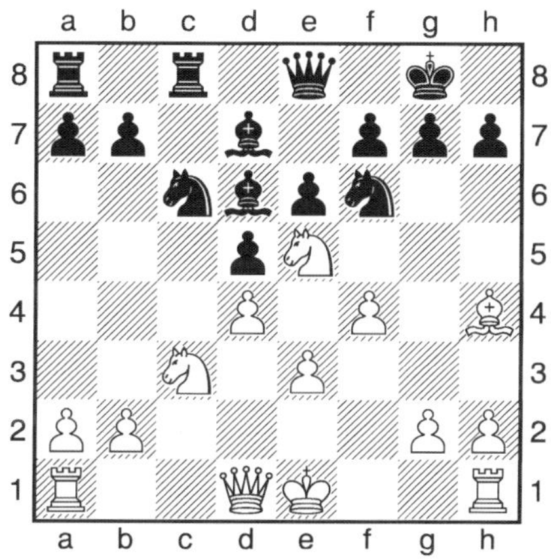

184. Tag

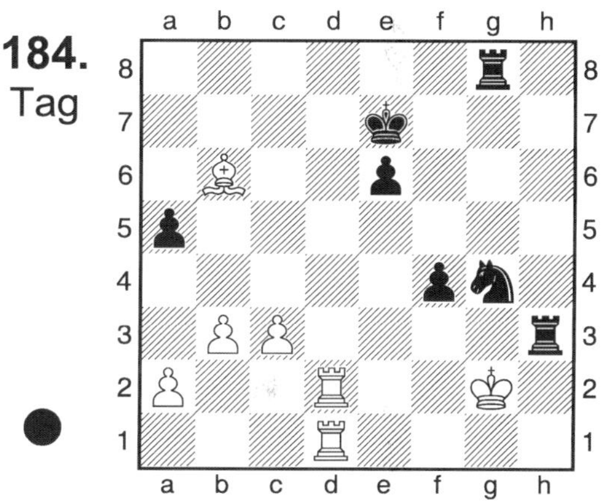

185. Tag

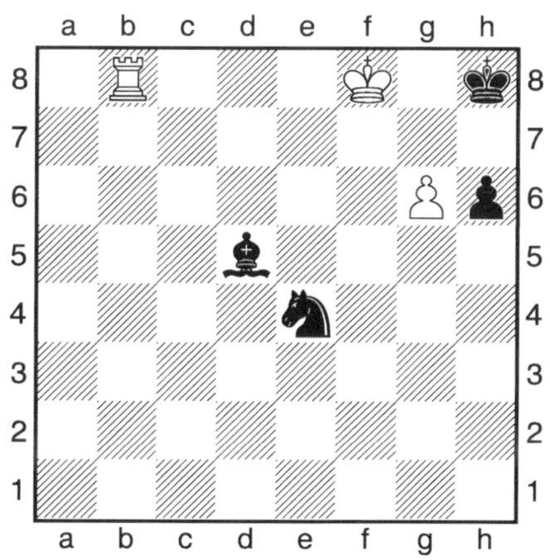

186. Tag

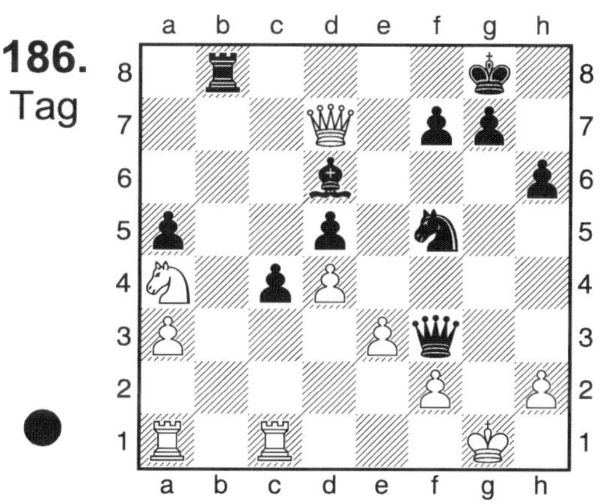

187. Tag

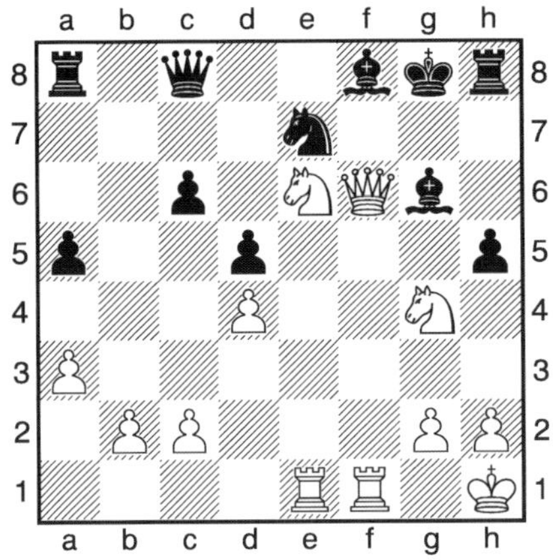

188. Tag

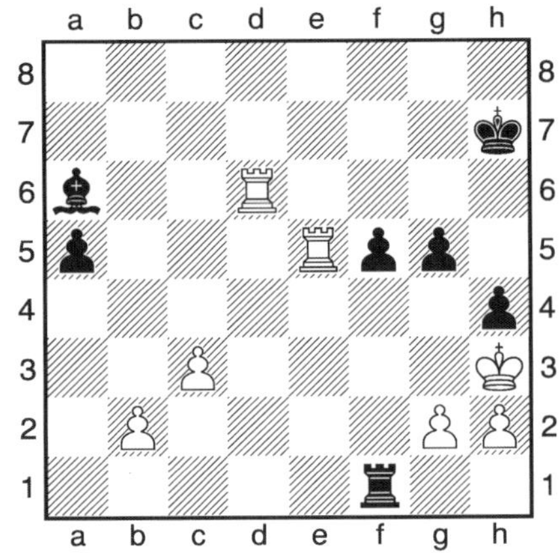

189. Tag

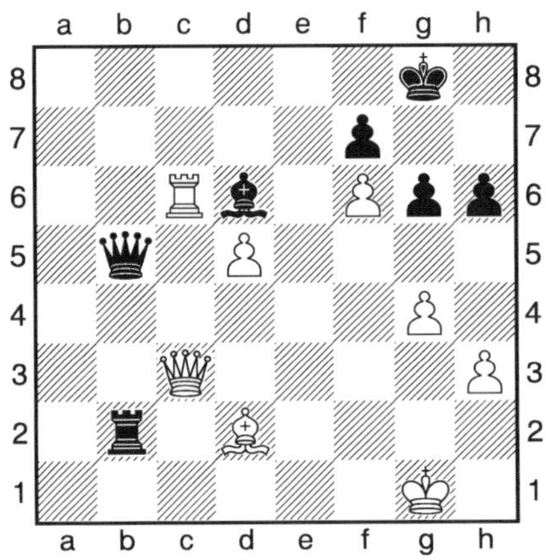

190. Tag

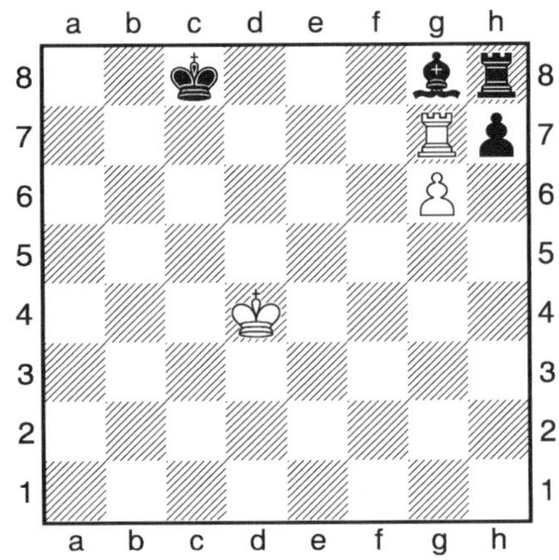

191. Tag

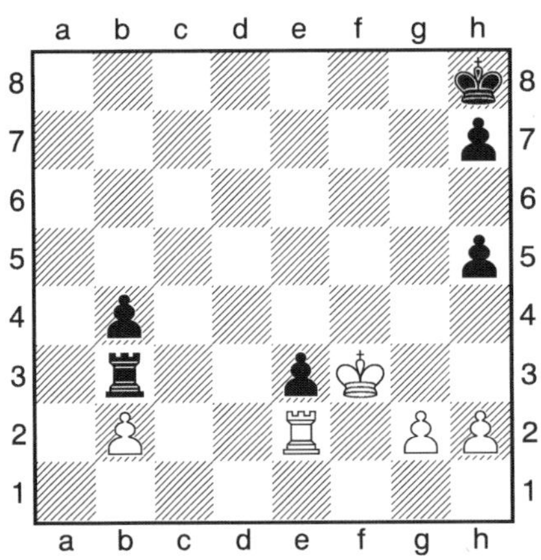

192. Tag

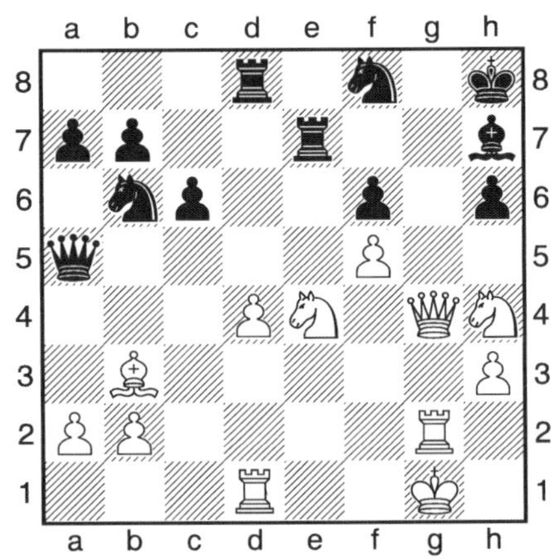

193. Tag

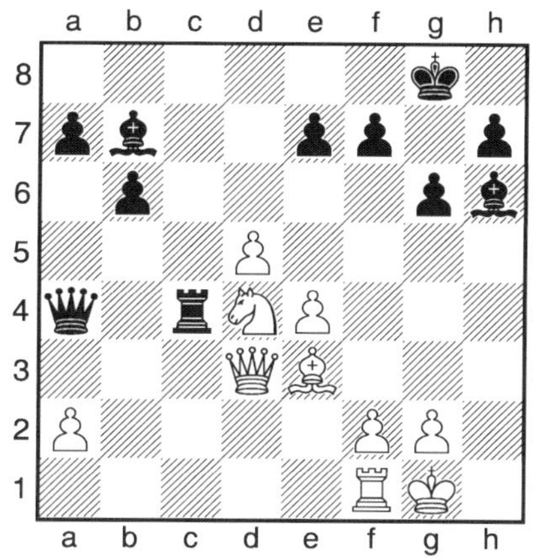

194. Tag

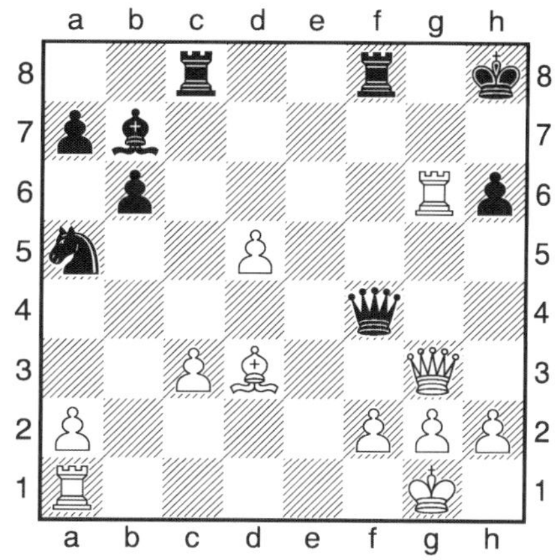

195. Tag

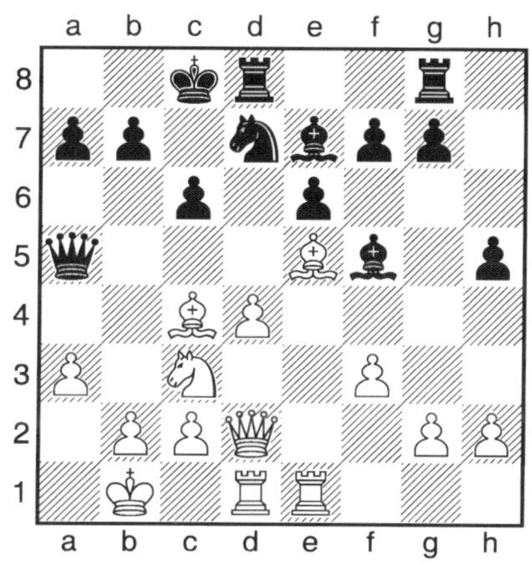

196. Tag

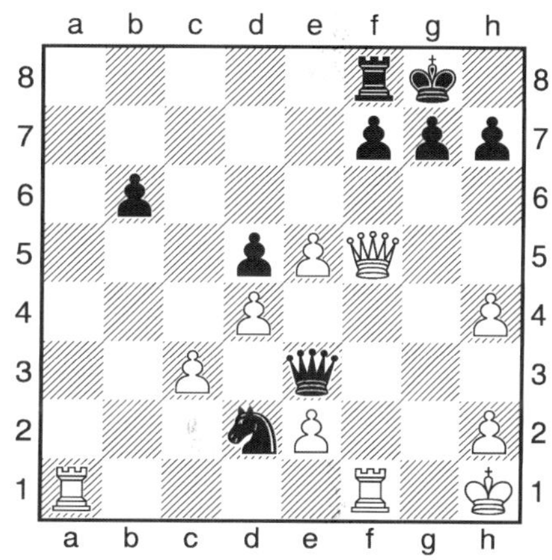

197. Tag

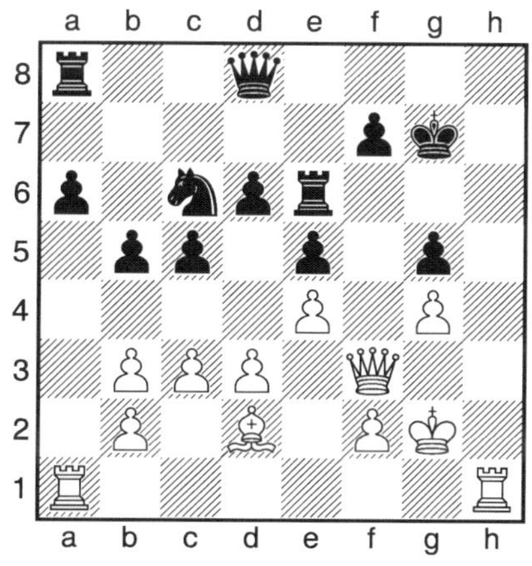

198. Tag

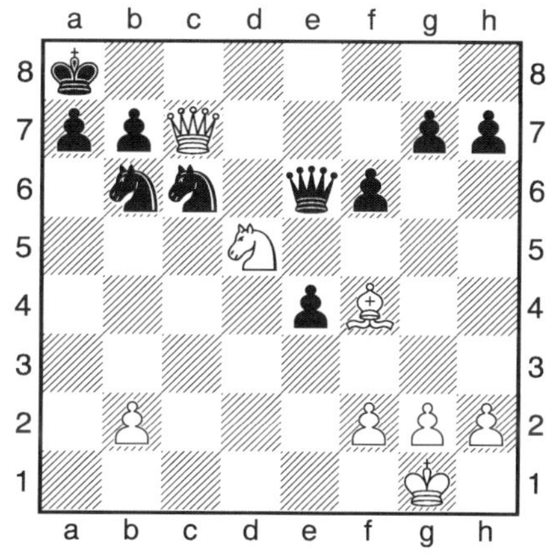

199. Tag

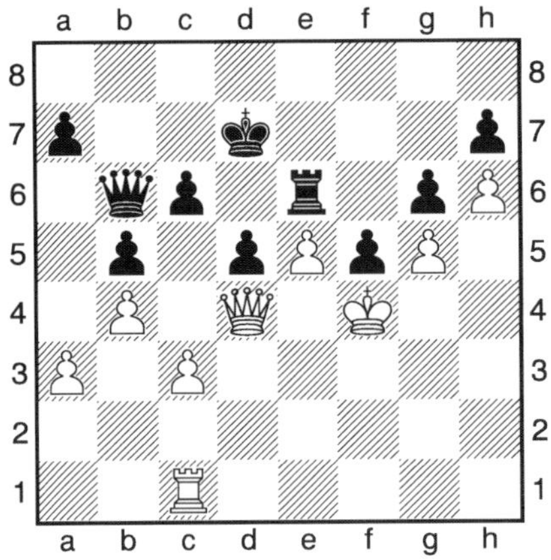

200. Tag

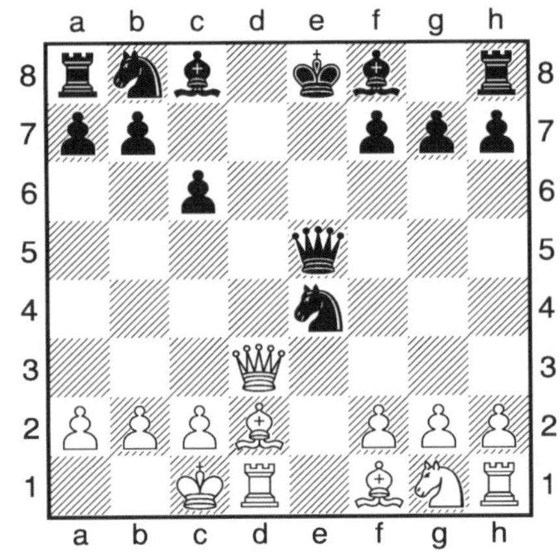

201. Tag

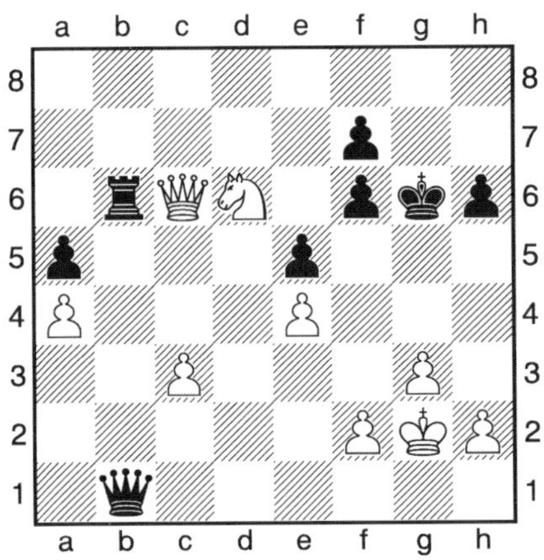

202. Tag

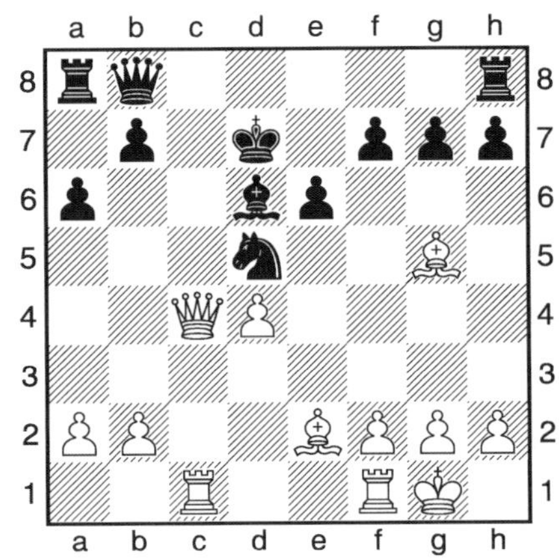

203. Tag

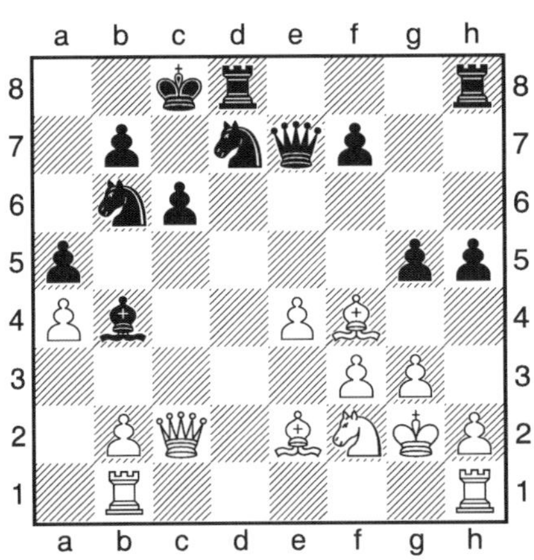

204. Tag

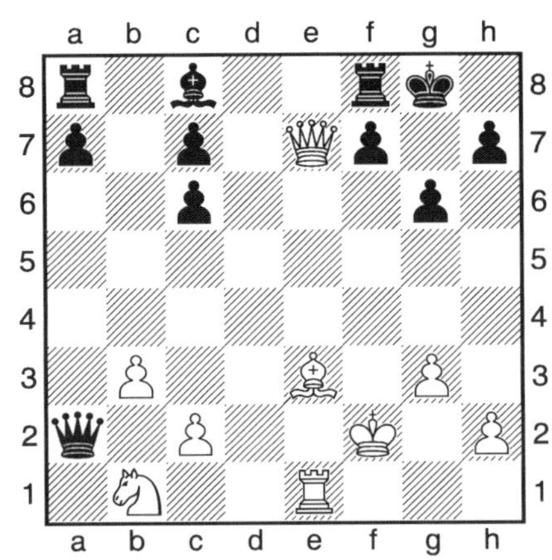

205. Tag

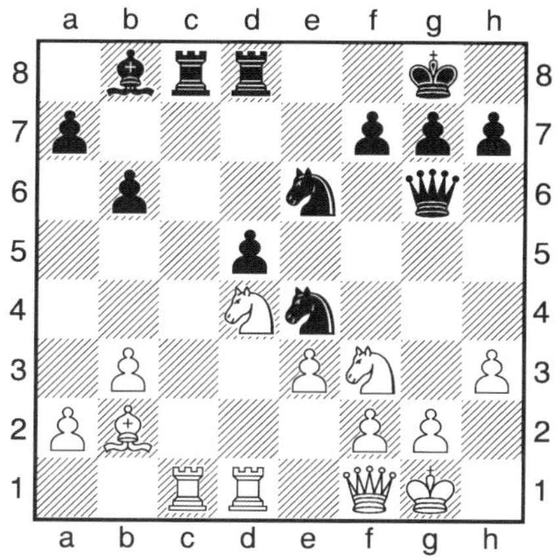

206. Tag

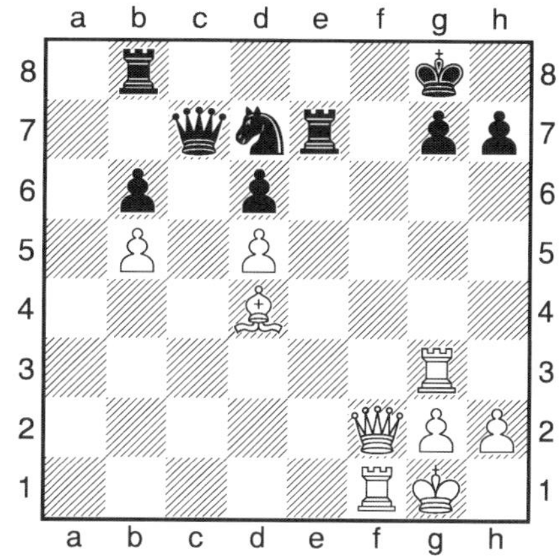

207. Tag

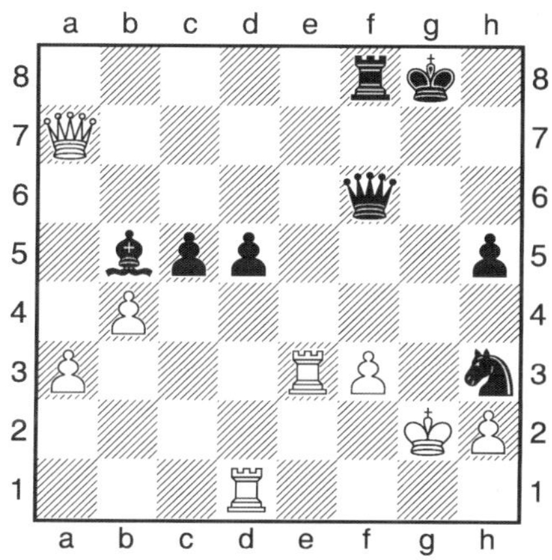

208. Tag

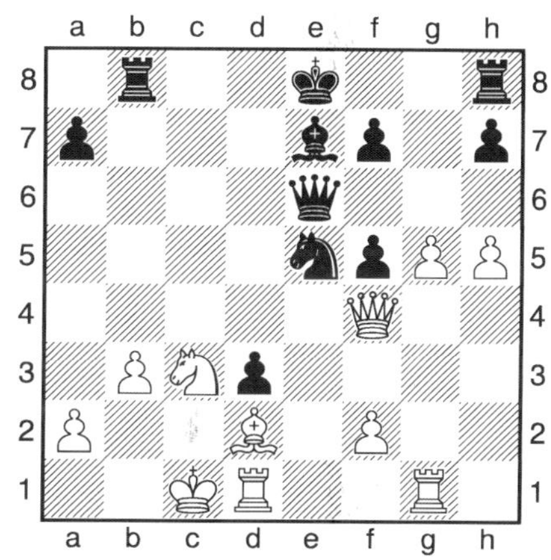

209. Tag

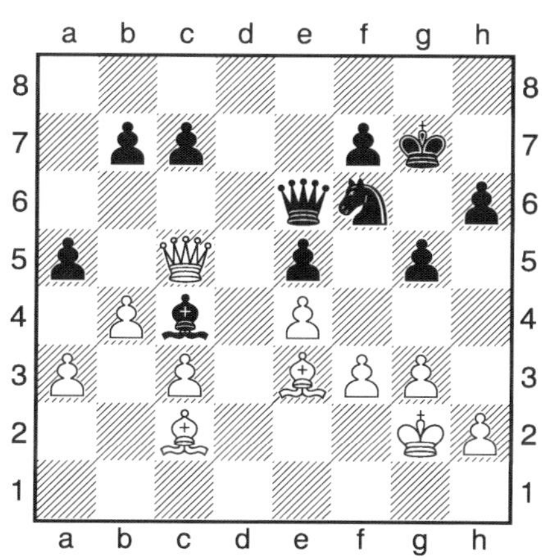

210. Tag

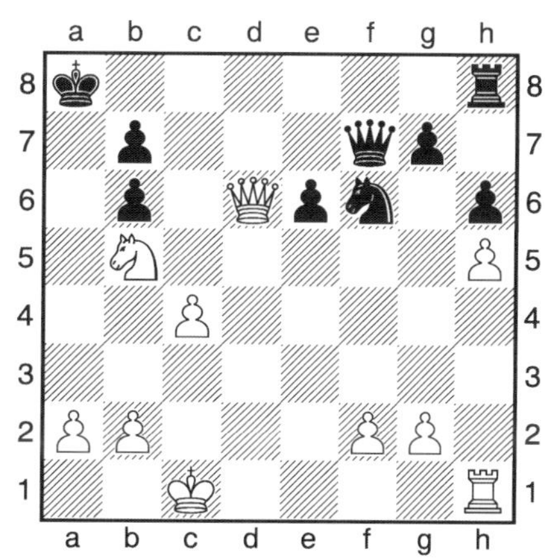

211. Tag

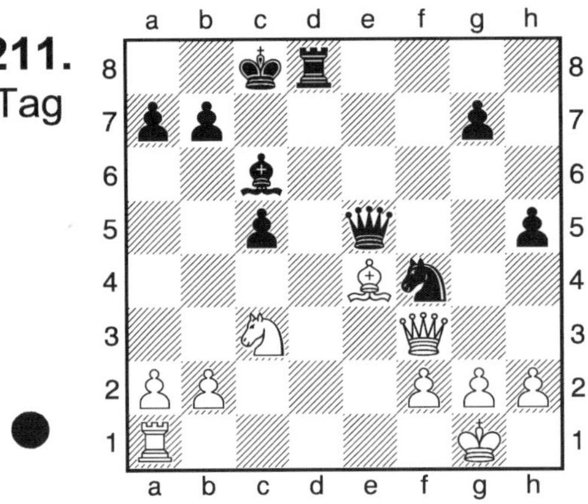

212. Tag

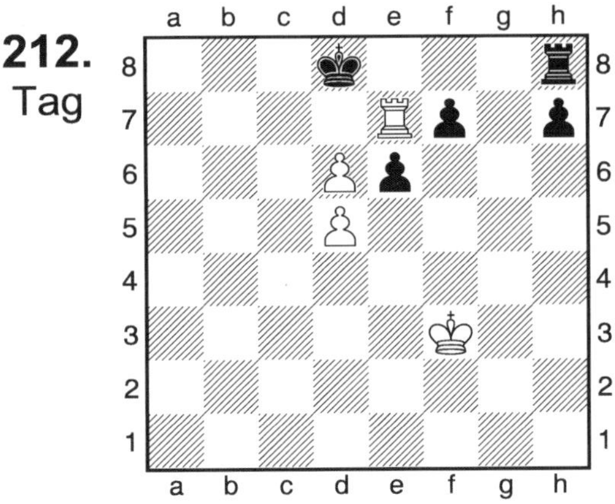

213. Tag

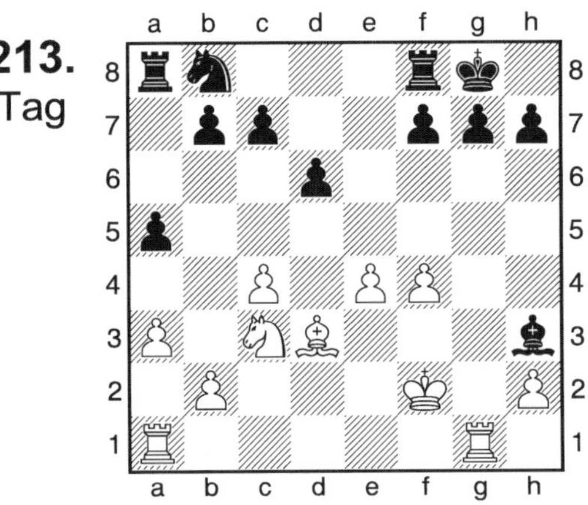

214. Tag

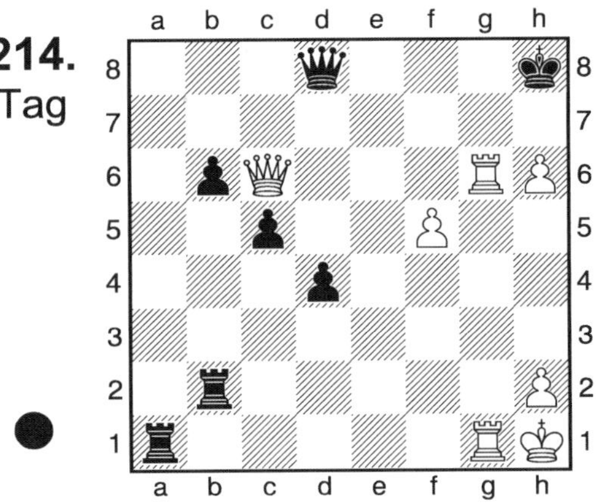

215. Tag

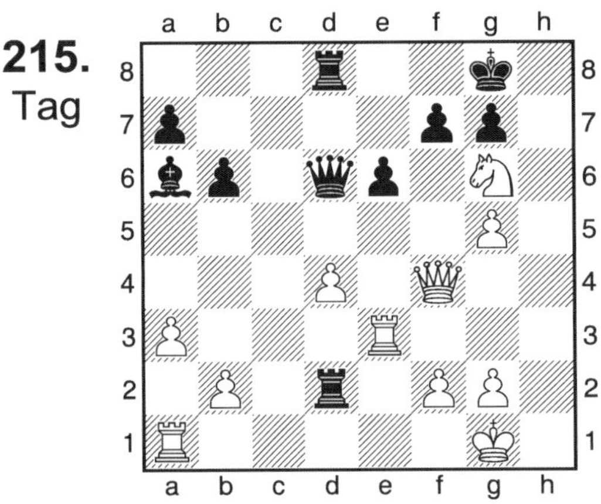

216. Tag

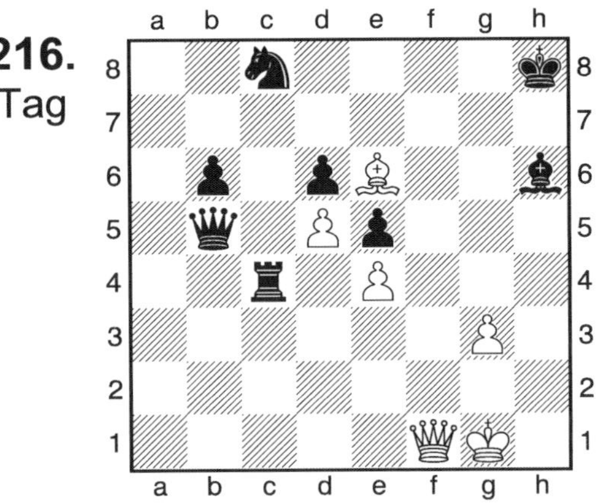

217. Tag

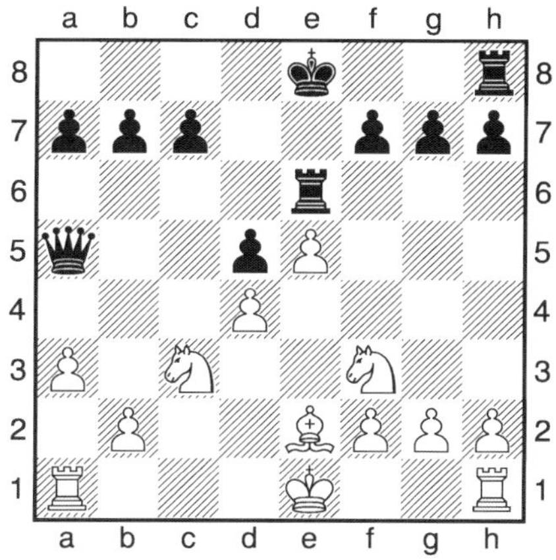

218. Tag

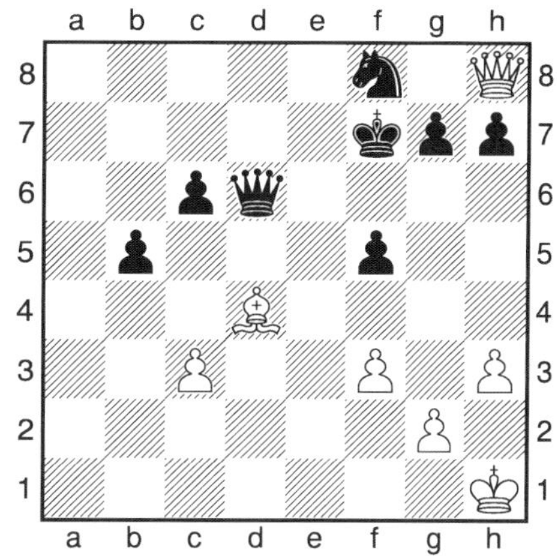

219. Tag

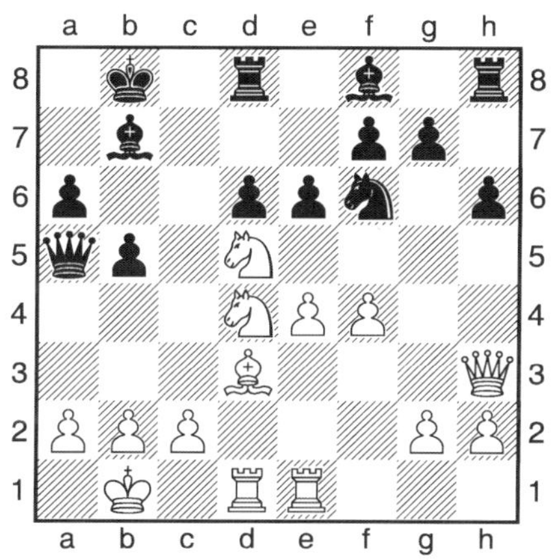

220. Tag

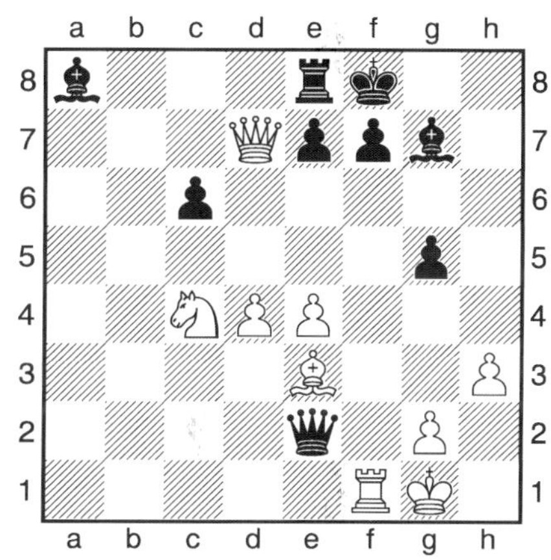

221. Tag

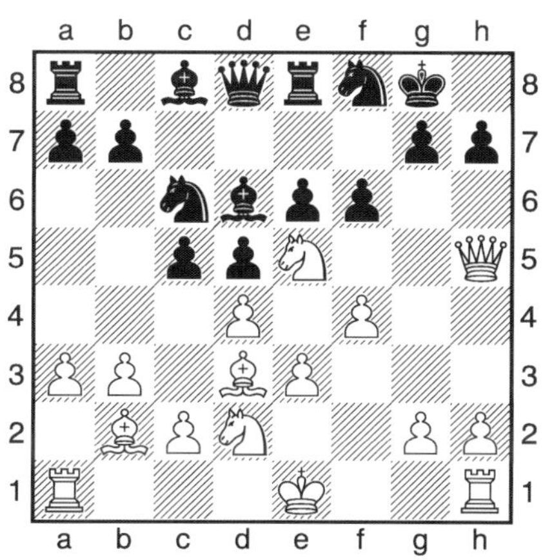

222. Tag

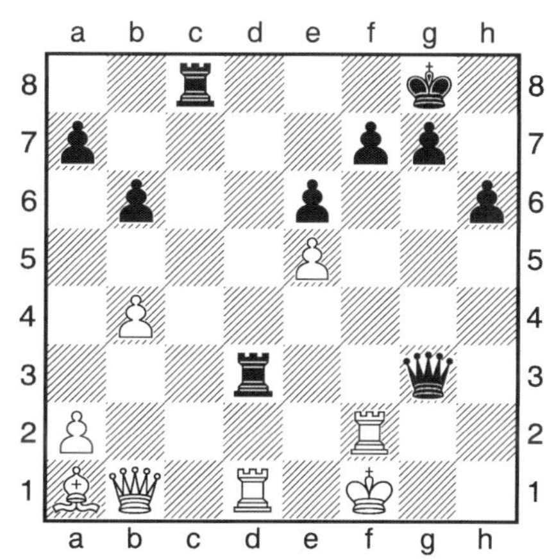

223.
Tag

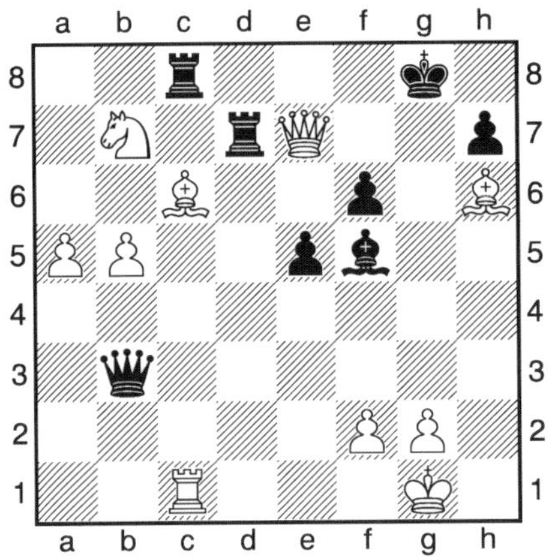

224.
Tag

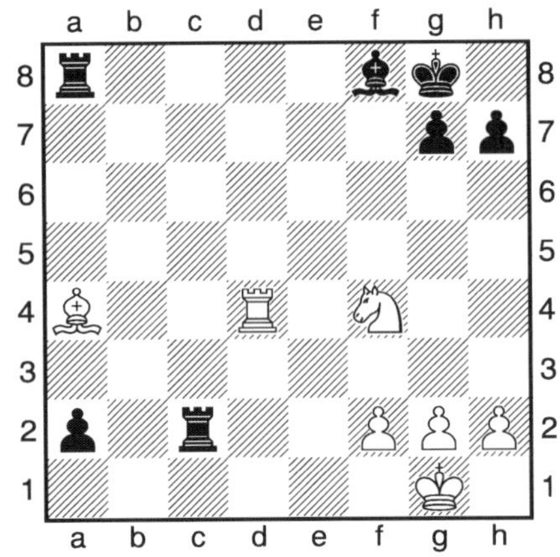

225.
Tag

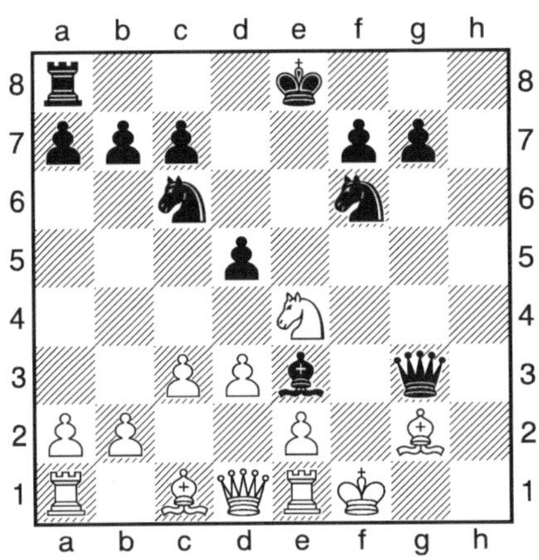

226.
Tag

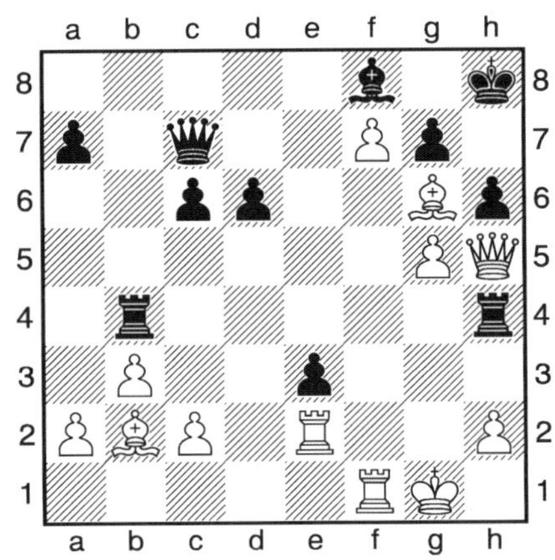

227.
Tag

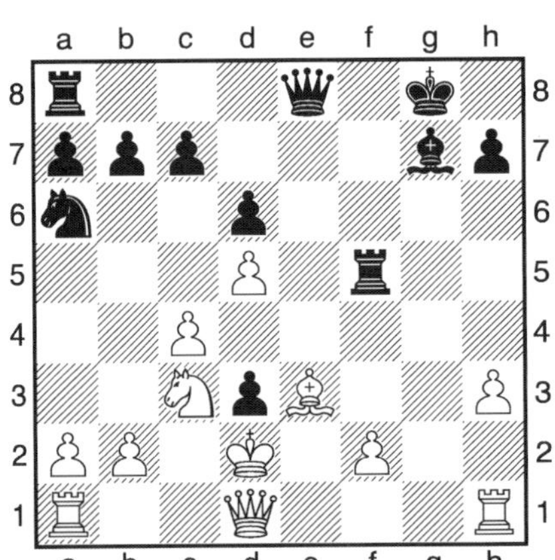

228.
Tag

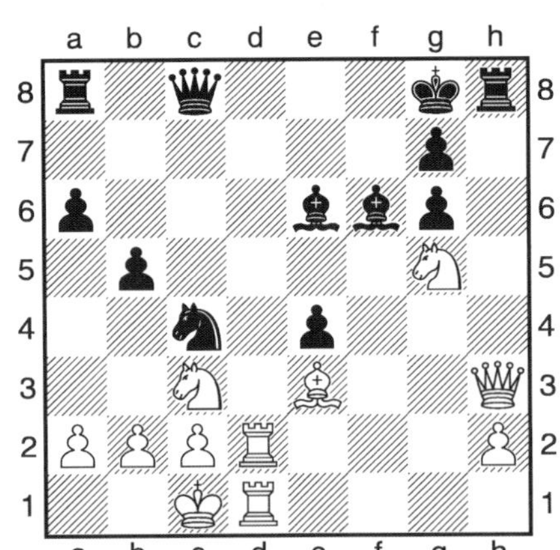

229. Tag

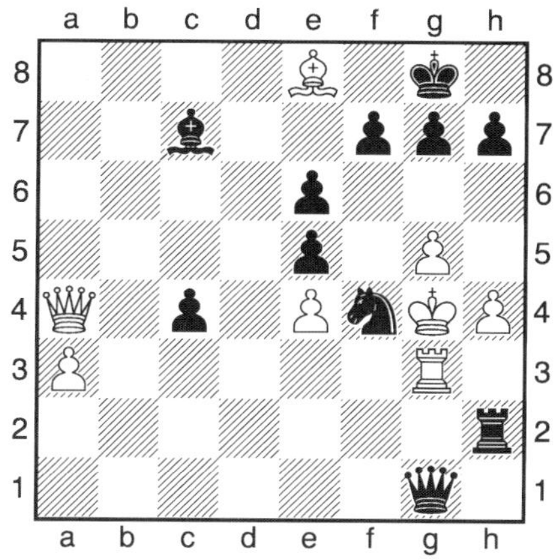

230. Tag

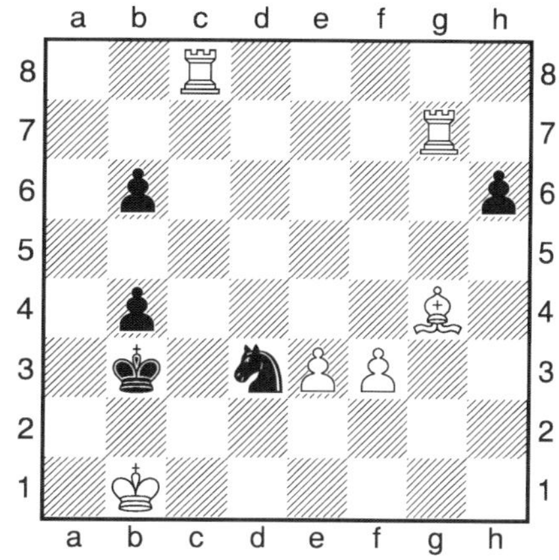

231. Tag

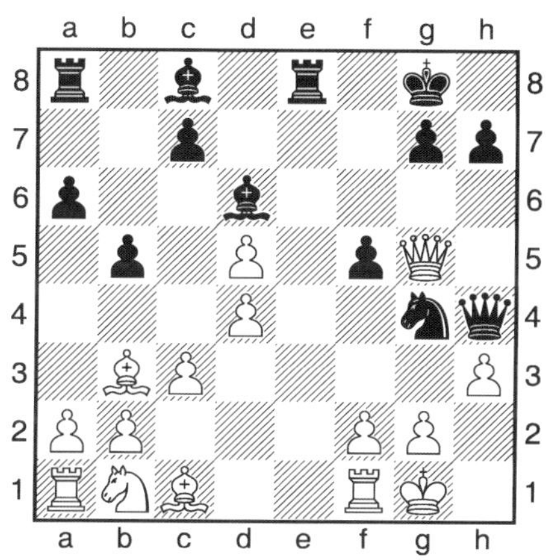

232. Tag

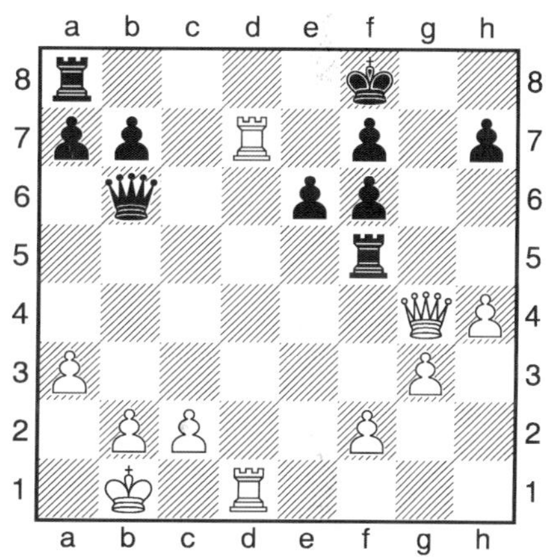

233. Tag

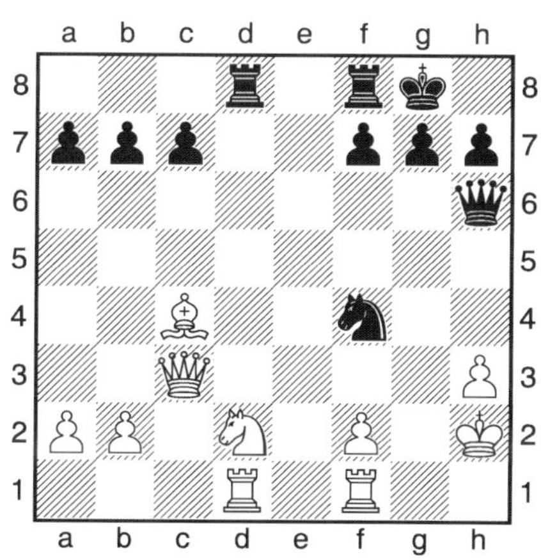

234. Tag

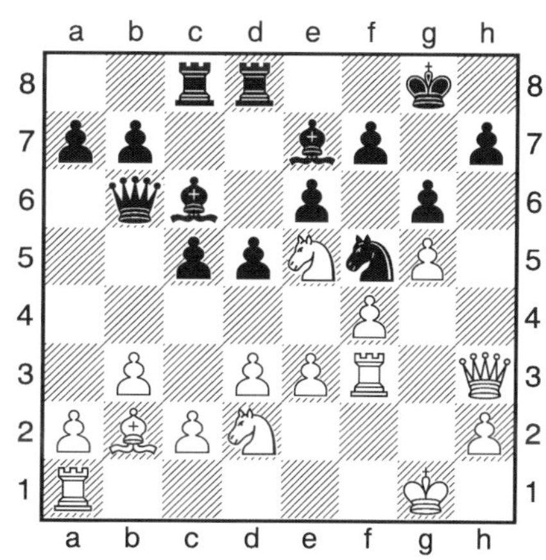

235. Tag

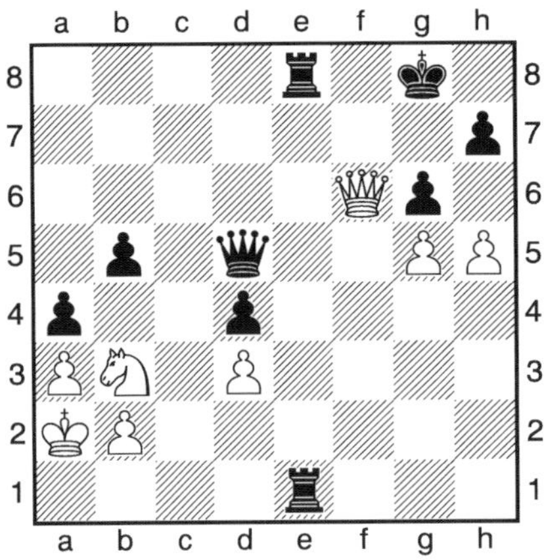

236. Tag

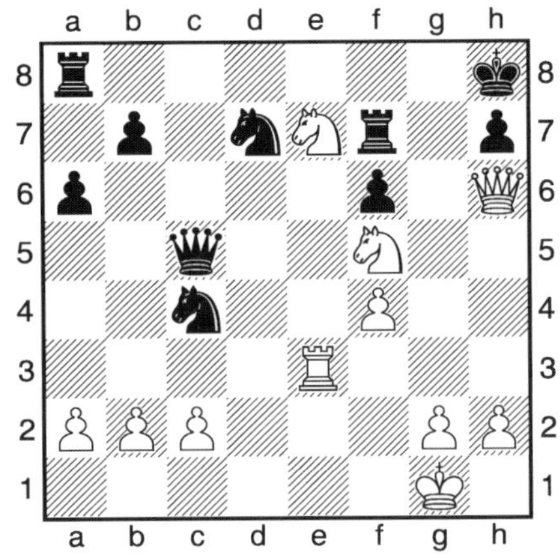

237. Tag

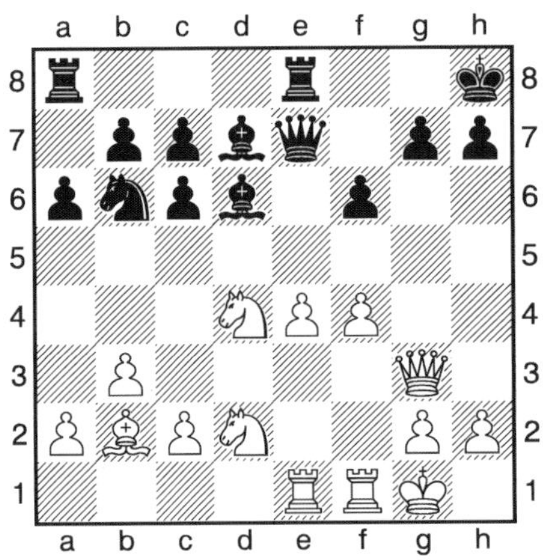

238. Tag

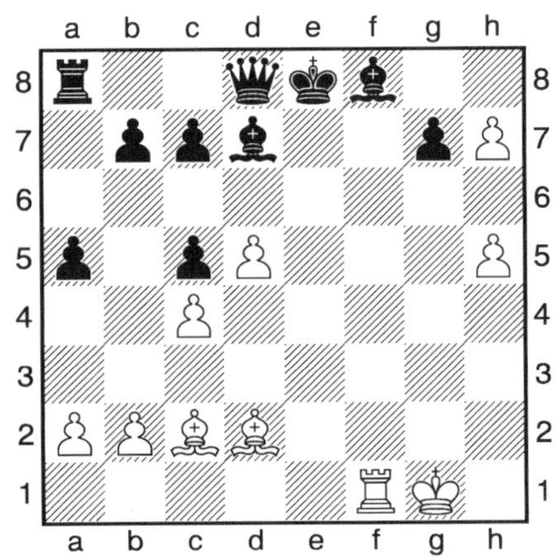

239. Tag

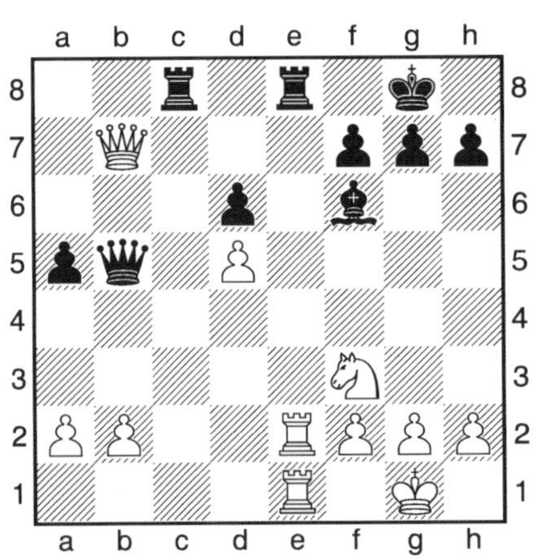

240. Tag

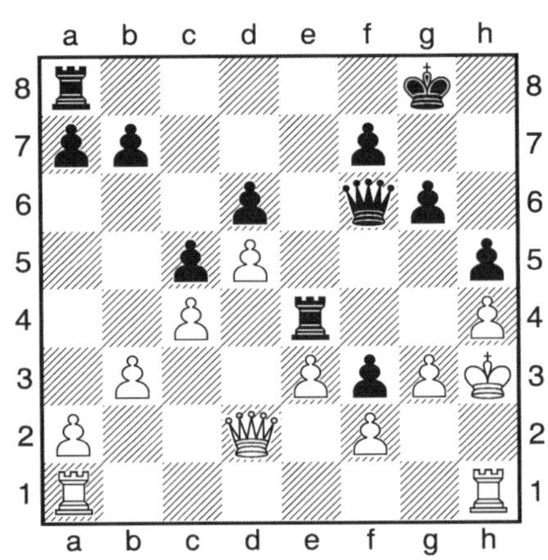

241. Tag

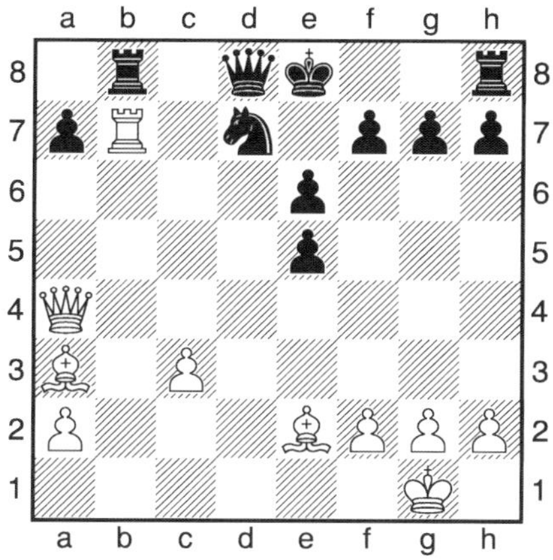

242. Tag

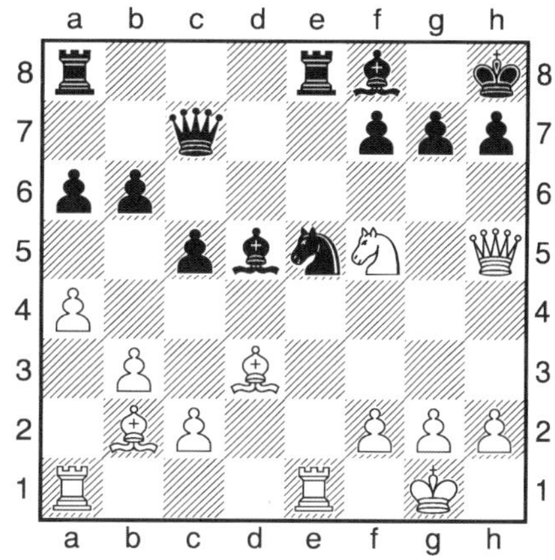

243. Tag

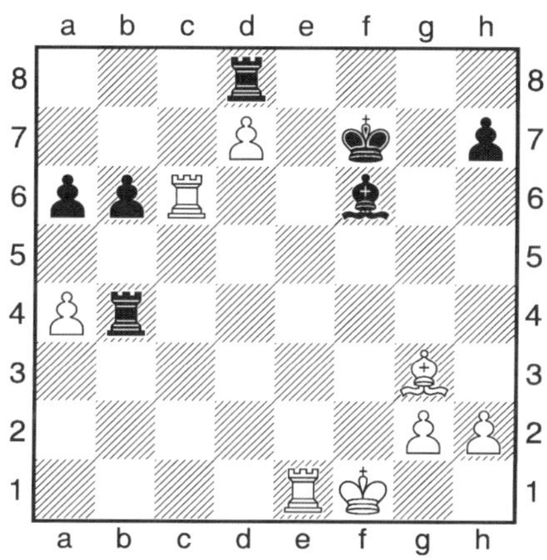

244. Tag

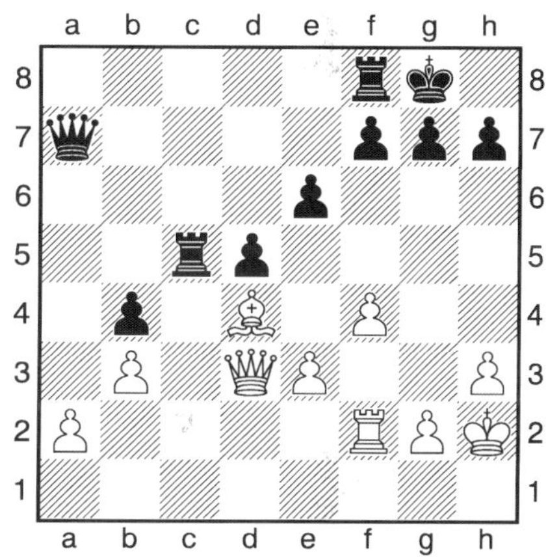

245. Tag

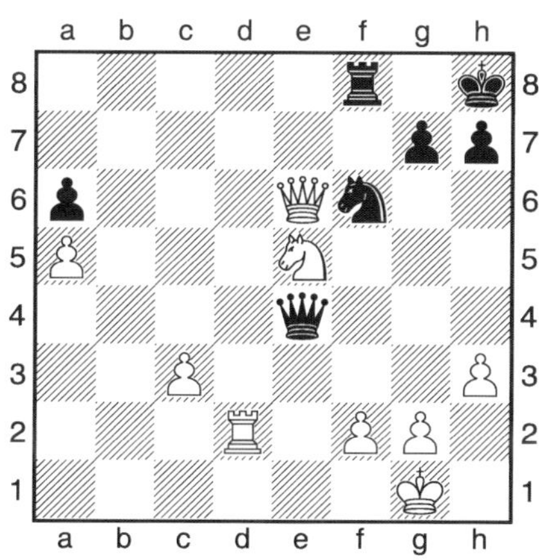

246. Tag

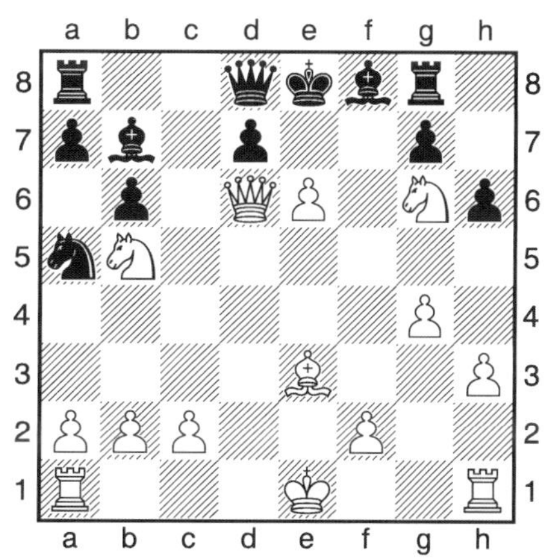

247. Tag

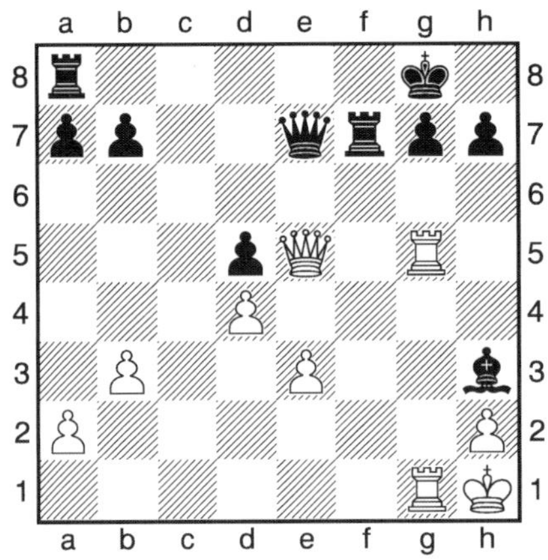

248. Tag

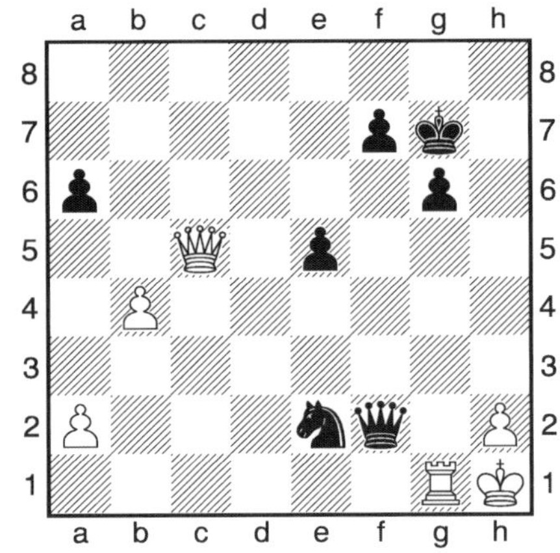

249. Tag

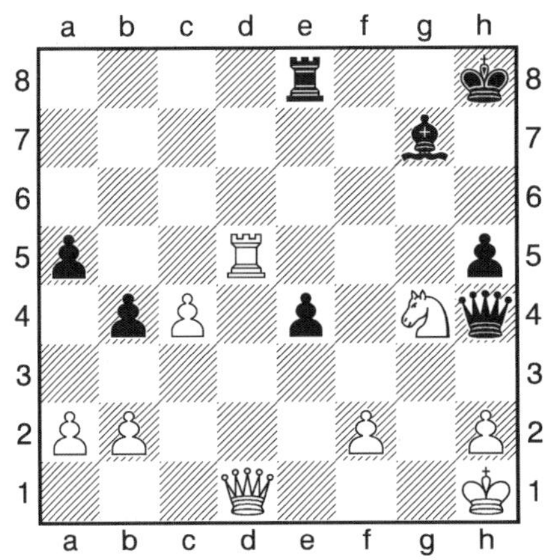

250. Tag

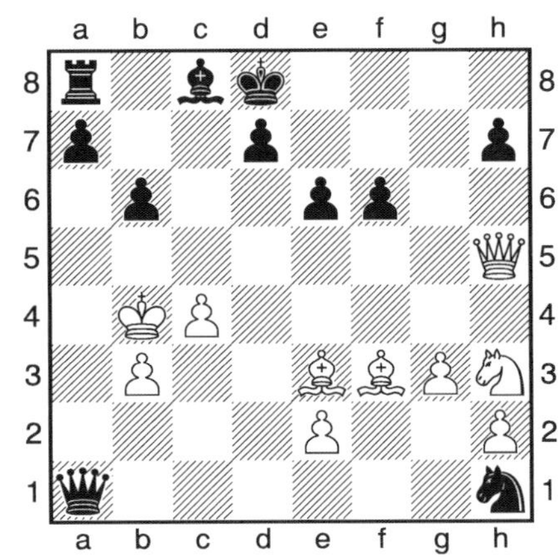

251. Tag

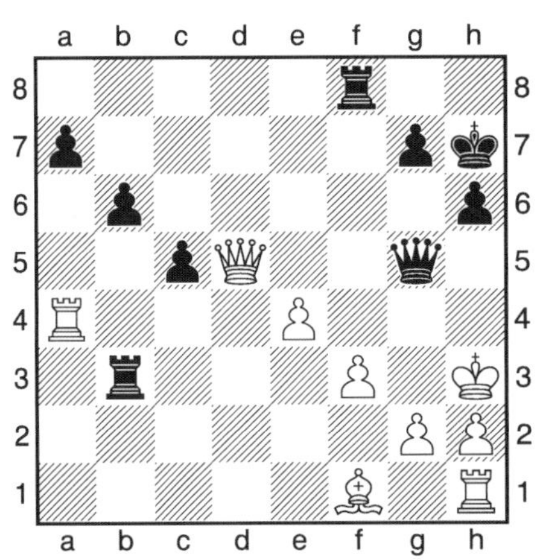

252. Tag

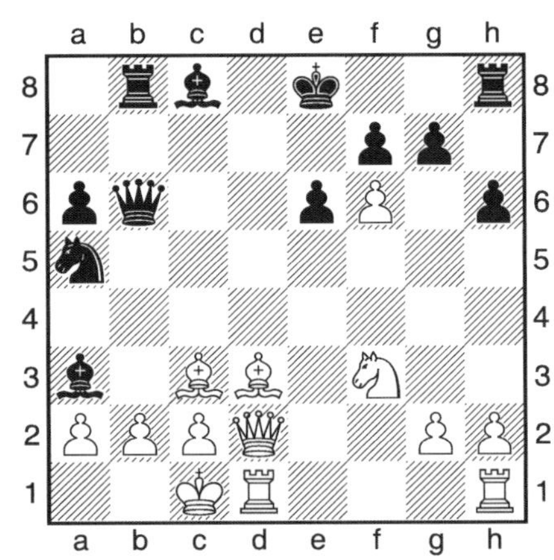

253. Tag

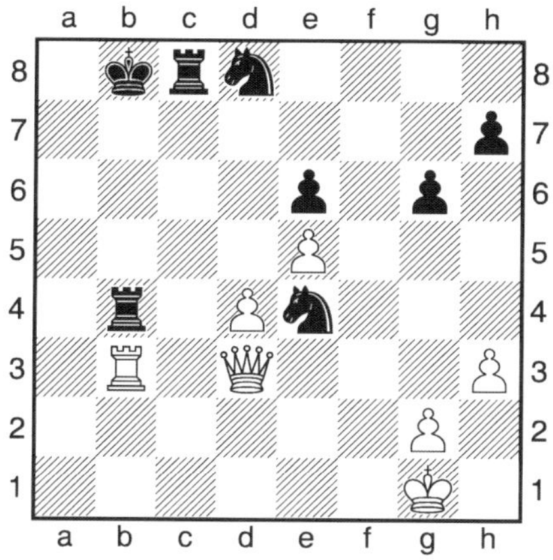

254. Tag

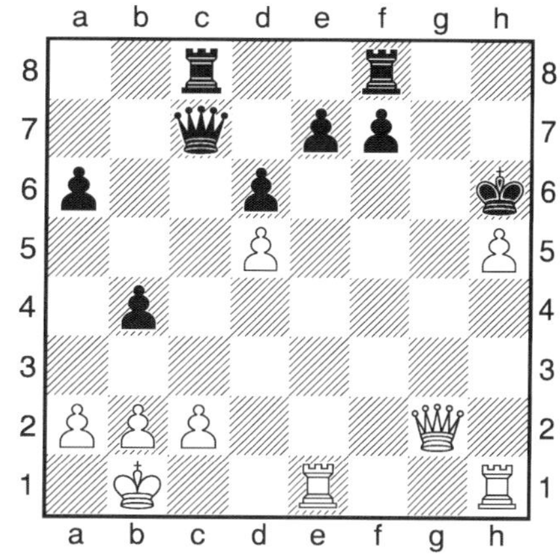

255. Tag

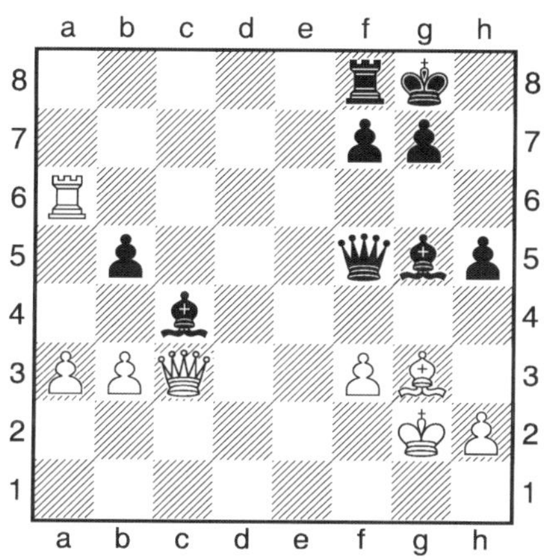

256. Tag

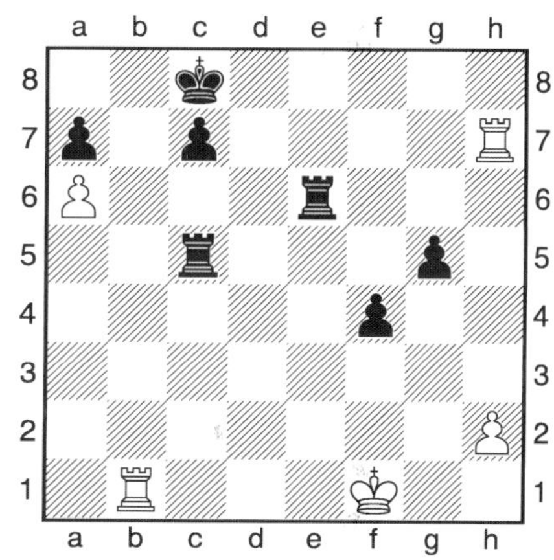

257. Tag

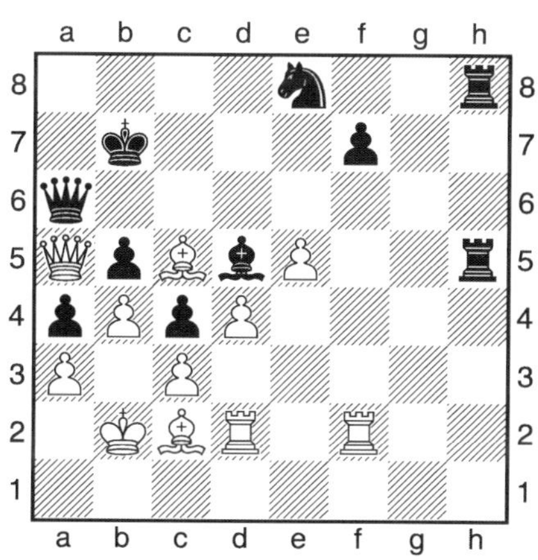

258. Tag

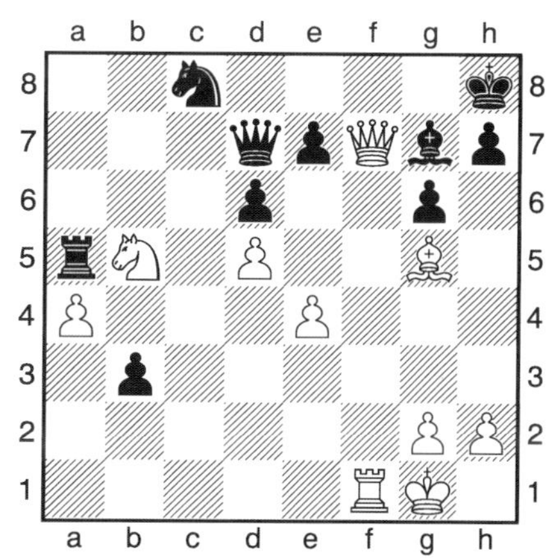

259. Tag

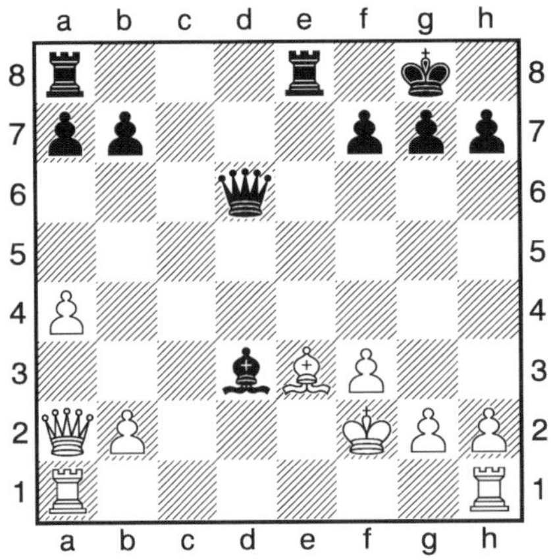

260. Tag

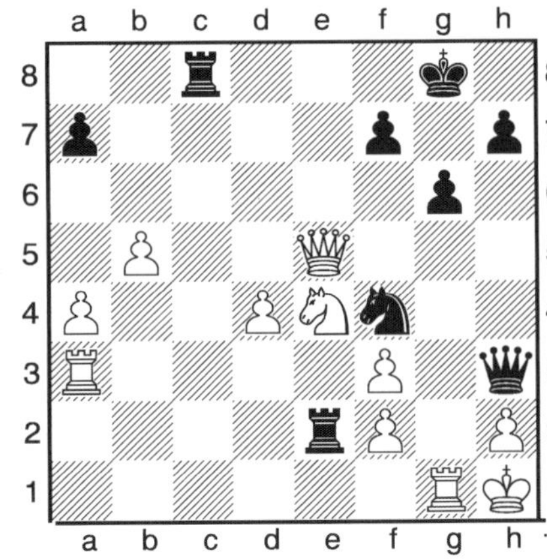

261. Tag

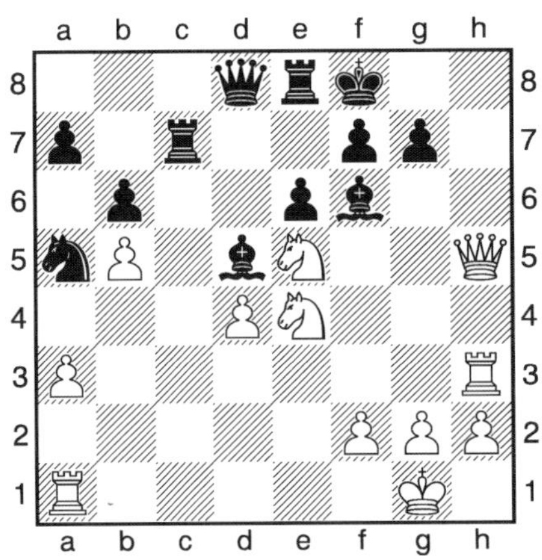

262. Tag

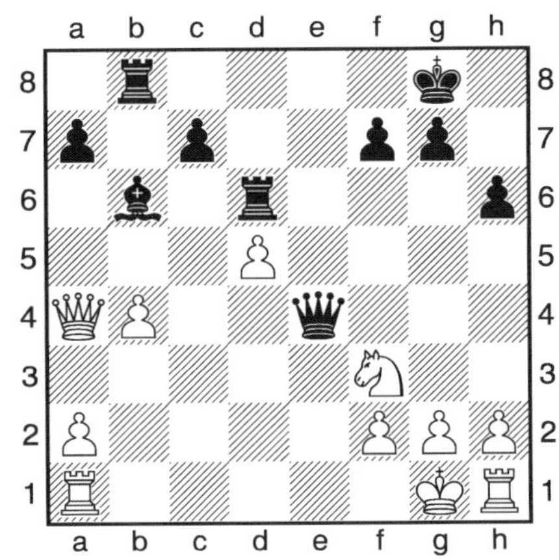

263. Tag

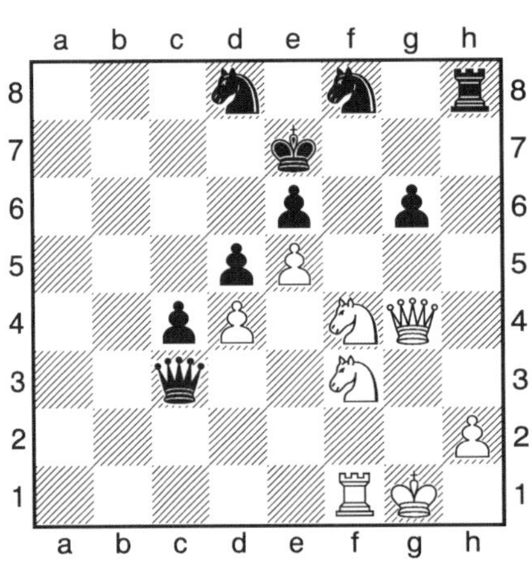

264. Tag

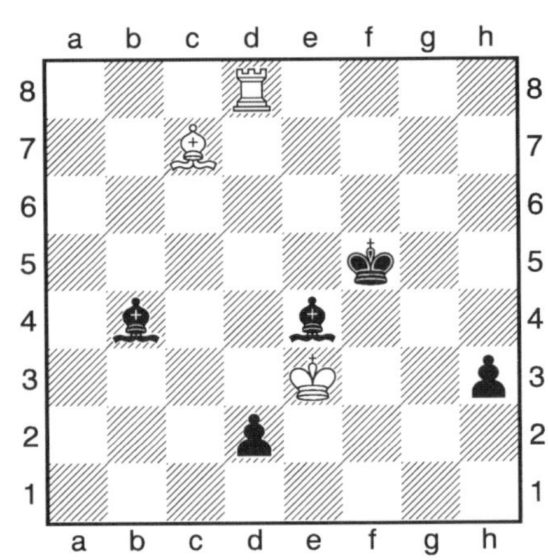

265. Tag

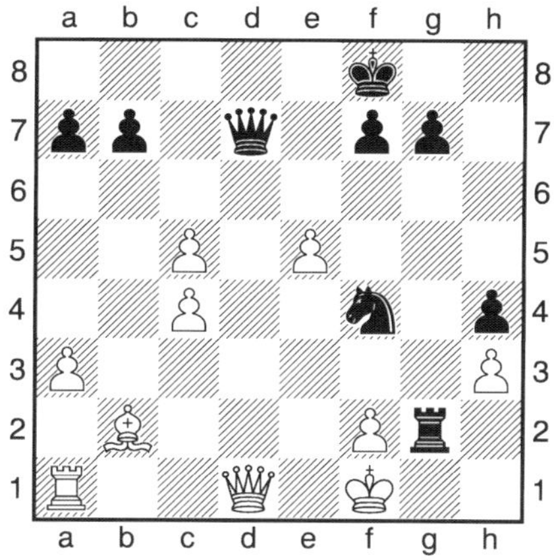

266. Tag

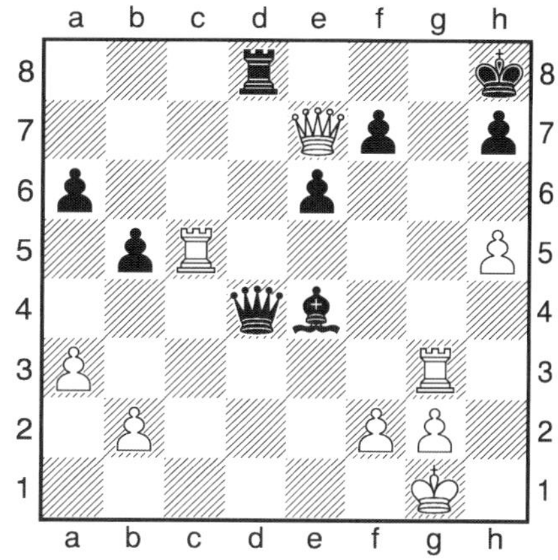

267. Tag

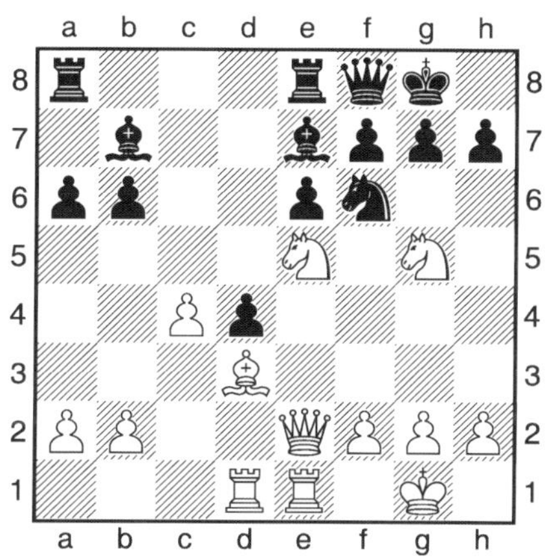

268. Tag

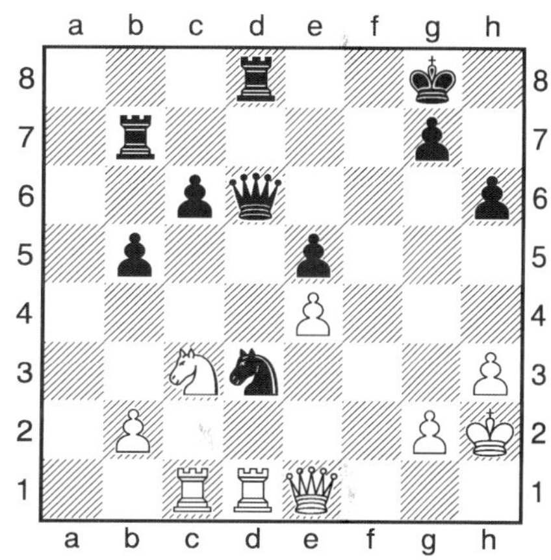

269. Tag

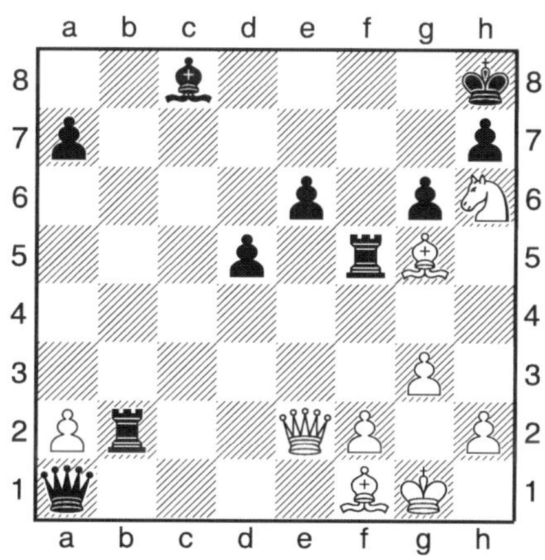

270. Tag

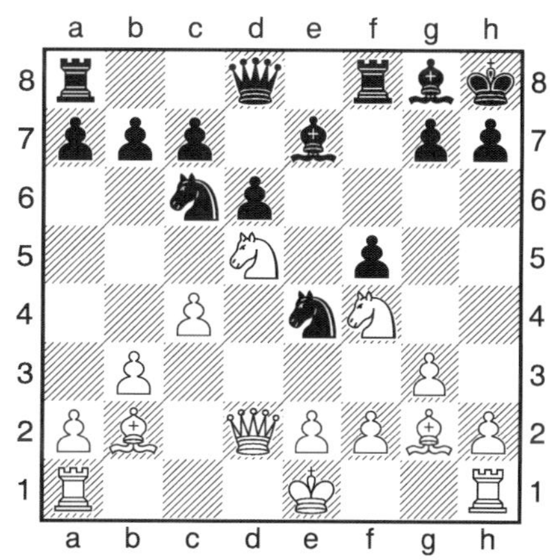

271. Tag

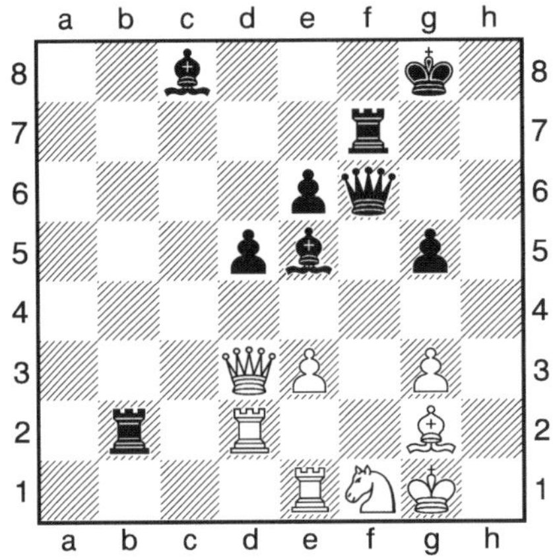

272. Tag

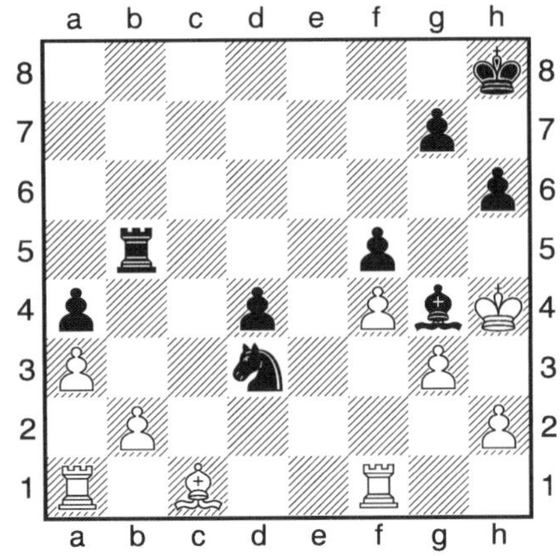

273. Tag

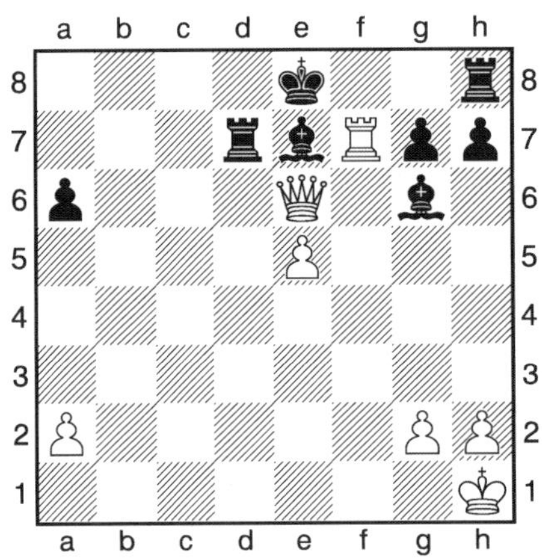

274. Tag

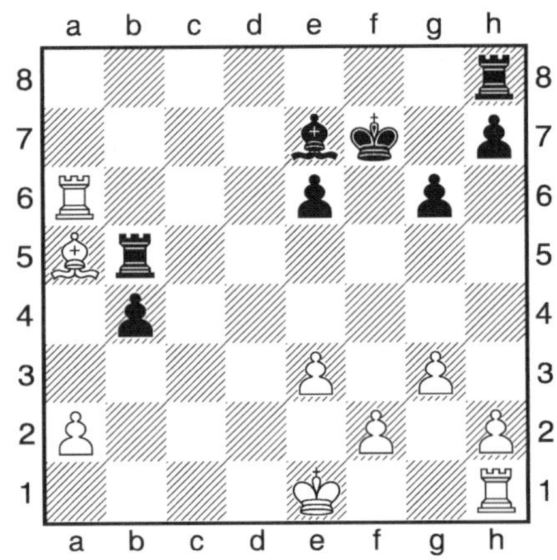

275. Tag

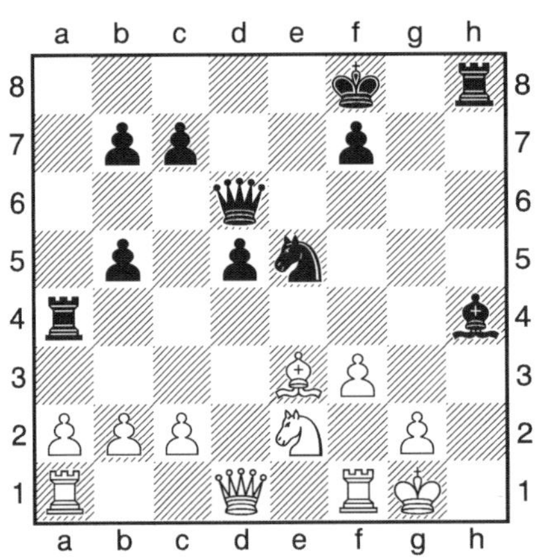

276. Tag

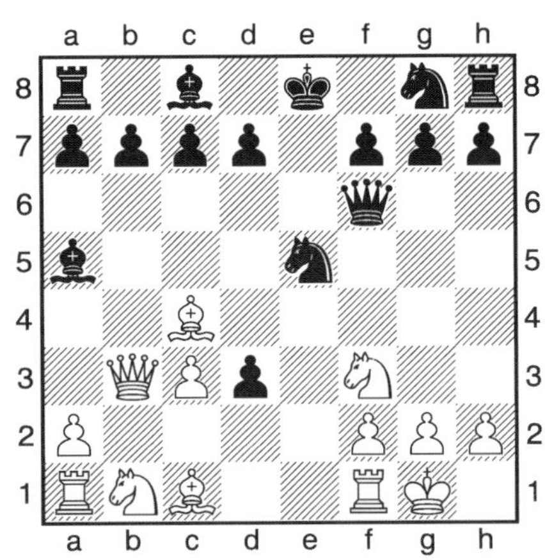

277. Tag

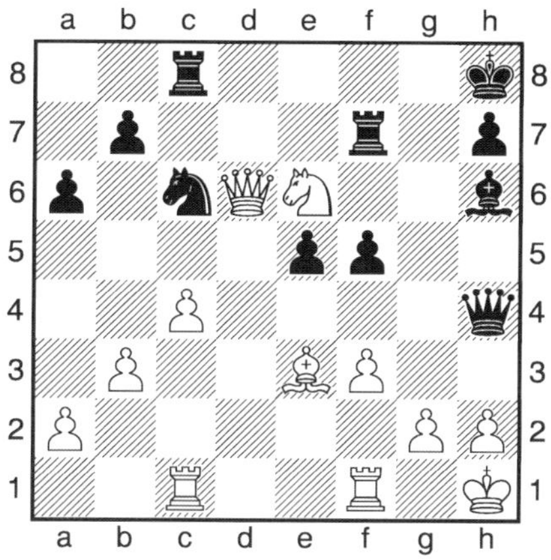

278. Tag

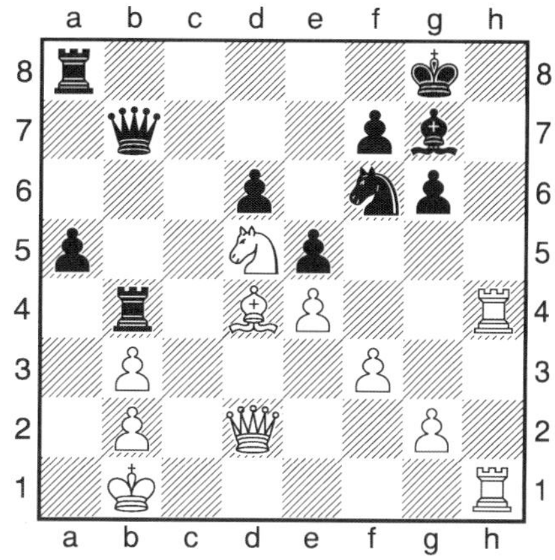

279. Tag

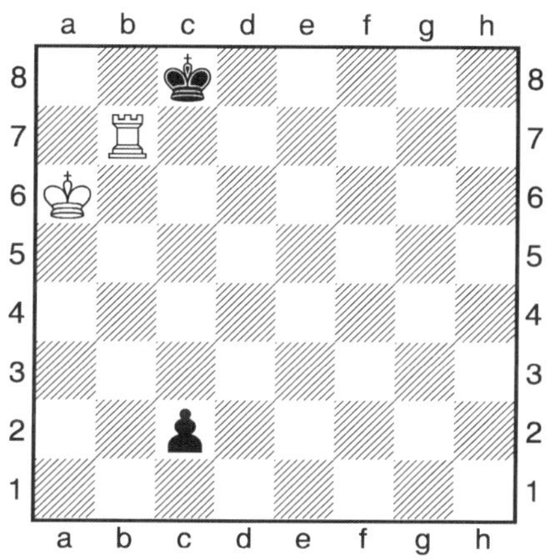

280. Tag

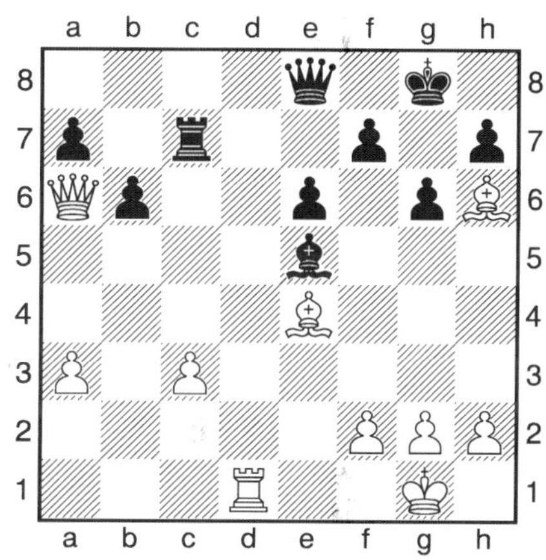

281. Tag

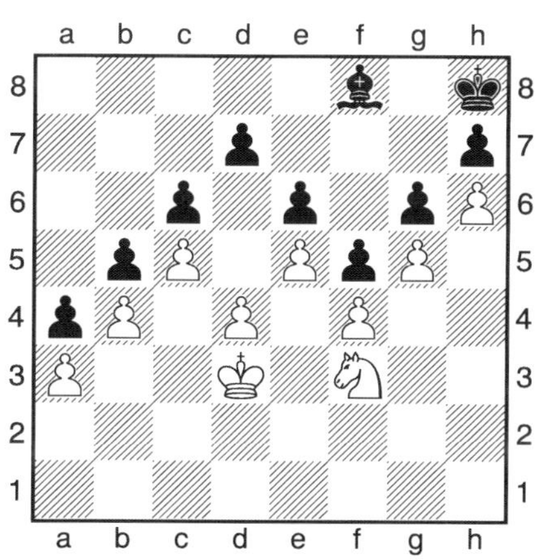

282. Tag

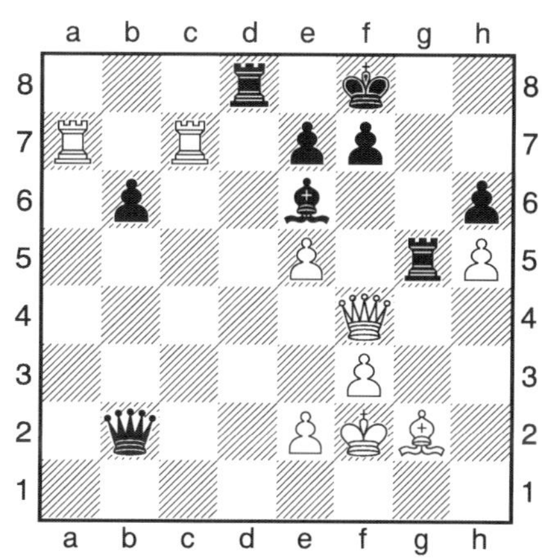

283. Tag

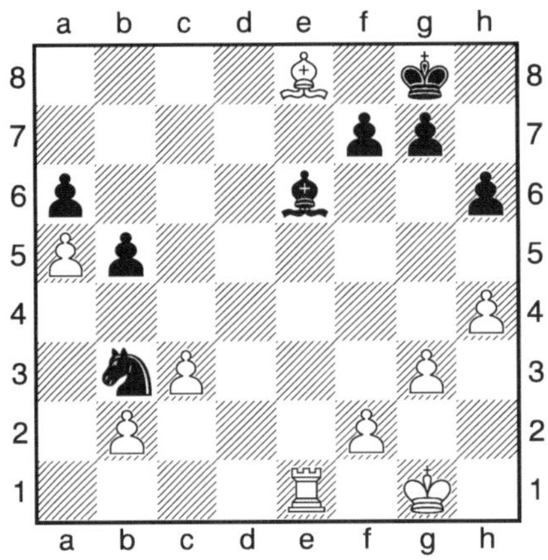

284. Tag

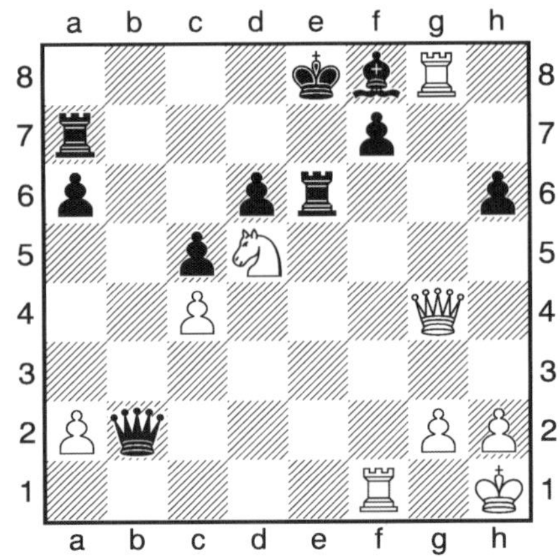

285. Tag

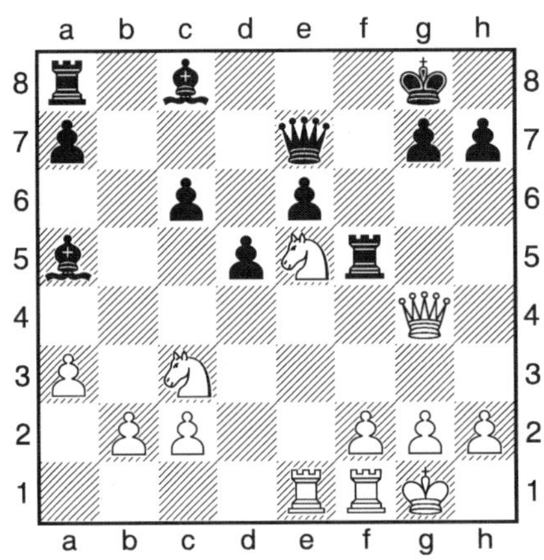

286. Tag

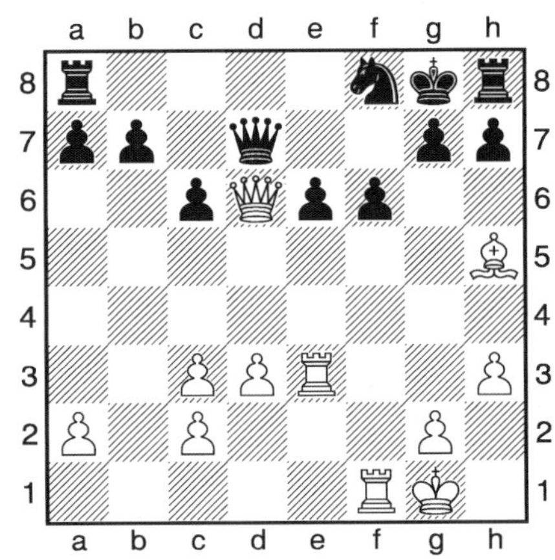

287. Tag

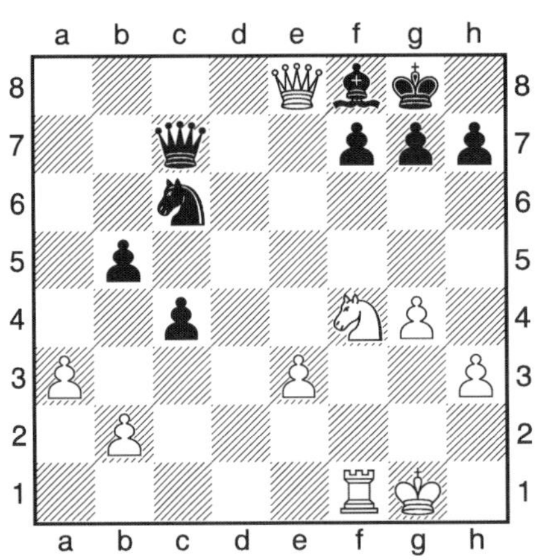

288. Tag

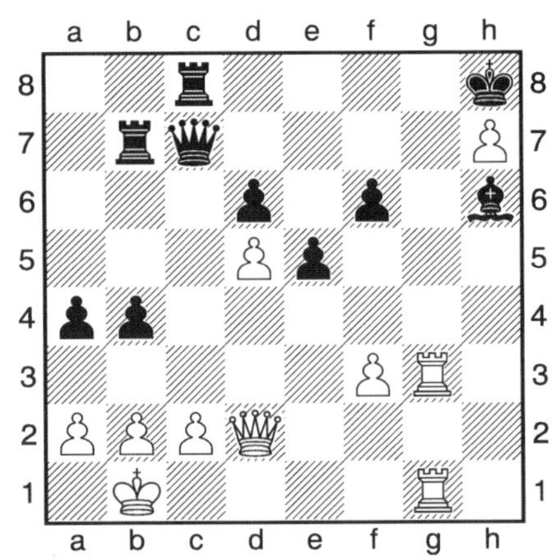

289. Tag

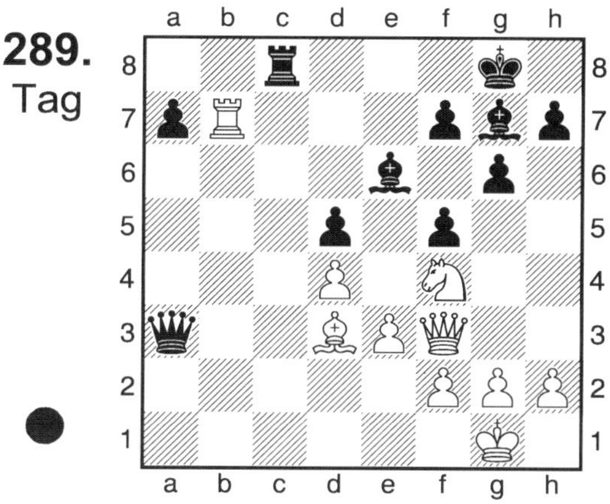

290. Tag

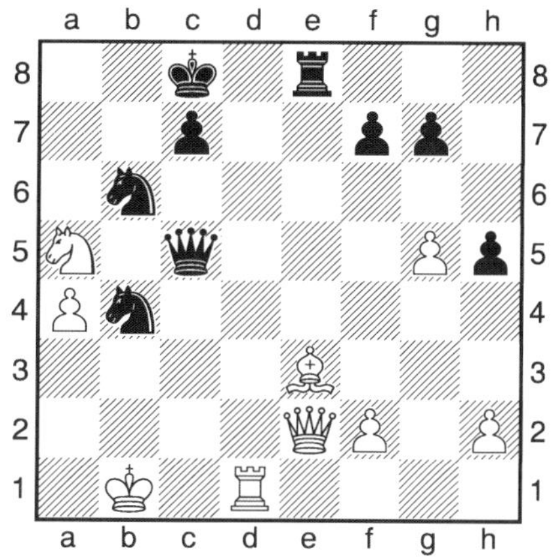

291. Tag

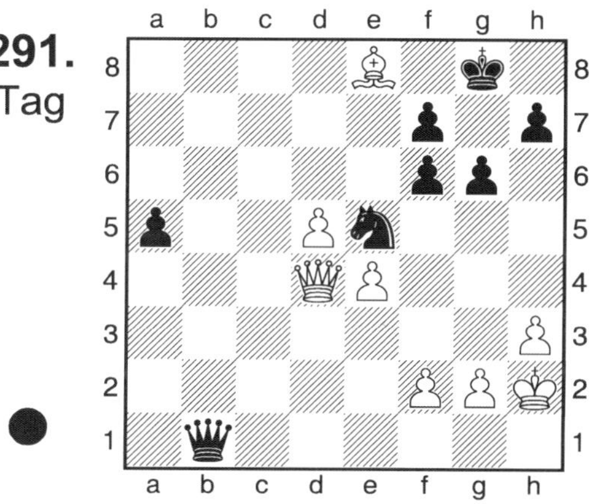

292. Tag

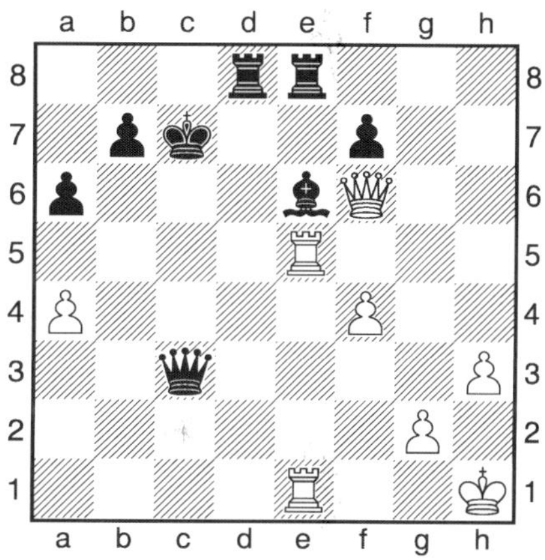

293. Tag

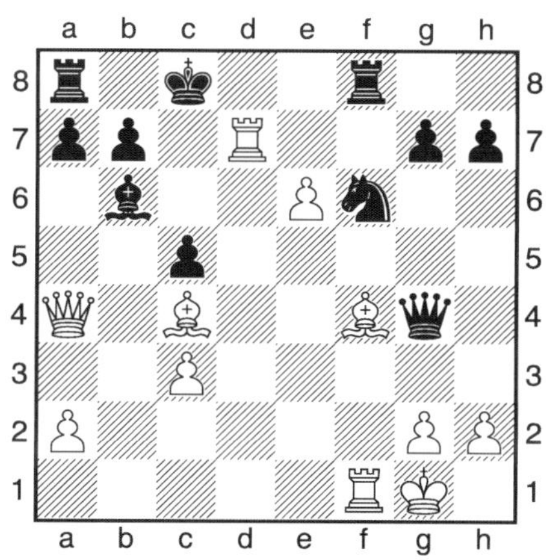

294. Tag

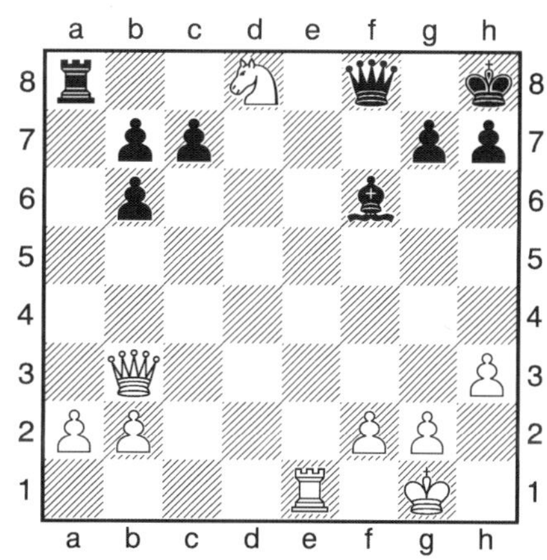

295. Tag

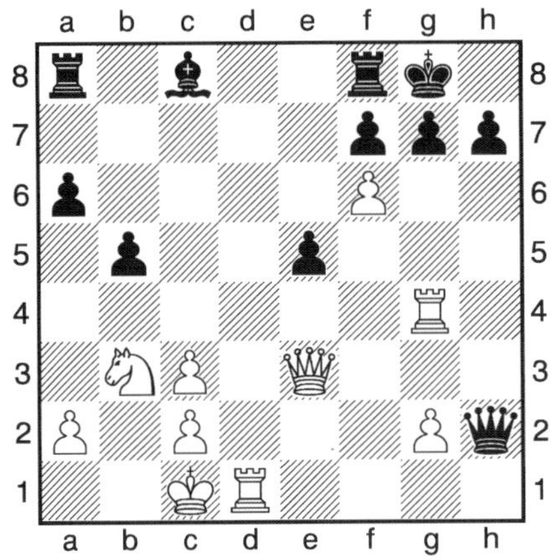

296. Tag

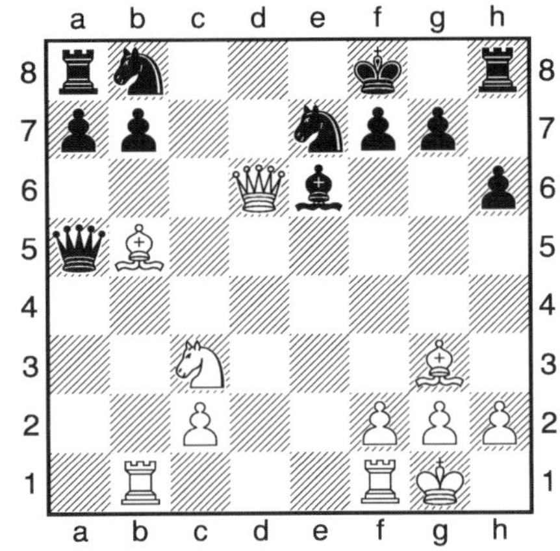

297. Tag

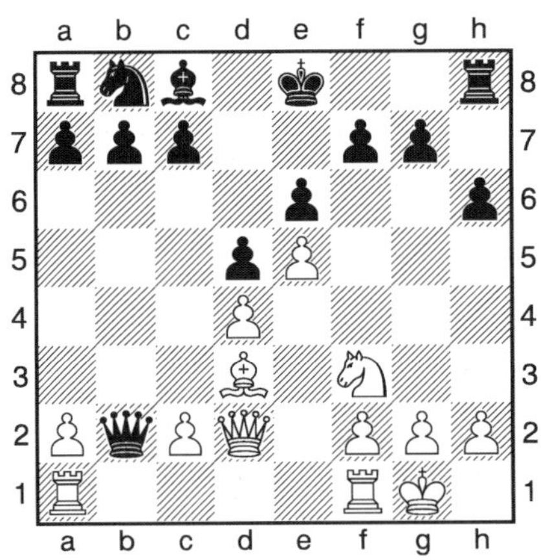

298. Tag

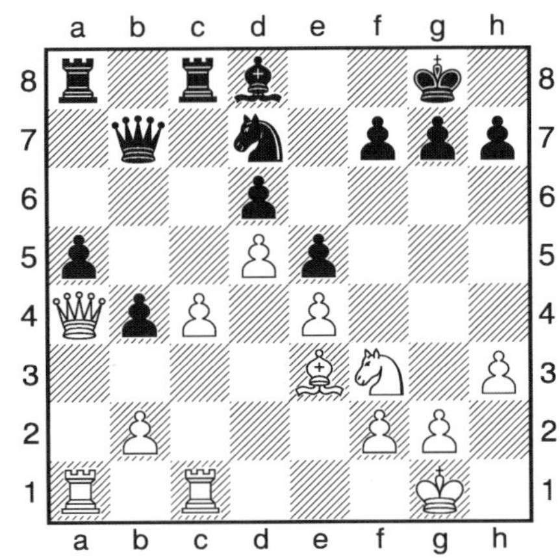

299. Tag

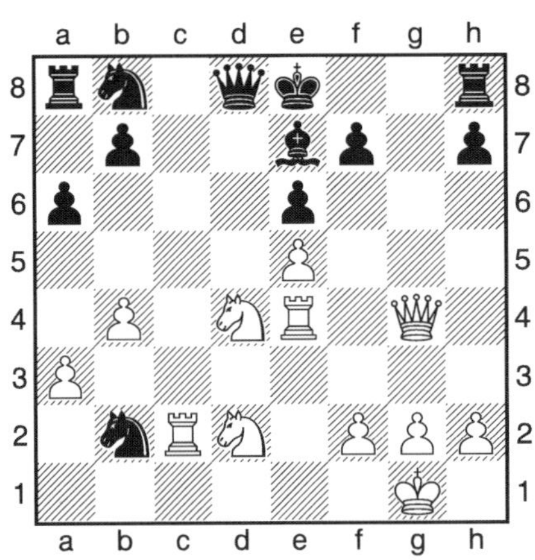

300. Tag

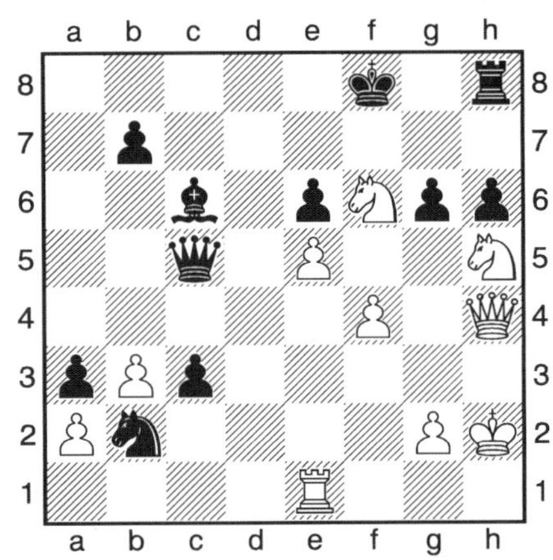

301. Tag

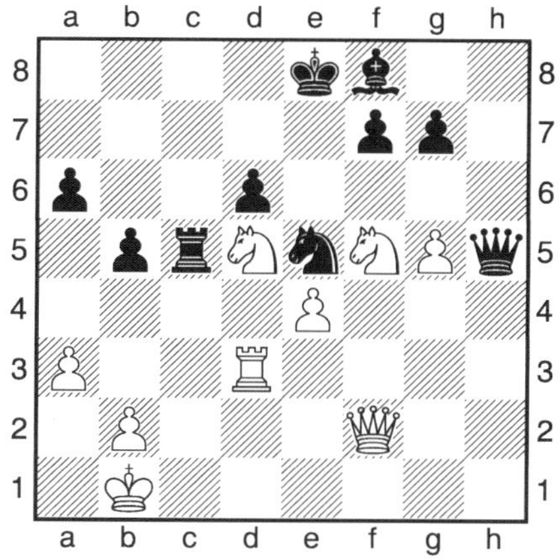

302. Tag

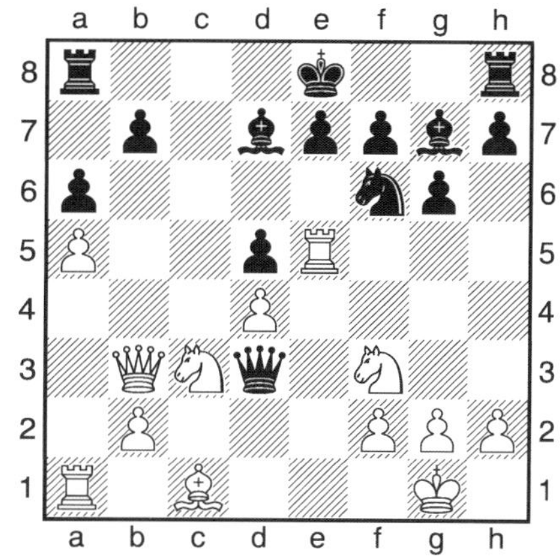

303. Tag

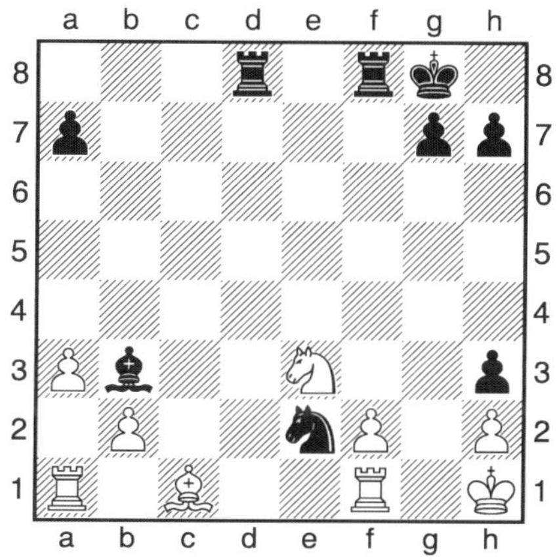

304. Tag

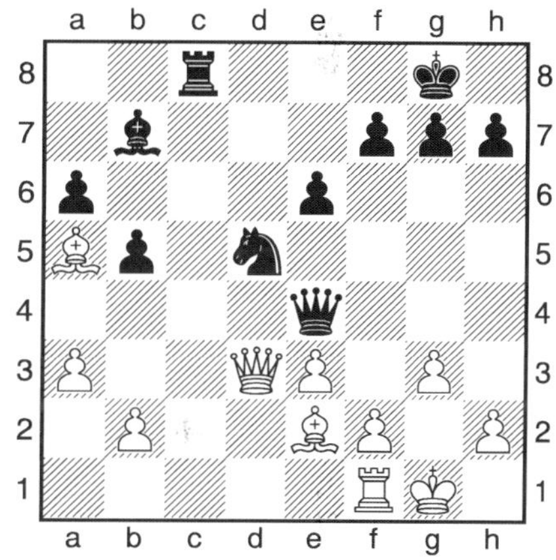

305. Tag

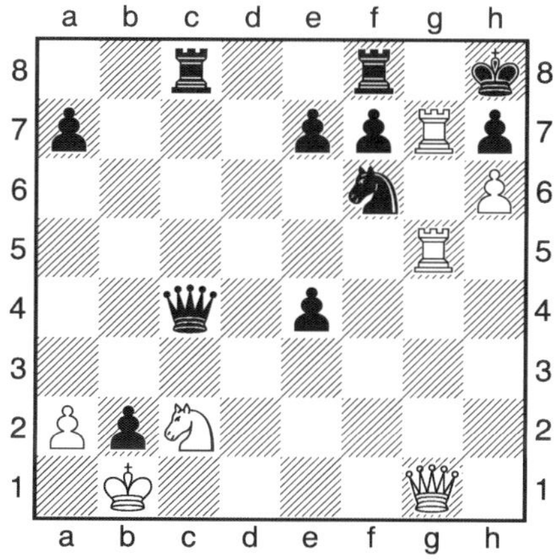

306. Tag

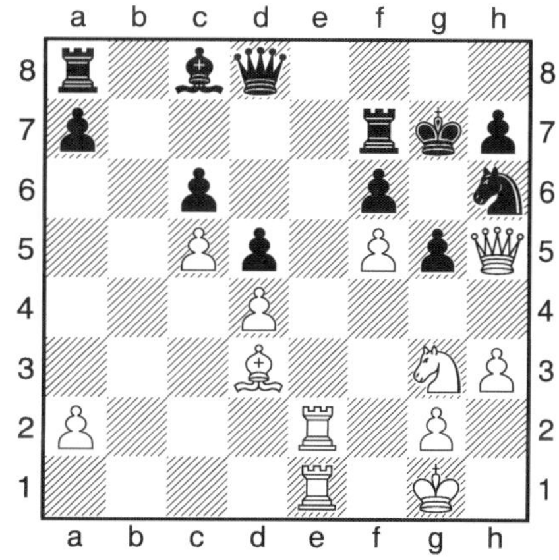

307. Tag

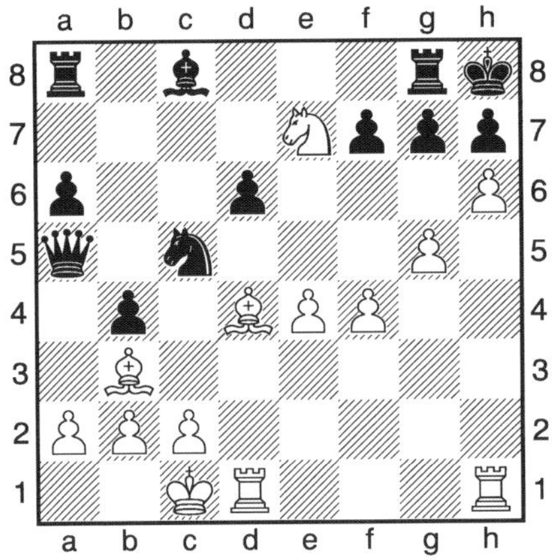

308. Tag

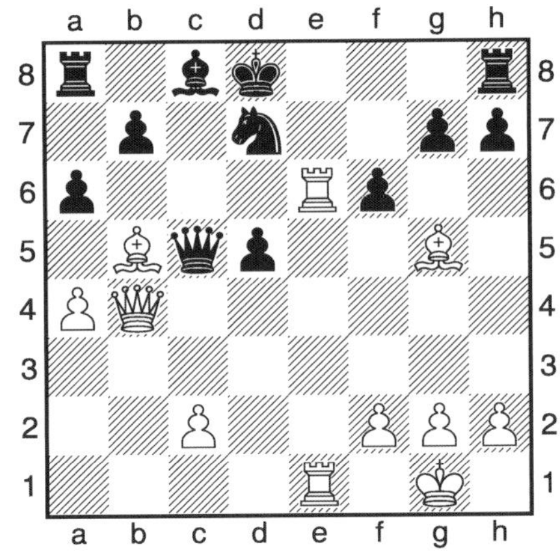

309. Tag

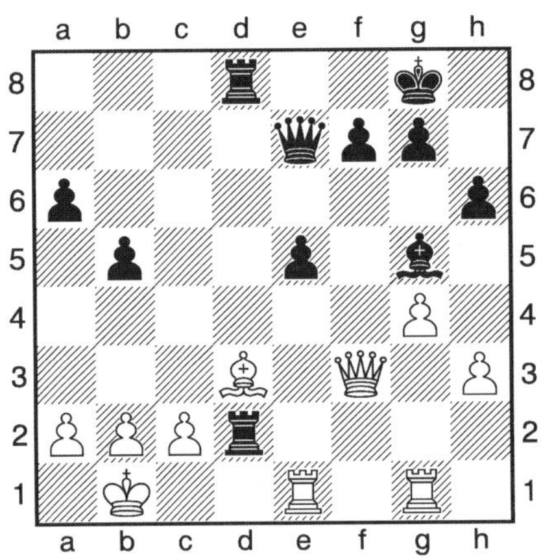

310. Tag

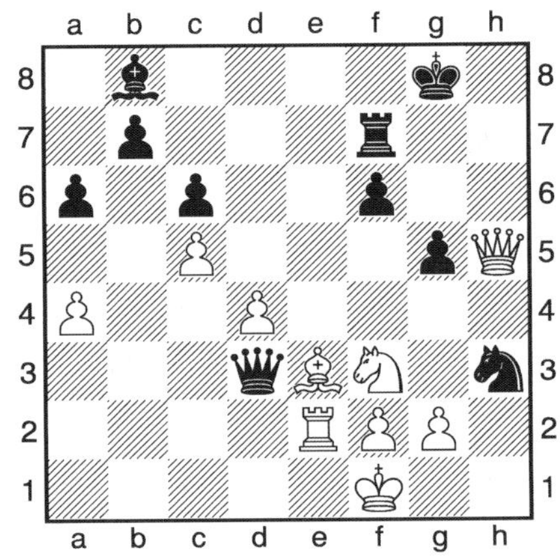

311. Tag

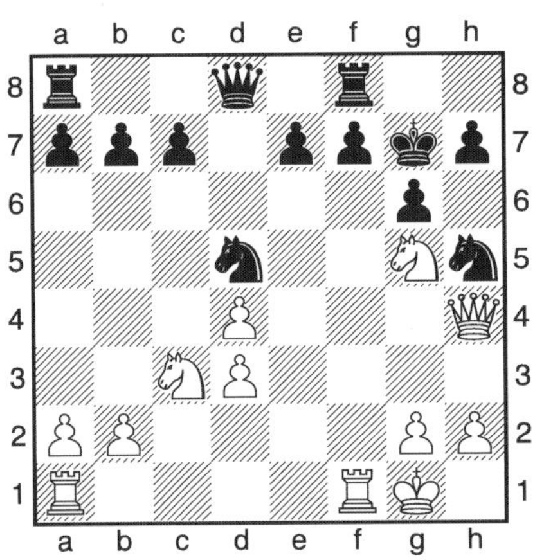

312. Tag

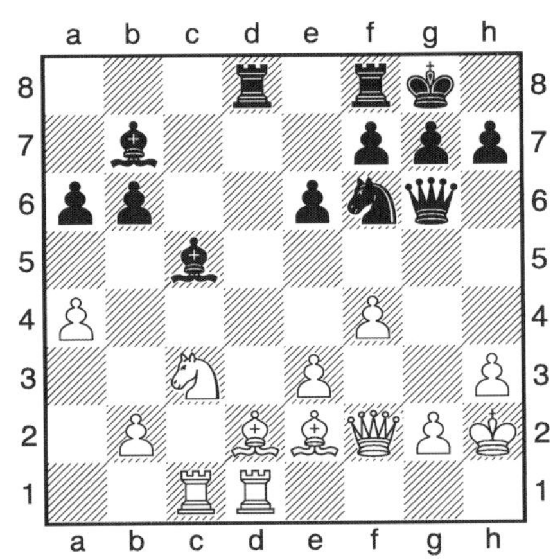

313. Tag

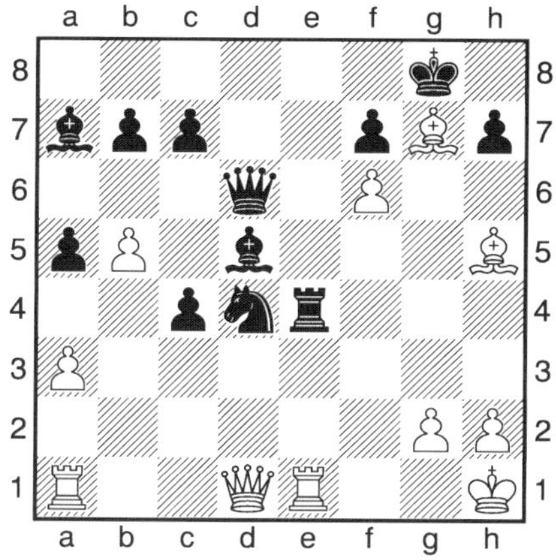

314. Tag

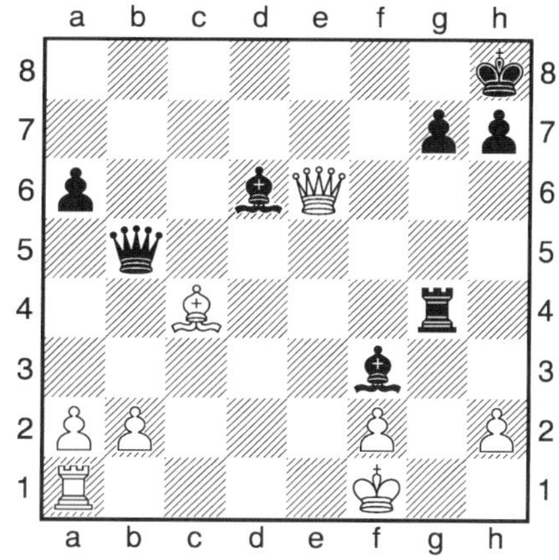

315. Tag

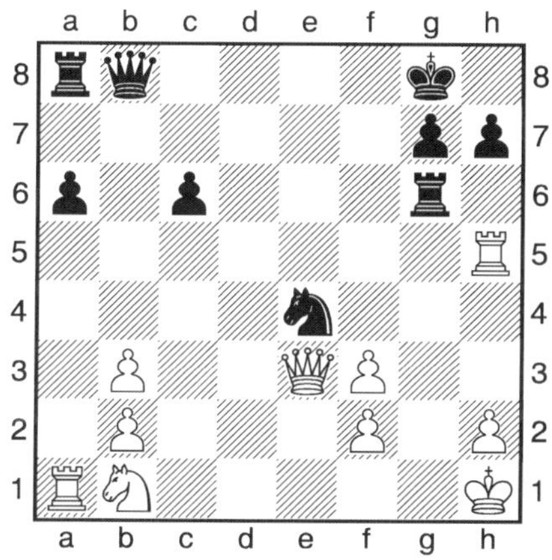

316. Tag

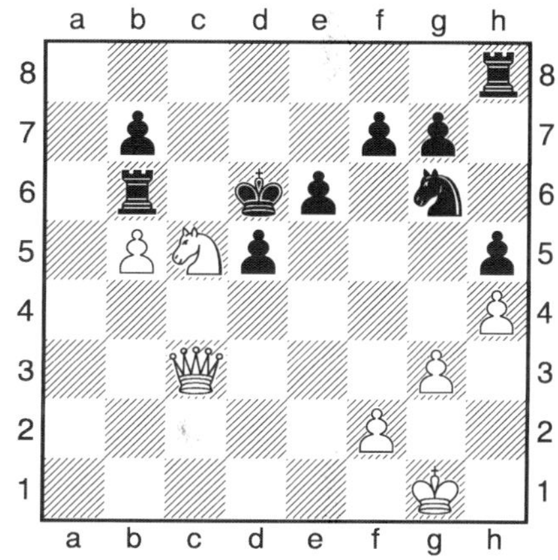

317. Tag

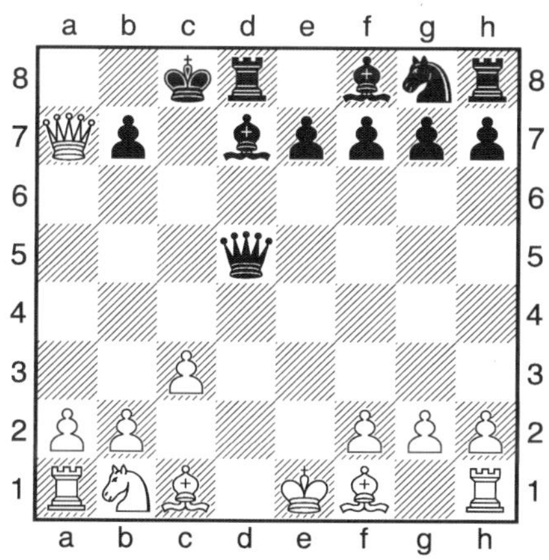

318. Tag

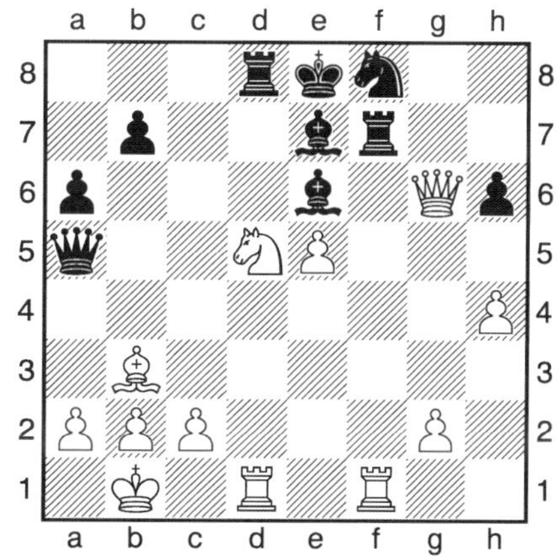

319. Tag

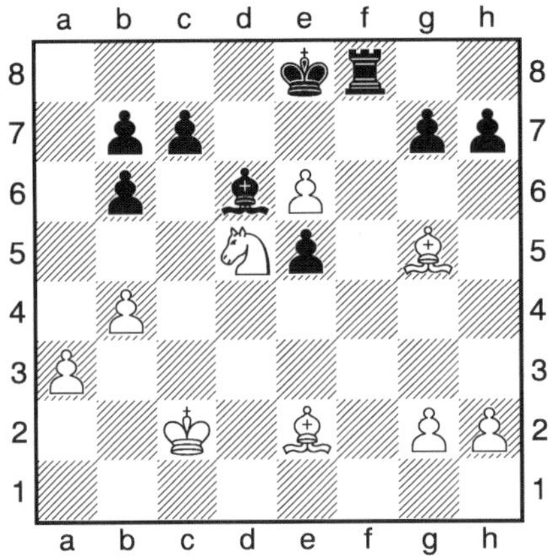

320. Tag

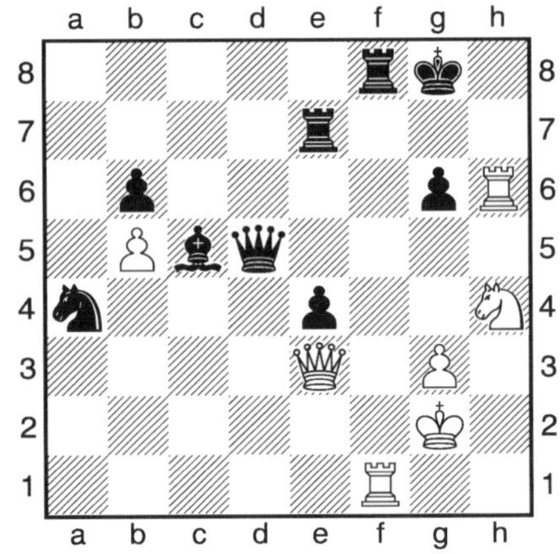

321. Tag

●

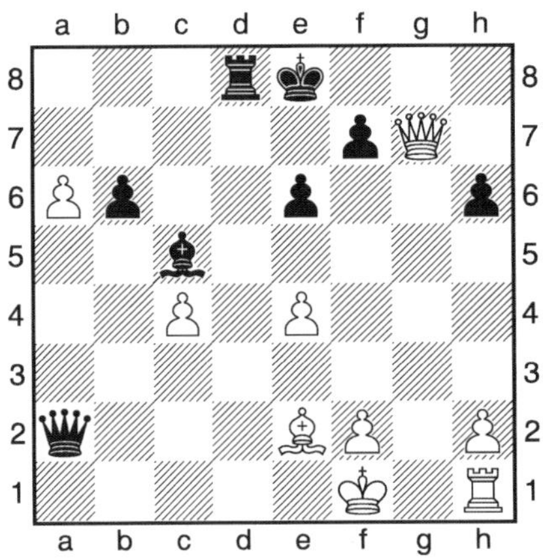

322. Tag

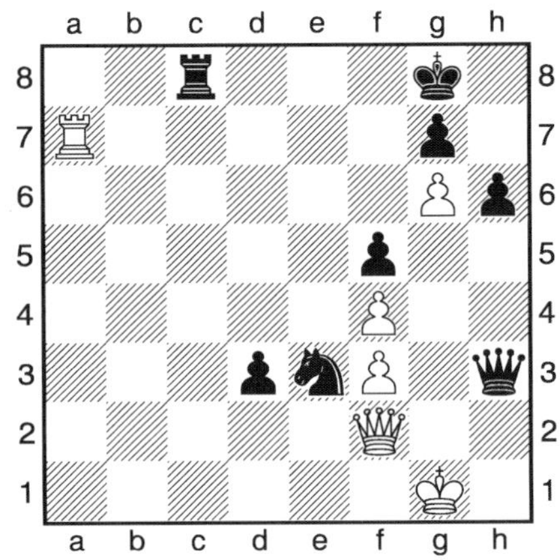

323. Tag

●

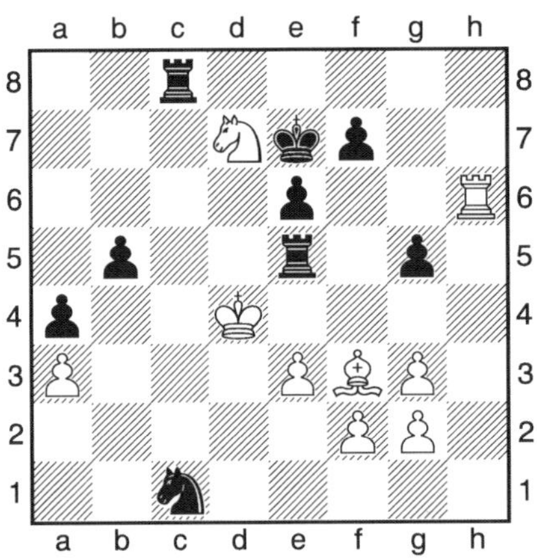

324. Tag

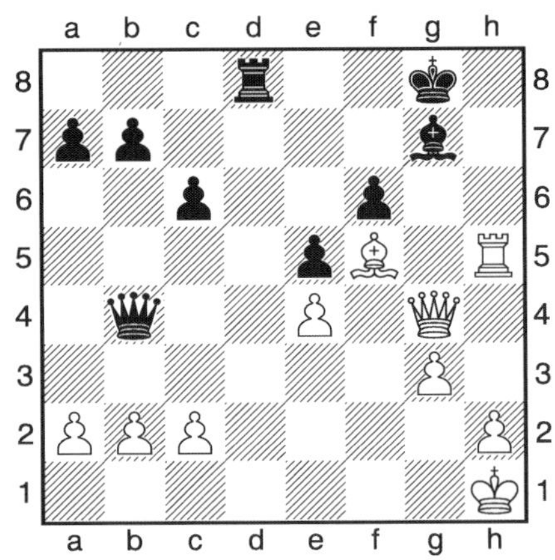

325. Tag

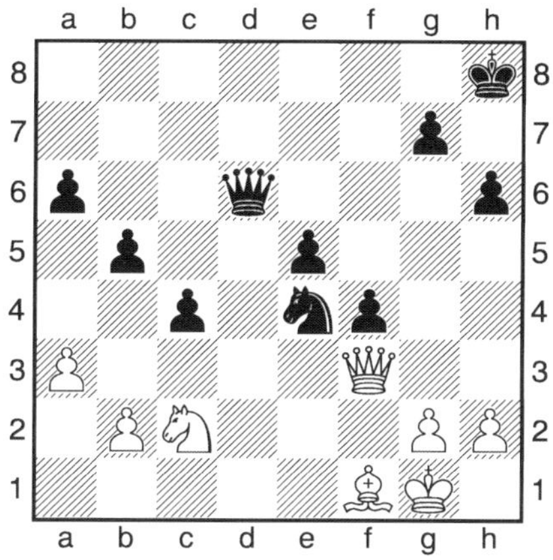

326. Tag

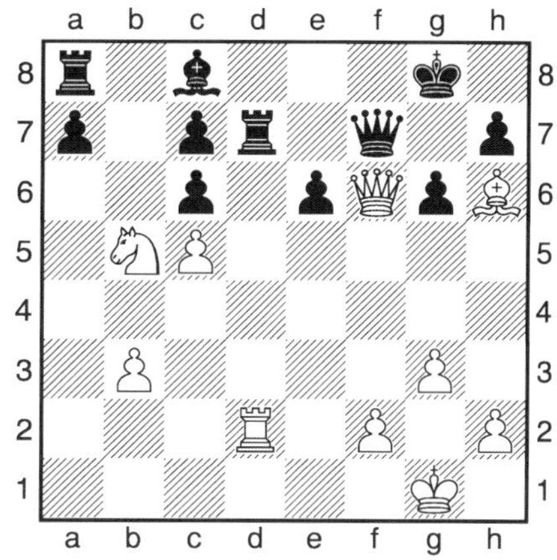

327. Tag

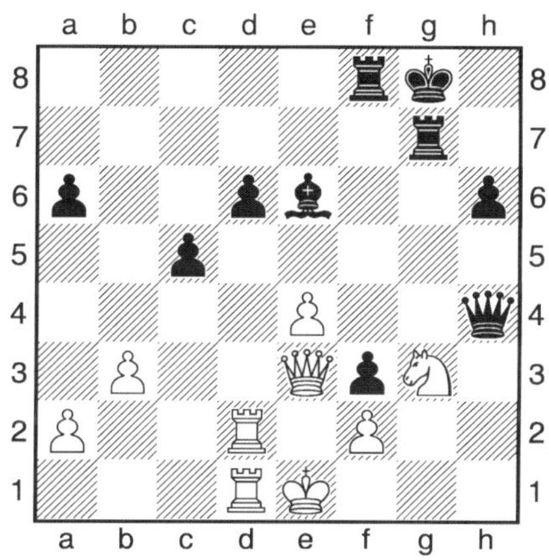

328. Tag

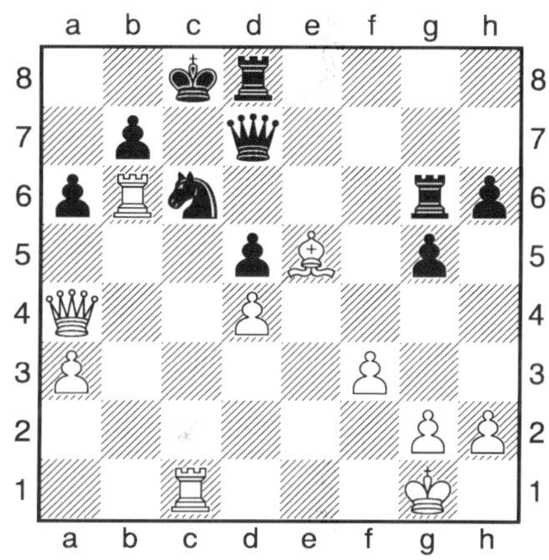

329. Tag

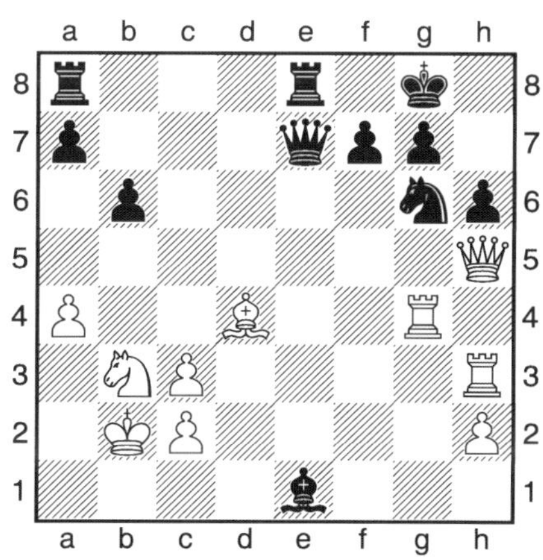

330. Tag

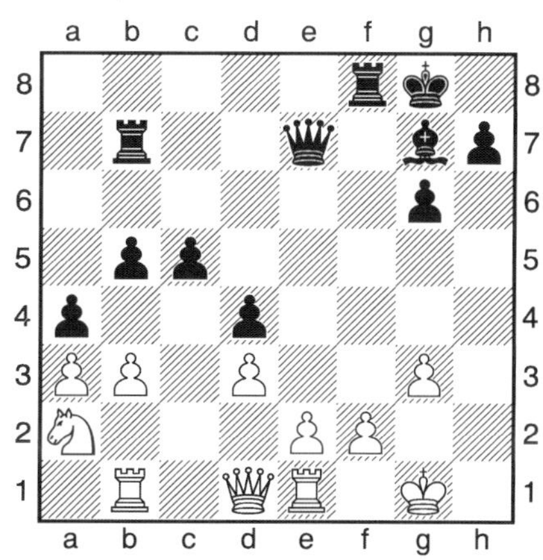

331. Tag

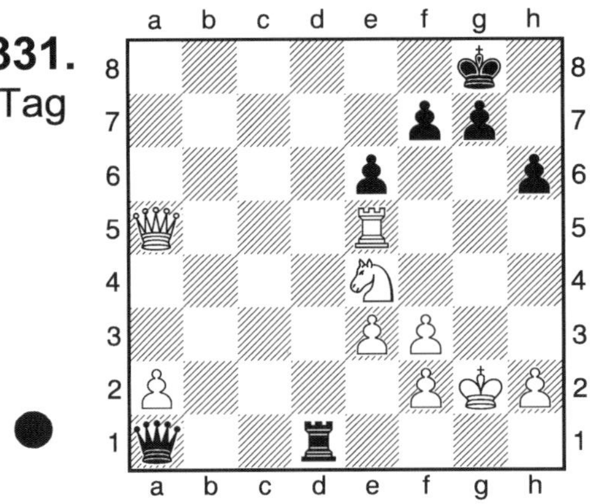

332. Tag

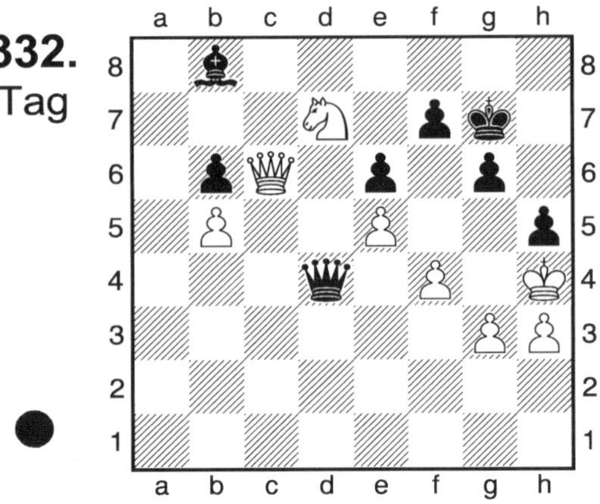

333. Tag

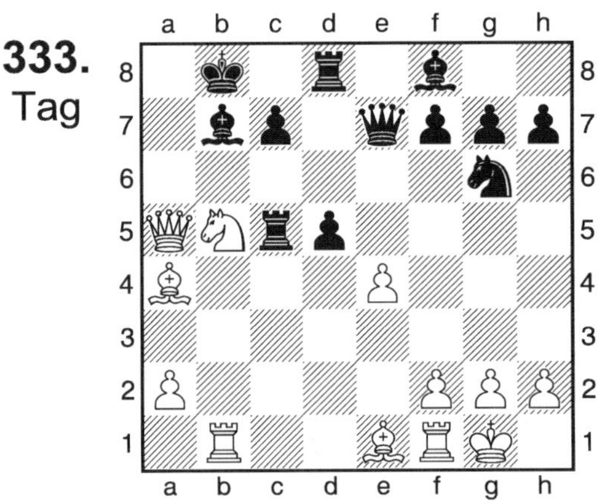

334. Tag

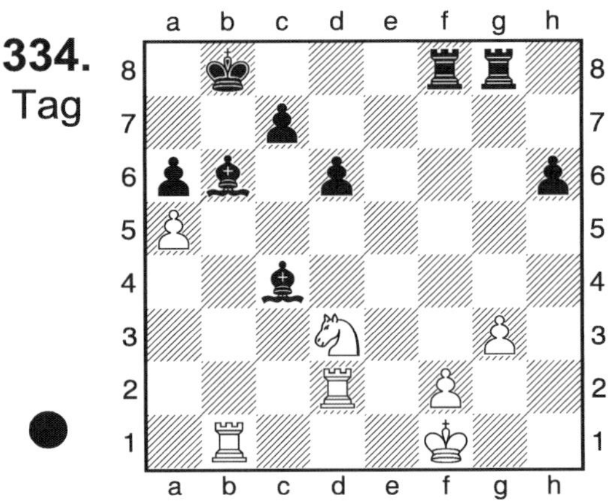

335. Tag

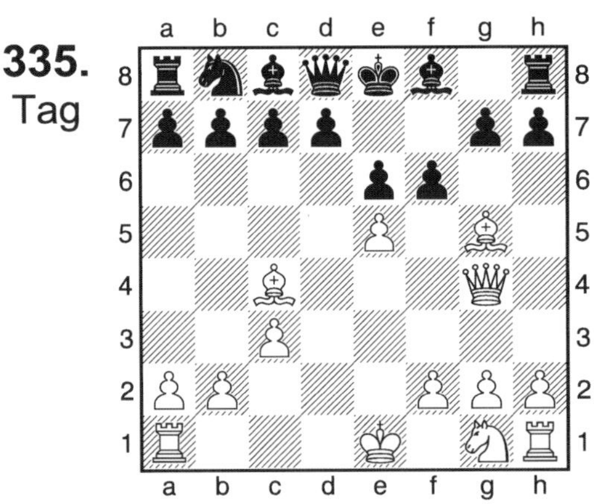

336. Tag

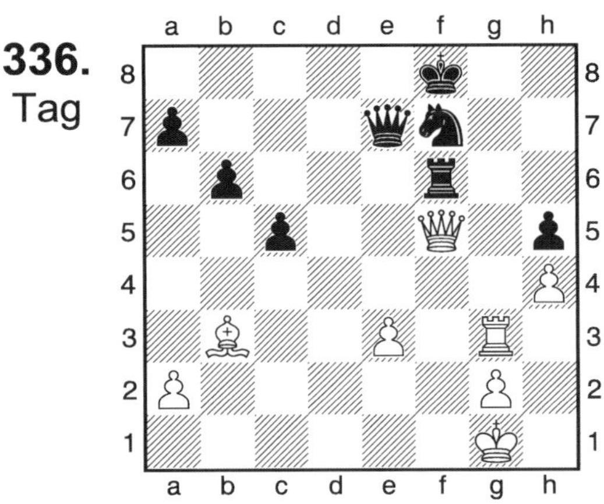

337. Tag

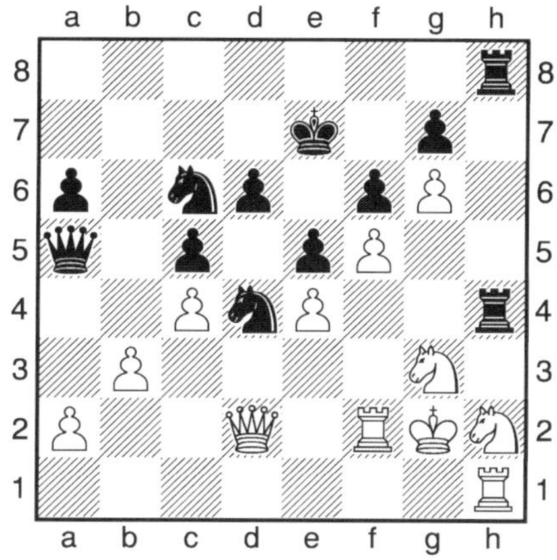

338. Tag

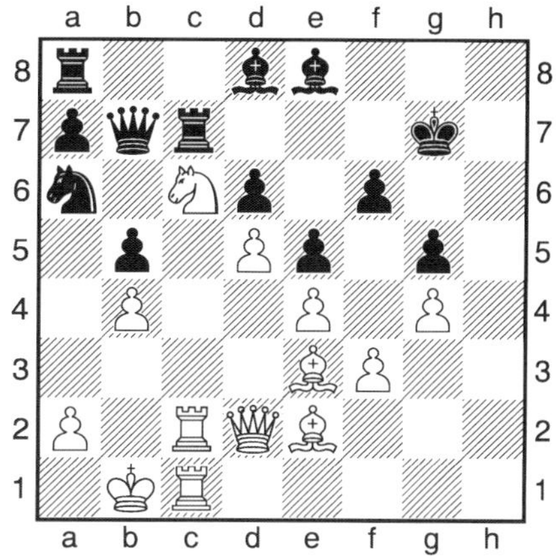

339. Tag

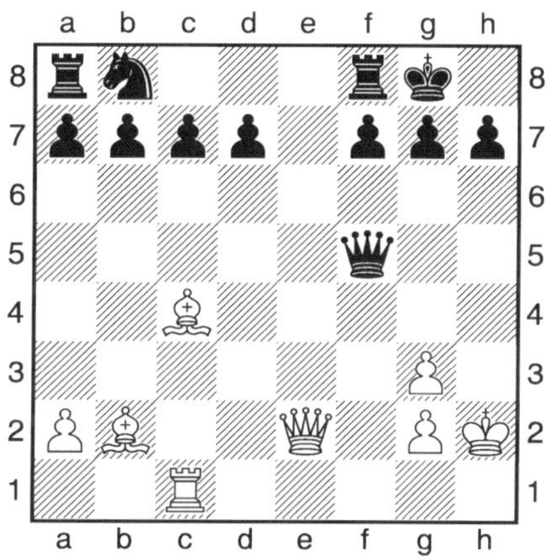

340. Tag

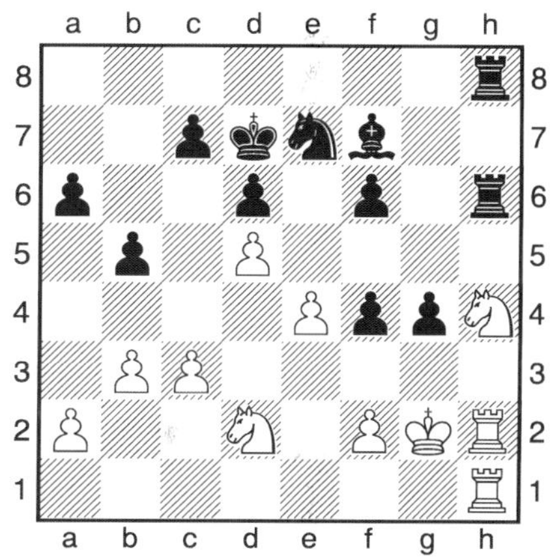

341. Tag

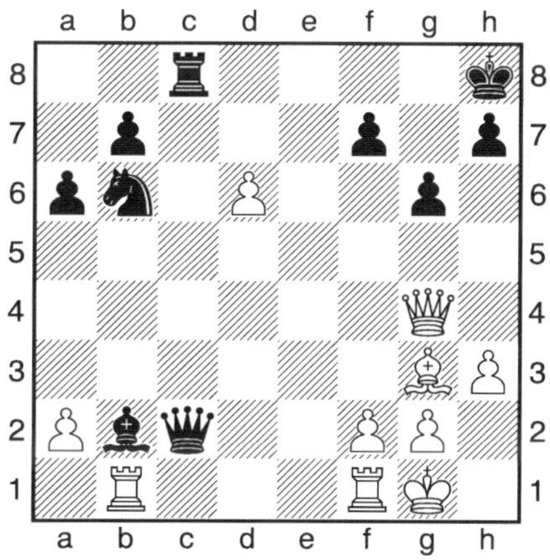

342. Tag

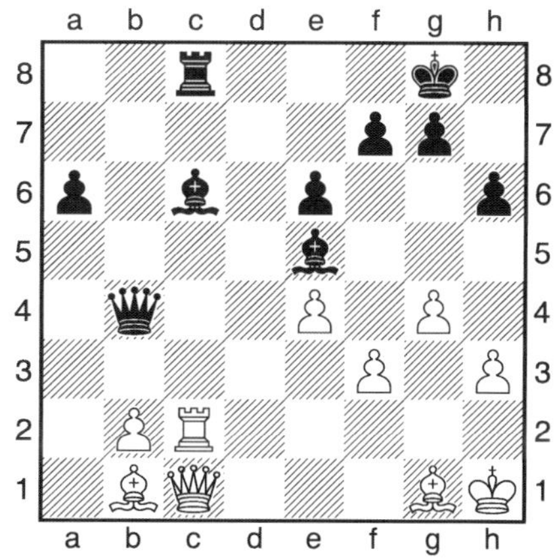

343. Tag

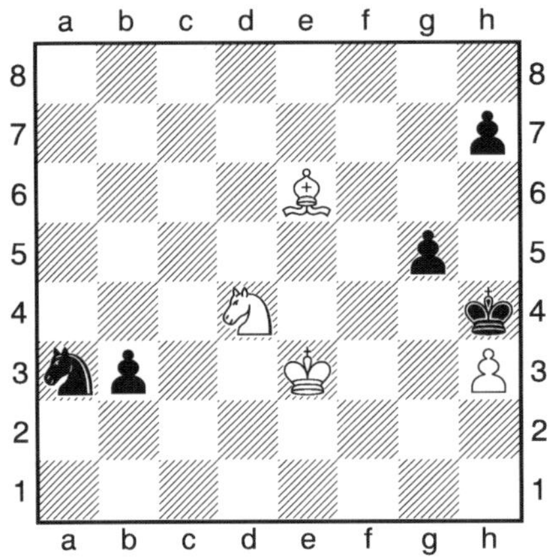

344. Tag

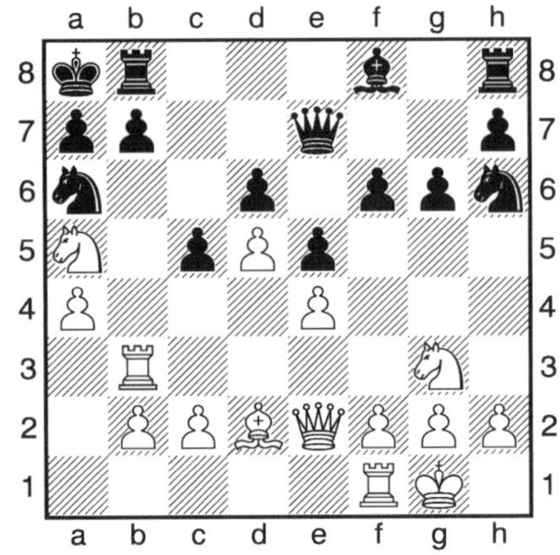

345. Tag

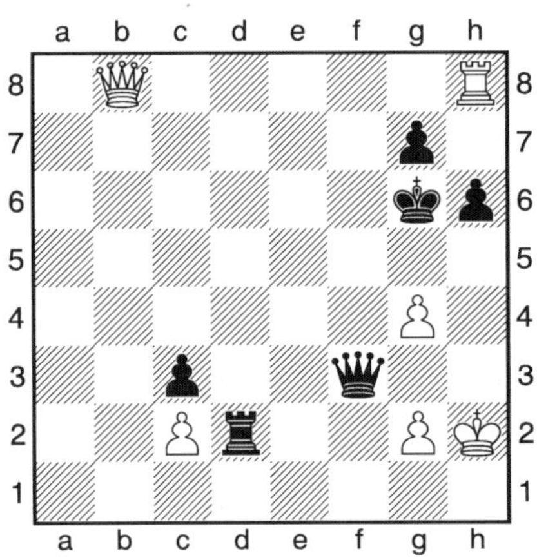

346. Tag

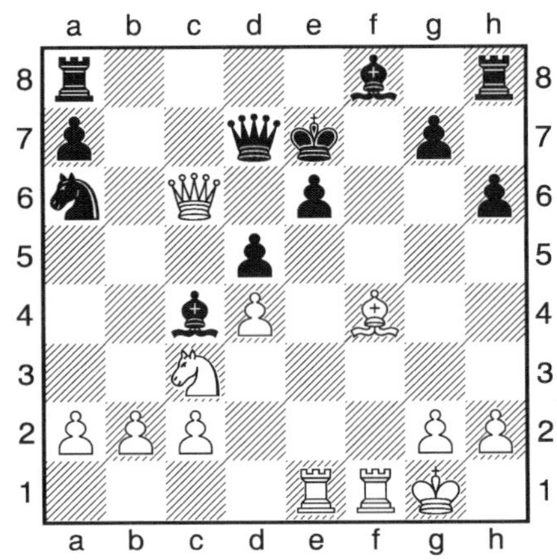

347. Tag

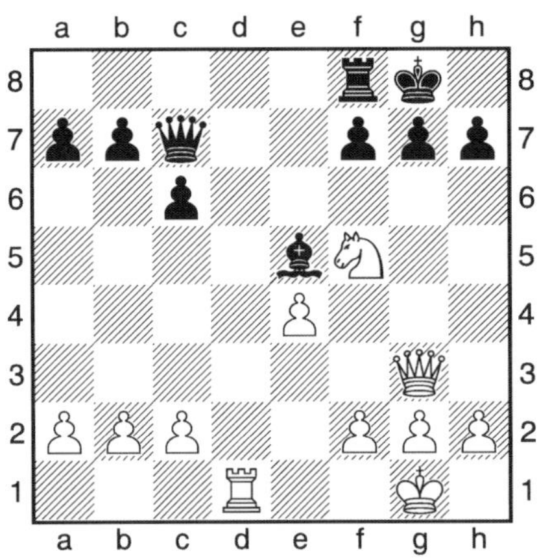

348. Tag

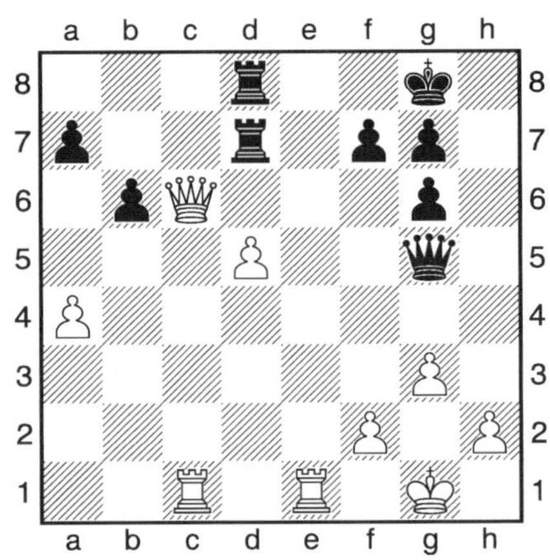

349. Tag

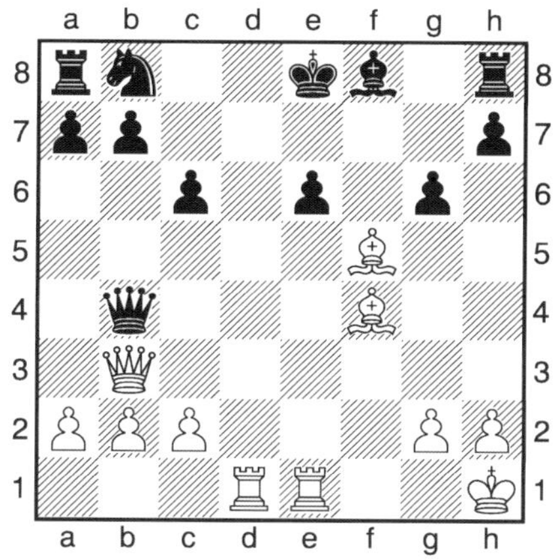

350. Tag

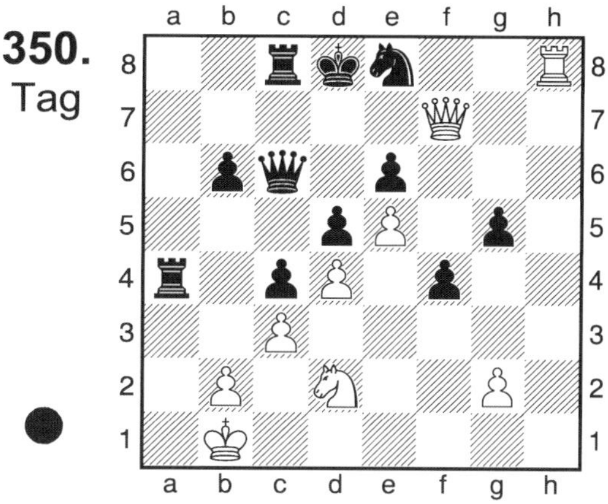

351. Tag

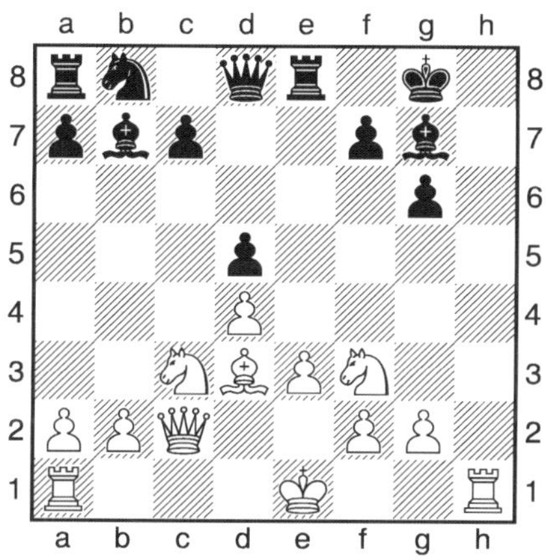

352. Tag

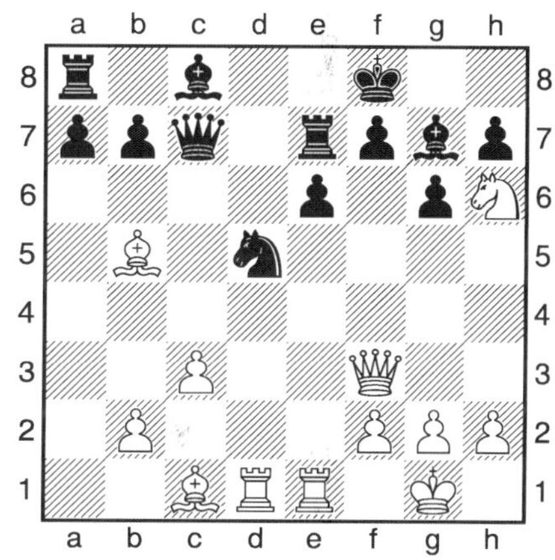

353. Tag

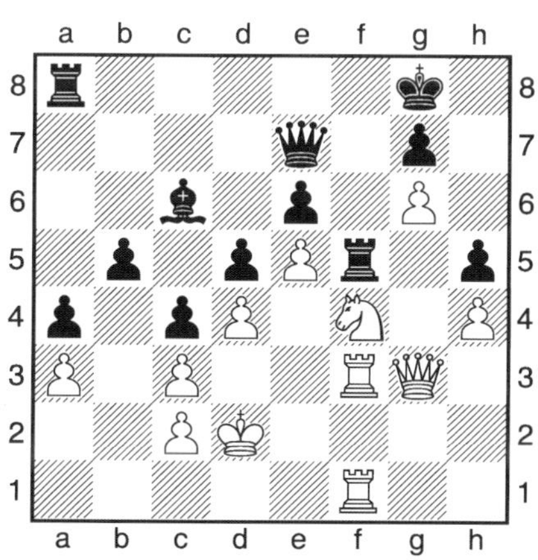

354. Tag

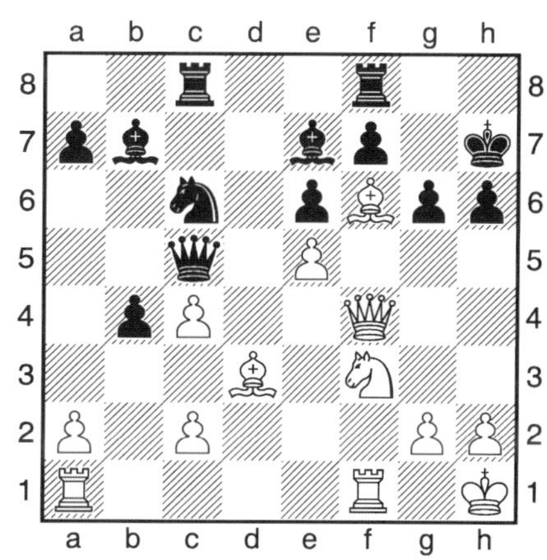

355. Tag

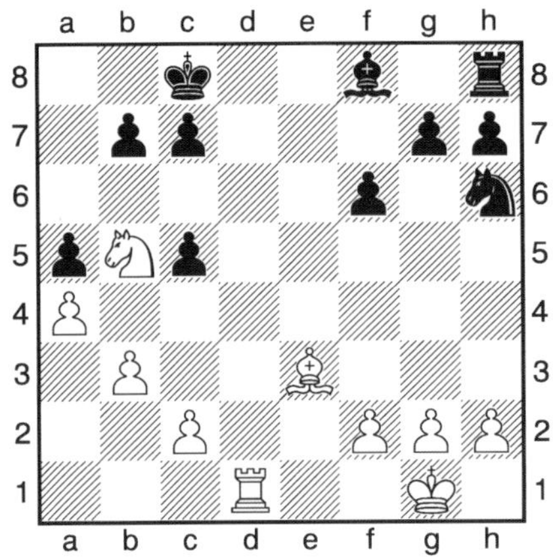

356. Tag

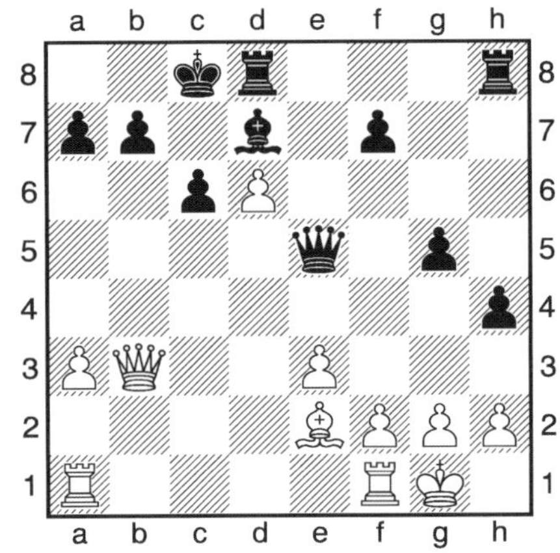

357. Tag

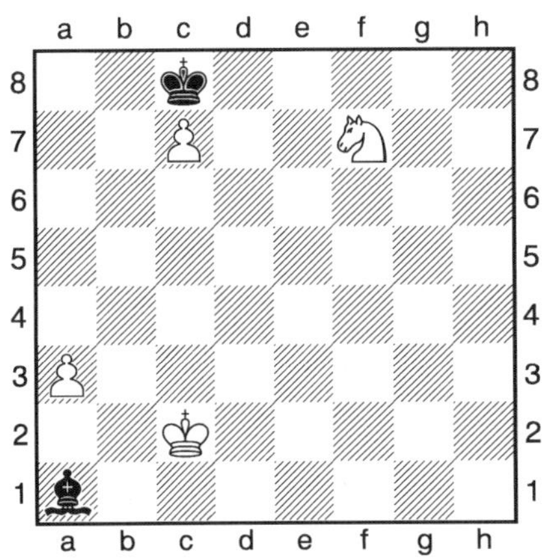

358. Tag

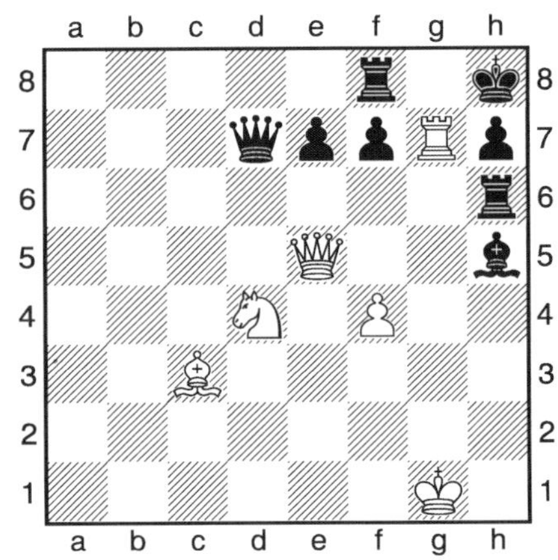

359. Tag

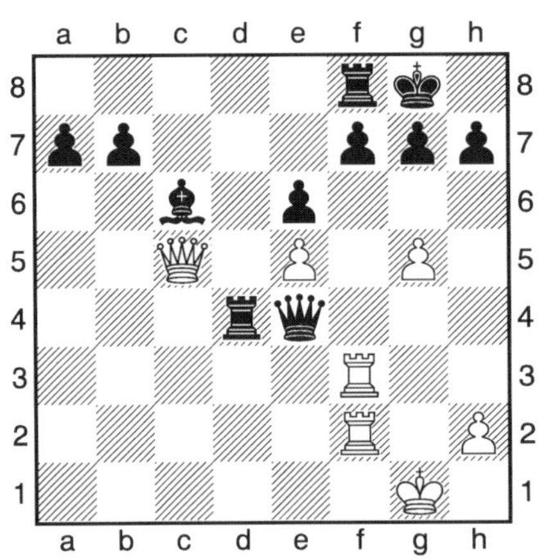

360. Tag

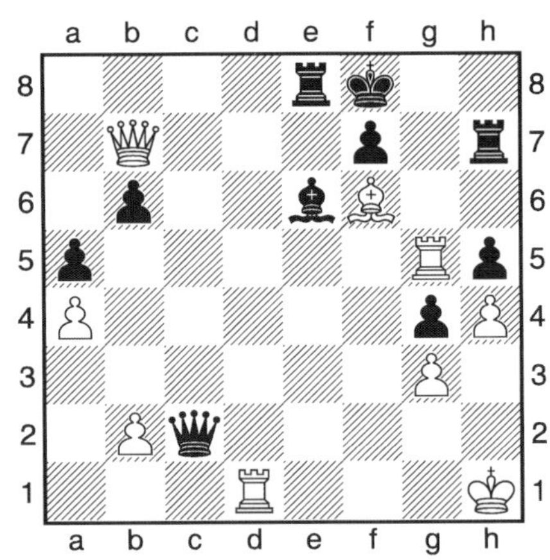

361. Tag

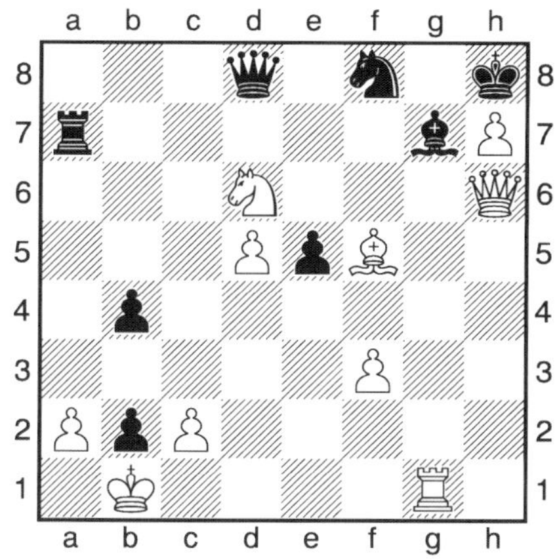

362. Tag

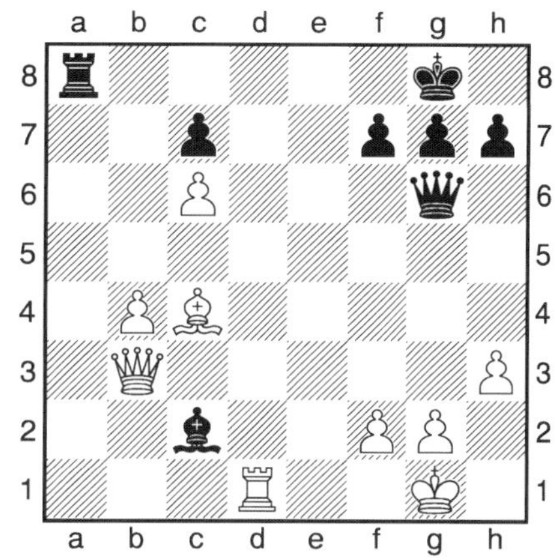

363. Tag

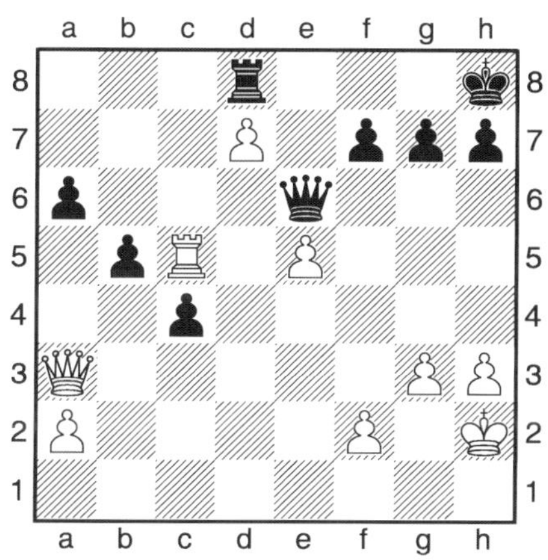

364. Tag

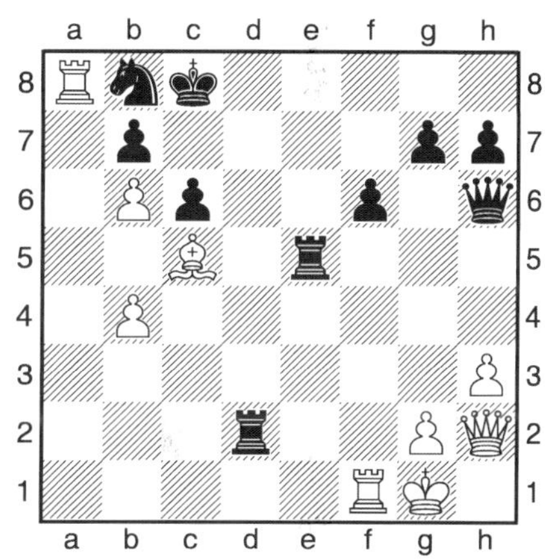

365.Tag !!!

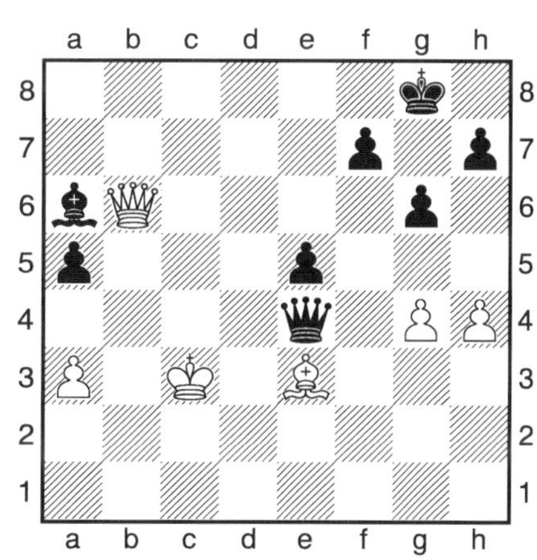

Gratuliere! Du hast es geschafft!

365 Aufgaben lang durchzuhalten ist eine reife Leistung; gleichgültig, ob du täglich eine Aufgabe gelöst oder ein schnelleres Tempo vorgelegt hast.

Bestimmt hast du eine Reihe Motive kennen gelernt, die du in Blitz- und Turnierpartien früher oder später einmal verwenden kannst.

Wie geht es nun weiter?

Vielleicht hast du ja Lust bekommen, **intensiveres** Taktiktraining zu betreiben. Dann könntest du mit einer unserer zahlreichen Taktikbroschüren weiter arbeiten, z.B. **"SCHACH – TAKTIK,** Training & Test auf allen Ebenen, **Level 1"**. Diese ist durchschnittlich schon etwas schwerer als das vorliegende Buch. Wenn dir aber unsere Aufgaben zu leicht vorkamen, kannst du auch gleich mit **Level 2** beginnen.

Falls du Lust hast, weiter wie bisher täglich eine oder mehrere Aufgaben zu lösen, kannst du mit **"365 x Schachtaktik für Klubspieler"**, dem Folgeband dieses Buches, weiterarbeiten. Das Niveau liegt höher, statt wie hier mit meist 2- bis 3-zügigen Aufgaben hasst du es in der Regel mit 4- bis 5-zügigen Kombinationen zu tun und auch die Zahl und Vielfalt der Motive steigt an. Das ist zwar schwerer, aber natürlich auch viel interessanter.

Was du aber auch machen möchtest, du solltest bei regelmäßigem Taktiktraining bleiben. Nicht, damit der Autor mehr Bücher und Broschüren verkaufen kann (obwohl das natürliche eine recht erfreuliche Aussicht wäre, ☺), sondern, weil sich die taktischen Fähigkeiten durch regelmäßiges Training verbessern und gleichzeitig deine Fitness im Berechnen von Varianten auf einem guten Niveau bleibt. Es wäre doch schade, wenn sich deine nach unserem Trainingsjahr erreichte Form nach einiger Zeit wieder abschwächen würde.

Um die schachliche Fitness zu erhalten braucht es nicht viel; eben eine Kombination täglich oder ab und an mal einige Stunden der Beschäftigung mit Taktik und Partieanalyse. Kaum ein anderer Sport verlangt so wenig Training!

Auf jeden Fall wünsche ich dir auch weiterhin viel Freude und Erfolg mit der Schachtaktik und ihrer praktischen Anwendung!

Heinz Brunthaler

☺

Auf den folgenden Seiten findest du die

Lösungen ►►►

1	Okay, das war sehr leicht – aber es sollte auch nur der Einstieg sein, so leichte Aufgaben gibt es die nächsten 364 Tage nicht mehr! **1...Sb4-d3#** PS: Es ist gar nicht so verkehrt, erst mal alle Schachgebote anzuschauen, um zu sehen, ob ein Matt dabei ist! Denk an die bewährte Regel: "Lasse nie ein Schach aus, es könnte Matt sein!"
62	Der König ist bereits im Kreuzfeuer der weißen Läufer gefangen. Durch Linienräumung (= Abzug des Läufers) wird die Drohung sofort tödlich: **1.Lh6-f8 Tg6-g7** [1...Dh7xh5 2.Th3xh5+ Tg6-h6 3.Th5xh6#] **2.Lf8xg7+ Kh8xg7 3.Dh5xh7+ Kg7-f8 4.Dh7-f7#**
123	Nur ein kleiner Schritt für einen Bauern, aber ein großer Sprung zum Partiegewinn: **1.e5-e6+** Schlagen oder Nichtschlagen, das ist hier nicht die Frage, sondern egal: ***1...Kd7xd6*** 2.Sg5xf7#; oder ***1...f7xe6*** 2.De2xe6+ Kd7-d8 3.Sg5-f7#; oder ***1...Kd7-d8*** 2.Sg5xf7#
184	Die Springergabel ist offensichtlich, aber es ist mehr als nur ein einfacher Qualitätsgewinn, es ist der Anfang vom Matt: **1...Sg4-e3+ 2.Kg2xh3 Tg8-h8#** [2.Kg2-f2 Tg8-g2+ 3.Kf2-e1 Th3-h1#]
245	**1.Td2-d8** Ein notwendiger Vorbereitungszug, denn das "Erstickte Matt" funktioniert hier nicht auf Anhieb: 1.Se5-f7+? Tf8xf7 2.De6xf7 De4-e1+ 3.Kg1–h2 De1xd2 und Schwarz sollte auf Dauer gewinnen. **1...Tf8xd8 2.Se5-f7+ Kh8-g8 3.Sf7-h6+ Kg8-h8 4.De6-g8+ Td8xg8 5.Sh6-f7#**
306	Hier ist das Ende viel einfacher, als die meisten Spieler wohl denken werden! **1.Te2-e8 Dd8-c7 2.Dh5xg5+ f6xg5 3.Sg3-h5#** Hättest du das auch in einer Partie gesehen?

2	Zwar kein Matt, aber ein erfolgreicher Doppelangriff durch **1.Dc2-d1** – Läufer d6 und Springer h5 sind angegriffen, einer wird vom Platz gestellt! So überrumpelte übrigens der amerikanische Großmeister Larry Christiansen den langjährigen Weltmeister Karpow!
63	Hier geht ein "Trick", den wir noch nicht kennen gelernt haben: Die Deckungsbasis des fesselnden Läufers wird geschlagen! **1...Tf3xb3+ 2.Lc4xb3 Dd5xb3+** Nutzt die Fesselung des Bc2 zum Gewinn aus und kann jetzt die weiße Stellung abräumen, z.B. **3.Kb1–a1** [3.Kb1–c1?? Db3xc2#] **3...Db3xa4+ 4.Ka1–b2 Da4xc2+ 5.Kb2-a3** nebst Matt.
124	Die Öffnung der g-Linie reicht schon aus, um mittels Damenopfer ein Zwei-Türme-Matt zu erreichen: **1.Sd5xf6 Lg7xf6 2.Dh5xh7+ Kh8xh7 3.Tf5-h5#** [Der direkte Weg funktioniert nicht: 1.Dh5xh7+ Kh8xh7 2.Tf5-h5+ Lg7-h6]
185	Direkt umzuwandeln geht nicht: 1.g6-g7+ Kh8-h7 2.Tb8-b7 Ld5-g8. Aber der richtige Zwischenzug führt zum Sieg: **1.Tb8-b7 Ld5-g8 2.Tb7-h7+ Lg8xh7 3.g6-g7#** [1...Ld5xb7 2.g6-g7+ Kh8-h7 3.g7-g8D#; oder ebenso 1...Se4-f6 2.g6-g7+ Kh8-h7 3.g7-g8D#]
246	Weiß könnte mit Sc7+ die Dame gewinnen. Weiß könnte mit 0–0–0 die leere Drohung LxDe6 einfach ignorieren, denn nach Sxd6 ist Schwarz Matt. Oder aber er macht kurzen Prozess: **1.Dd6xf8+ Tg8xf8 2.Sb5-d6#**
307	Ein bisschen vom Anastasia Matt, ein bisschen vom Matt des eingeklemmten Königs auf der h-Linie - sollen die Experten sich ruhig über den genauen Matttyp Gedanken machen. Wir beschränken uns auf: **1.h6xg7+ Tg8xg7 2.Th1xh7+ Kh8xh7 3.Td1–h1+ Lc8-h3 4.Th1xh3#**

3	Wenn der Springer dem König die Fluchtfelder versperrt (g8/g6) und der Turm (oder die Dame) auf der offenen h-Linie Matt setzen kann, nennt man das Motiv "Anastasia Matt". Hier kommt es ohne Opfer zustande: **1.Sf5-e7+ Kg8-h7 2.Te3-h3#**
64	Und immer wieder droht die Springergabel - achte ganz besonders auf mögliche einleitende Hinlenkungsopfer! **1.Dc2xf5 De6xf5 2.Sg6-e7+** und wieder hat es einen erwischt!
125	Der am Brettrand eingeklemmte König lebt gefährlich, ihm droht Böses von allen Seiten. Weiß leitet seine Mattdrohungen mit einem dicken Opferangebot ein: **1.Sg5-e6 Tf8xf7 2.g4-g5+ De7xg5+ 3.Dh4xg5#** [1...De7xh4 2.Lb2-g7#; oder 1...De7xf7 2.g4-g5#]
186	Ohne Bauernschutz und in der Ecke ist es um den weißen König schnell geschehen: **1...Ld6xh2+ 2.Kg1xh2** [2.Kg1–f1 Sf5-g3+ 3.Kf1–e1 Df3-e2#] **2...Df3xf2+ 3.Kh2-h1 Sf5-g3#**
247	Ein häufiger vorkommender Fehler ist, beim Abtausch nur quantitativ zu rechnen. Manchmal ergeben sich nämlich Feinheiten, die aus einem 3:3 wie hier auf g7 einen K.o. für Schwarz machen: **1.Tg5xg7+ Tf7xg7** [1...Kg8-h8 2.Tg7-g8#; oder 1...Kg8-f8 2.Tg7-g8#] **2.De5xe7** und der gefesselte Turm kann die Dame nicht schlagen.
308	Die schwarze Dame ist nur vom Sd7 gedeckt. Wenn Weiß ihn mit Schach ausschalten kann, gewinnt er die Dame. Wenn nicht, hilft Plan B: **1.Te6-e8+ Th8xe8 2.Te1xe8+ Kd8xe8 3.Lb5xd7+ Lc8xd7** **4.Db4xc5 f6xg5 5.Dc5xd5** [2...Kd8-c7 ***PLAN B***: 3.Lg5-f4+ Kc7-b6 4.Lf4-e3]

4	Hast du das Matt in einem Zug sofort gefunden? **1.De4-f4#** Oder etwa statt dessen an 1.Lc3xe5+ Dc7xe5 2.Th7-f7+ Kf6xf7 3.De4xe5 überlegt – ganz nett, aber noch lange nicht gewonnen?
65	Ein schönes Beispiel, was Spieltechnik oder Variantenberechnung auch in scheinbar gleicher Stellung erreichen kann, bietet diese Stellung: **1.De2-e5+ Kg7-f8 2.De5-f6 Dd8/Td7xe7 3.Df6-h8#** [1...Kg7-g8 2.Te7-e8+; oder 1...Kg7-h6 2.De5-f4+ Kh6-h5 3.g2-g4+ Kh5-h4 4.Df4-h6#]
126	Oft stellt sich die Frage: Abtauschen oder nicht? Wer noch ein paar Züge weiter rechnet, findet manchmal gute Entscheidungshilfen, so auch hier: **1...Dh2-h1+ 2.De4xh1 Th8xh1+ 3.Kf1–e2 Th1xd1 4.Ke2xd1 Ld7-c8+** mit Läufergewinn.
187	Ein Springerpaar in einer beengten Stellung kann manchmal eine erstaunliche Wirkung erzielen, z.B. wie hier ein Matt: **1.Df6-f7+ Lg6xf7 2.Sg4-f6#**
248	Natürlich könnte Schwarz die Qualität zurückgewinnen. Aber die Stellung bietet mehr Möglichkeiten; Dame und Springer tanzen den schwerfälligen Turm einfach aus: **1...Df2-f3+ 2.Tg1–g2 Df3-f1+ 3.Tg2-g1** (bei einem Generalabtausch gewinnt der weiße Freibauer) **3...Se2-g3+ 4.h2xg3 Df1–h3#**
309	Der schwache Punkt der weißen Königsstellung ist b2, der von Dame und Turm angegriffen werden könnte, wenn die 2.Reihe offen wäre. Das lässt sich einrichten: **1...Td8xd3 2.c2xd3 De7-b4 3.Df3-a8+ Lg5-d8** [hofft auf 3...Kg8-h7 4.Da8-e4+] **4.b2-b3 Db4-c3** und gegen Db2# gibt es keine Verteidigung.

5	Eng ist gemütlich, sagt man. Das gilt aber nicht unbedingt für beengt stehende Könige, denn sonst passiert so was: **1.Dh3xh7+ Kh8xh7 2.Tg3-h3+ Le7-h4 3.Th3xh4#** Wenn der gegnerische König beengt steht, solltest du besonders aufmerksam nach Angriffschancen Ausschau halten!
66	Durch forcierten Abtausch kann Weiß die Fesselung des Lc7 nutzen: **1.Se5xd7 Td8xd7 2.Lb3xd5 Td7xd5** [2...e6xd5] **3.b5-b6** z.B. **3...Td5-d7 4.Lb2-e5 f7-f6 5.Le5xc7** und Weiß gewinnt, oder auch 5.Tc1xc7 Td7xc7 6.Le5xc7.
127	Wenn man Schwarz ein bisschen Zeit lässt, kann er aus seiner beengten Stellung frei kommen und gewinnt leicht. Er hat alle kritischen Punkte gedeckt - aber Deckung ist nicht alles - vor allem, wenn ein Springer im Spiel ist! **1.Td7xb7+ Sd6xb7 2.Sc5-a6#** und ein "Ersticktes Matt" beendet die schwarzen Sieghoffnungen.
188	Der schwarze König ist von Matt in 2 Zügen bedroht, aber seinem Kollegen geht es noch schlechter, auch wenn das nicht ganz so offensichtlich ist,: **1...Tf1–f3+ 2.g2xf3 La6-f1#**
249	**1.Sg4-f6** Angriff, Diagonalenöffnung + Vorbereitung eines Doppelangriffs - da hat Schwarz keine Chance mehr. **1...Lg7xf6** [Das naheliegende 1...Dh4xf6? scheitert am Doppelangriff 2.Dd1xh5+ Kh8-g8 3.Dh5xe8+ Lg7-f8 z.B. 4.De8xe4 und gewinnt] **2.Td5xh5+ Kh8-g7 3.Th5xh4 Lf6xh4** und ein weiterer Doppelangriff gibt Schwarz den Rest: **4.Dd1–g4+**
310	Nicht leicht zu sehen ist hier der Gewinnzug, der durch eine taktische Feinheit möglich ist: **1...Sh3-g1 2.Kf1xg1 Dd3xe2** ist natürlich klar, aber ***2.Sf3xg1*** Dd3-d1+ und nun ist der Turm wieder gefesselt und, da er ziehen muss, ist die Dame verloren: **3.Te2-e1 Dd1xh5** usw.

6	Das Doppelschach gibt Weiß den Rest: **1...Sf2-d3+ 2.Ke1–d1** [2.Ke1–f1? Dh4-h1#] **2...Dh4-h1+ 3.De2-f1/e1 Dh1xf1/xe1#**
67	Die schlecht entwickelte weiße Stellung ist besonders auf der Grundreihe schwach. Das kann Schwarz trotz seiner gerade angegriffenen Dame sofort zum Sieg nutzen: **1...Ta8-e8 2.De1–f1 Dd4xf2+ 3.Df1xf2 Te8-e1#**
128	Zwar steht Weiß klar besser, doch sollte er nicht leichtsinnig werden, denn wenn im Endspiel mit viel offenem Raum noch beide Damen auf dem Brett sind, ist immer ein Dauerschach möglich. Deshalb sollte man sich immer um präzises Spiel bemühen und nach taktischen Möglichkeiten ausschauen! **1.Dh5-h8+ Kf8-f7 2.Lc2-g6+ Kf7xg6 3.Dh8-h5#**
189	Die weit vom gegnerischen König entfernten schwarzen Figuren sind viel gefährlicher, als sie scheinen: **1...Db5-e2 2.Dc3xb2 Ld6-h2+ 3.Kg1–h1 Lh2-g3** – der entscheidende Zug; nun setzt Schwarz Matt durch Df1 oder Dh2; Weiß kann jeweils nur eines der Mattfelder decken.
250	Die weiße Dame ist, wenn sie auch entfernt steht, die einzige Figur, die den König verteidigt, denn sonst würde sofort Da5# folgen. Durch Linienunterbrechung **1...d7-d5** wird diese Drohung akut. **2.c4xd5 Da1–a5+ 3.Kb4-c4 Lc8-a6+** Mit dem Eingreifen des Läufers ist der König sofort verloren: **4.Kc4-d4 Da5-b4#**
311	Die sicher naheliegendste Idee ist, den Springer zu vertreiben, um Matt zu setzen. Aber nach 1.g2-g4 Sh5-f6 2.Sc3xd5 Dd8xd5 3.Tf1xf6 h7-h6 sieht das gar nicht so gut aus. Der Gewinnweg ist viel einfacher: **1.Tf1xf7+ Tf8xf7** [1...Kg7-g8 2.Tf7xf8+ Dd8xf8 *(2...Kg8xf8 3.Sg5-e6+)* 3.Sc3xd5 und gewinnt] **2.Sg5-e6+ Kg7-g8 3.Se6xd8** usw.

7	Mit ein bisschen "einengender Hilfe" durch den Lc4 setzen hier Dame und Läufer den ungeschützten König Matt: **1...Dh2-g1+ 2.Lc4-f1 Dg1–g3#**
68	Züge wie Dh4 oder Df4 bringen Weiß trotz der aufgerissenen Bauernstellung des Gegners nicht weiter. Ist auch nicht nötig, denn ein Doppelangriff entscheidet: **1.Te2xe7 Te8xe7 2.Te1xe7 Dd7xe7 3.Dd4-g4+** und Weiß gewinnt den Tc8.
129	**1.Tf1xf6** Es sieht wie ein einfacher Austausch aus, aber Schwarz ist schon verloren: **1...Tf8xf6 2.Ta1–f1 Ta8-f8 3.Dg4-g5** und mit **3...Kh8-g7** mobilisiert Schwarz einen weiteren Verteidiger. Damit wird jedoch ein neuer taktischer Ansatzpunkt geschaffen, nämlich **4.Sg3-h5+** und nun gehen Tf6 und Partie schnell verloren!
190	Wenn Weiß den letzten Bauern abtauscht entsteht ein langes Endspiel T - T,L. Aber der eingeklemmte Turm auf h8 bietet die Möglichkeit auf ein weit erfreulicheres Endspiel: **1.Tg7-c7+ Kc8xc7** [oder 1...Kc8-d8] **2.g6-g7** und Weiß gewinnt schnell.
251	Drei dicke schwarze Angreifer gegen den einsamen König - das ist unfair! Aber auch beim Schach geht es nicht immer fair zu und zumindest hat Weiß bald ausgelitten: **1...Tf8xf3+ 2.g2xf3 Tb3xf3#** [2.g2-g3 Tf3xg3+ 3.h2xg3 Dg5xg3#]
312	Die Df2 muss das Mattfeld g2 decken und das ist die Schwachstelle der weißen Stellung, denn nach **1...Td8xd2 2.Td1xd2 Lc5xe3** gewinnt Schwarz den Turm zurück, hat eine Mehrfigur und steht besser, da **3.Df2xe3** an **Dg6xg2#** scheitert.

8	Oft bereitet ein Opfer einen Doppelangriff vor: **1...Le5xh2+ 2.Kg1xh2 Dd8-h4+ 3.Kh2-g1 Dh4xc4** mit Bauerngewinn. 1...Dd8-h4 sieht auf den ersten Blick noch besser aus (Figurengewinn), aber mit 2.f2-f4 kann Weiß sich retten.
69	Oft reicht es, nur für einen Zug eine Deckungsfigur abzulenken, um mit Schach eine Kombination zu starten: **1.Th3-h8+ Lg7xh8 2.Dd2xg5+ Lh8-g7 3.Sd5-f6+ Kg8-f8 4.Th1–h8+ Lg7xh8 5.Sf6-h7#** [Falls 4...Kf8-e7 gewinnt 5.Sf6xe8+ Ke7-d7 6.Dg5xg7 Ta8xe8 usw.]
130	Das Läuferopfer auf h7 ist ein Standardmanöver, das zu Matt oder Materialgewinn führt. Entscheidend für den Erfolg ist, dass Schwarz keinen Springer nach f6 oder keinen Läufer nach f5 bringen kann, um das Feld h7 so zu decken. **1.Ld3xh7+ Kg8xh7 2.Dg5-h5+ Kh7-g8 3.Sf3-g5** Schwarz beliebig und **4.Dh5-h7#**
191	Der schwarze Turm hat sich anscheinend selbst eingesperrt und wartet nur noch darauf, vom weißen König abgeholt zu werden: **1.Kf3-e4 Kh8-g7 2.Ke4-d4 Kg7-f6 3.Kd4-c4 Tb3xb2 4.Te2xb2** und gewinnt.
252	Der Lc3 kann den Sa5 wegen der Mattdrohung auf b2 nicht schlagen. Nach **1.Ld3-b5+** ist aber nicht nur diese Drohung aufgehoben, sondern mit der Öffnung der d-Linie sind auch neue Drohungen hinzugekommen. Schwarz ist verloren: **1...a6xb5 2.Lc3xa5** z.B. **Db6-c5** und **3.Dd2-d8#** oder auf 1...Db6xb5 gleich 2.Dd2-d8#
313	Diese Stellung ist eine kompliziertere Variation des "Anastasia Matt". Ein Abzug, der gleichzeitig die Fluchtfelder absperrt, bringt den Sieg: **1...Dd6xh2+ 2.Kh1xh2 Te4-h4+ 3.Kh2-g1** [3.Kh2-g3 Sd4-f5#] **3...Sd4-e2+ 4.Kg1–f1 Se2-g3#**

9	Die Dame lockt den schwarzen König in den Sumpf, der Läufer gibt ihm von hinten den Rest: **1.Dd3-a6+ Kb7xa6 2.Lf5-c8#**
70	Wenn sich die Gelegenheit bietet, die Bauernstruktur der gegnerischen Rochadestellung zu schwächen, sollte man zugreifen. Der Gewinnweg findet sich dann meistens auch schnell: **1.Sd5xf6+ g7xf6 2.Dd1–g4+ Kg8-h8 3.Dg4-h4 Kh8-g7 4.Dh4-g5+** (nutzt die Fesselung des Bf6, um einen Doppelangriff zu starten) **4...Kg7-h8 5.Lb2xf6+**
131	Das klassische Doppel-Läufer-Matt kommt nicht nur in Eröffnungsfallen vor. Es ist aber nicht immer leicht zu erkennen: **1...Te8xe4+ 2.f3xe4 Lf5-g4#** Mit 2.Ke2-d1 kann Weiß zwar Matt vermeiden, verliert aber die Partie: 2...Ld2xf4+ 3.Lf2-d4 *(3.Kd1–c2 Te4-e2#)* 3...Te4-e6 und Schwarz gewinnt den gefesselten Läufer.
192	Nicht zu glauben, aber trotz Verdoppelung sind die Schwerfiguren nicht in der Lage, Matt zu setzen. Aber mit Hilfe des quirligen Springers klappt es doch: **1.Dg4-g8+ Lh7xg8 2.Tg2xg8+ Kh8-h7 3.Se4xf6#**
253	Wenn die gegnerischen Figuren weit ab vom König stehen heißt das noch lange nicht, das diesem keine Gefahr droht. Mit zwei langen Schritten bringt hier der Turm den Springer groß ins Spiel: **1...Tc8-c1+ 2.Kg1–h2 Tc1–h1+ 3.Kh2xh1 Se4-f2+ 4.Kh1–h2 Sf2xd3 5.Tb3xd3 Sd8-c6** und gewinnt.
314	Der schwarze Angreifer hat zwei Mattwege zur Verfügung: **1...Tg4-g1+ 2.Kf1xg1 Db5-g5+ 3.Kg1–f1 Dg5-g2+ 4.Kf1–e1 Ld6-b4#** oder ***1...Lf3-g2+*** 2.Kf1–e1 Db5-b4+ 3.Ke1–d1 Tg4-d4+ 4.Kd1–c1 Db4-d2+ 5.Kc1–b1 Dd2-d1#

10	Das Hinlenkungsopfer mit anschließender Springergabel ist immer wie ein Blitz aus heiterem Himmel und hat schon mancher Partie eine überraschende Wende gegeben: **1...Dd4-g1+ 2.Kf1xg1 Sf4xe2+** und gewinnt.
71	Diese Stellung zeigt wieder, wie wichtig es für den Angreifer ist, Linien oder Diagonalen zu öffnen. Und gerade die Dame kann durch ihre extreme Beweglichkeit und Vielseitigkeit solche Lücken in der Abwehr nutzen: **1.Th1xh6+ Lg7xh6 2.De6xe5+ Lh6-g7 3.De5-h2+ Lg7-h6 4.Dh2xh6#**
132	**1.Dd1–e2 Dd8-e7 2.Sc3-d5** Schwarz hatte nur mit 2.d2-d3 Se4-f6 gerechnet und völlig übersehen, dass nun die Dame nicht auf der e-Linie bleiben kann, z.B. ***2...De7-e6 3.Sd5xc7+*** Zieht die Dame aber von der e-Linie weg, gewinnt d2-d3 den Springer. Schlecht ist übrigens der Doppelangriff 2.De2-b5+? c7-c6 3.Db5xf5 Se4-g3+
193	Aus einem scheinbar simplen Abtausch entwickelt sich plötzlich ein tödlicher Doppelangriff: **1.Le3xh6 Tc4xd4 2.Dd3-g3** (droht Db8+) **2...Da4-d7** [oder 2...Da4-e8] **3.Dg3-e5** (Doppelangriff auf Td4 und das Mattfeld g7) **3...f7-f6 4.De5xd4** und gewinnt.
254	Mit **1.Te1–e6+ Kh6-h7** [1...f7xe6?? 2.Dg2-g6#] **2.Dg2-e4+** rückt Weiß dem König so auf den Pelz, dass Damenverlust oder Matt unvermeidlich sind: **2...f7-f5 3.Te6xe7+** und gewinnt. [2...Kh7-g8 3.Th1–g1+ Kg8-h8 4.Te6-h6#; oder 2...Kh7-h8 3.Te6-h6+ Kh8-g7 4.De4-h7#]
315	Dem eingeklemmten König droht Matt durch Sxf2. Es gilt nur, die De3 wegzulenken, dann ist die Partie gewonnen: **1...Db8-f4 2.De3xf4 Se4xf2#** oder ***2.De3xe4*** Df4-c1+ 3.De4-e1 Dc1xe1#; oder z.B. ***2.Sb1–c3*** Df4xe3 3.f2xe3 Se4-f2#; oder ***2.f3xe4*** Df4-g4 und gewinnt.

11	Lass dich nicht davon abschrecken, dass g7 vom Läufer gedeckt ist. Wenn du ein bisschen weiter blickst, wirst du sehen, dass ein Damenopfer leicht gewinnt: **1.Dg2-g7+ Le5xg7 2.h6xg7#**
72	Mit dem Abzugsangriff 1.Sf5-h6+ g7xh6 2.Lh3xd7 könnte Weiß in Vorteil kommen. Noch besser ist aber eine etwas kompliziertere Variante dieses Planes: **1.Td2xd7 Sf6xd7 2.Td1xd7 Dc7xd7 3.Sf5-h6+ g7xh6 4.Lh3xd7** und Weiß gewinnt.
133	Eigentlich tauscht man nicht ab, wenn man damit die gegnerische Bauernstellung verbessert. Aber hier machen wir mal eine Ausnahme, denn nach **1...Sh5xg3+ 2.f2xg3 Lc5-g1!** (droht Dxh2#) ist die Bauernstellung nicht mehr so wichtig: **3.Le2-c4 Tc8xc4 4.Dc2-e2 Tc4xc1 5.Td1xg1** [auf 5.Kh1xg1 folgt Tf8-d8] und Schwarz gewinnt.
194	Vor lauter Jagdfieber auf den feindlichen König sollte man einen Materialgewinn nicht verschmähen. Hier bietet sich an, die Deckungsfigur zu eliminieren: **1.Tg6-g8+ Tf8xg8 2.Dg3xf4** und nun ist noch genug Gelegenheit, auf Matt zu spielen!
255	Die Stärke des Läuferpaares, besonders in Kooperation mit der Dame, haben wir schon einige Male gesehen. Hier ein besonders schönes Beispiel dafür: **1...Df5-h3+ 2.Kg2-f2 Dh3-f1#** [2.Kg2xh3 Lc4-f1#]
316	Mit **1.Sc5xb7+** droht Weiß einen Doppelangriff mit Dc5, der nicht mehr zu verhindern ist. Auf **1...Kd6-d7** schiebt **2.Dc3-c5 Tb6xb7** den Turm in die richtige Position, **3.Dc5-c6+ Kd7-e7 4.Dc6xb7+** usw., auf 1...Tb6xb7? gewinnt 2.Dc3-c6+ sofort die Qualität.

12	Ein ebenso einfacher wie tückischer Trick, auch "Gummiband-Trick" genannt: **1...Sc6xe5 2.Lb5xd7+** [2.f4xe5 Ld7xb5] **2...Se5xd7** Ein entscheidender Bauerngewinn, der in der Französischen Verteidigung oder bei ähnlichen Bauernstrukturen vorkommt.
73	Ein "Trick", der schon manche Partie unverhofft entschieden hat: **1...De1xf1+** (Räumung und Hinlenkung) **2.Kg1xf1 Lg4-h3+** (Weglenkung) **3.Kf1–g1** und **Te8-e1#**
134	Die Möglichkeit, in die gegnerische Stellung einzutreten, weil ein verteidigender Bauer gefesselt ist, wird gerne übersehen. Erst recht, wenn man diese Fesselung erst noch herbei führen muss: **1.Te8-h8+ Kh7xh8 2.Dg5-h6+ Kh8-g8 3.Dh6xg7#**
195	In der kurzen Rochadestellung gibt es einige Mattkombinationen mit Läufer und Springer. Das kann - wenn auch seltener - ebenso bei der langen Rochade drohen: **1.Sc3-d5 Da5xd2? 2.Sd5xe7#** [1...Da5xd5 2.Lc4xd5 e6xd5 vermeidet das Matt, aber Schwarz steht auf Verlust]
256	Entscheidend ist, wichtige von unwichtigen Details zu unterscheiden. Der Vorposten a6 ist ein wichtiger Punkt, er würde einem König auf b8 den Ausgang verwehren. Hat man dies erkannt, ist das Hinlenkungsopfer sofort klar: **1.Tb1–b8+ Kc8xb8 2.Th7-h8+ Te6-e8 3.Th8xe8#**
317	Während die weiße Dame ganz allein den schwarzen König attackiert, nutzt Schwarz die Chance zu einem Matt, das durch ein Doppelschach herbeigeführt wird: **1...Dd5-d1+ 2.Ke1xd1 Ld7-g4+ 3.Kd1–c2 Lg4-d1#** [3.Kd1–e1 Td8-d1#]

13	Erst sieht es aus, als hätte Weiß einen schlechten Tausch gemacht, aber dann zeigt sich, dass er clever das Matt gegen den eingeklemmten König zum Ziel hatte: **1.Th6-h8+ Kg8xh8 2.Df6xf8+ Tg7-g8 3.Df8-h6#**
74	Der Springer ist gefesselt, zeigt sich davon aber völlig unbeeindruckt und zieht einfach weg! Und das aus gutem Grund, denn nach **1...Se2-c3 2.Te1xe3** wird Weiß nach **2...Tb6-b1#** durch das älteste Matt der Welt besiegt! (Dieses Mattmotiv stammt noch aus dem arabischen Schach)
135	Schwarz hat alle seine Offiziere auf der Grundreihe versammelt, um die gegnerische Attacke abzuwehren. Dieses Konzept, das im Fußball oft nicht funktioniert, klappt beim Schach erst recht nicht: **1.Lc4-f7+ Sd8xf7 2.Da4xc6+ Lc8-d7 3.Dc6xd7#** Tooor!!!
196	Schwach verteidigte gegnerische Grundreihe + verdoppelte eigene Schwerfiguren auf offener f-Linie = Matt in 3 Zügen: **1.Df5xf7+ Tf8xf7 2.Ta1–a8+ Tf7-f8 3.Tf1/Ta8xf8#** Eine Formel, die man sich merken sollte!
257	Der schwarze König ist an die Deckung seiner Dame gebunden und Weiß hat ein starkes Läuferpaar. Fehlt nur noch die Öffnung der weißen Diagonale, damit auch Läufer Nr.2 zur Geltung kommt: **1.Tf2xf7+ Ld5xf7 2.Lc2-e4+ Da6-c6** [2...Kb7-b8 3.Da5xa6] **3.Da5xb5+** und nicht mal den weißfeldrigen Läufer kann Schwarz noch einkassieren.
318	In Anbetracht der offenen d- und f-Linien ist der gefesselte Tf7 oder vielmehr das Feld f7 selbst der weiche Punkt der schwarzen Stellung. Und der wird jetzt angebohrt: **1.Sd5-c7+ Da5xc7 2.Dg6xf7+ Le6xf7 3.Lb3xf7#** 1.Dg6xf7+ Le6xf7 2.Sd5-c7+ ist Zugumstellung.

14	Die Öffnung von Linien ist meist eine wichtige Voraussetzung für einen erfolgreichen Angriff auf die Rochadestellung, Hier das typische Manöver, das mit einem Turmopfer die a-Linie für den Angriff der Schwerfiguren öffnet: **1.Ta1xa7 Kb8xa7 2.Tc1–a1+ Ka7-b8 3.Ta1/Dc6xa8#**
75	In kritischer Stellung serviert Weiß den überraschenden Zug: **1.Tf4-e4** und nun ist die Partie gewonnen, denn gegen die doppelte Mattdrohung gibt es keine Abwehr: **1...Te2xd2 2.Te4xe8#** oder ***1...Te2xe4*** 2.Dd2xg5+ Kg8-h8 3.Dg5-g7#
136	**1.Te4-e7** Durch die Linienunterbrechung isoliert Weiß den Bf7 und gewinnt leicht: **1...Lf8xe7 2.Dh5xf7+ Kh7-h8 3.Df7-g7#** [1...Dc7xe7 2.Te1xe7 Lf8xe7 ändert auch nichts]
197	Verrenn dich nicht in dem Versuch, auf einer bestimmten Linie eindringen zu wollen. Hier kann Schwarz Angriffe auf der f-Linie abwehren [z.B. 1.Th1–h5 Te6-g6 2.Ta1–h1 Dd8-g8], aber gegen die kombinierte Linienoperation **1.Th1–h7+ Kg7xh7 2.Df3xf7+ Kh7-h8 3.Ta1–h1+ Te6-h6 4.Th1xh6#** gibt es keine Abwehr.
258	**1.Lg5-f6** und Schwarz steckt in der Klemme. Auf **1...Lg7xf6** folgt **2.Df7-f8#,** während ***1...e7xf6*** 2.Df7xd7 die Dame verliert. Umständlicher gewinnt 1.Sb5-c7 h7-h6 2.Sc7-e6 Dd7-a7+ 3.Kg1–h1 Da7-d4 usw.
319	Der am Rand festgenagelte König ist den Attacken der weißen Leichtfiguren hilflos ausgeliefert: **1.Sd5xc7+ Ld6xc7 2.Le2-b5#** und wir haben ein schönes Zwei-Läufer-Matt, wenn auch mit etwas seitlicher Unterstützung durch den Be6, der das Fluchtfeld f7 bewacht.

15	Bei solchen Stellungen darf man nicht zu kompliziert denken, sonst sieht man den Wald vor lauter Bäumen nicht. Mit **1.d5-d6+ Lc5xd6** zwingen wir den Gegner, sich selber einzuengen und mit **2.Lf4-g5#** nutzen wir die beengte Königsstellung zum Gewinn!
76	Die Kreuzung von Abzug und Doppelschach ist ein wahres Monster. Hier überlebt der weiße König diese unheimliche Begegnung nicht, es sei denn, du hast nur den Abzug 1...Lf5xc2+ 2.Kf1–e2 Lc2xb3 gesehen. Aber Schwarz hat bessere Möglichkeiten: **1...Lf5-d3+ 2.Kf1–e1 Tf8-f1#**
137	Wenn der gegnerische König beengt steht – gleich ob von feindlichen oder eigenen Figuren – führt oft ein Opfer zum schnellen Gewinn. So auch hier: **1...Tf2xc2+ 2.Se3xc2 Sd4-b3#** [oder 2.Ld3xc2 Sd4-e2#]
198	Das "Erstickte Matt" kommt häufiger vor, als man denkt. Hier sehen wir eine Variation des Motivs, bei der die Dame durch einen Läufer gedeckt ist, so dass der König die Dame auf b8 nicht schlagen kann: **1.Dc7-b8+ Sc6xb8 2.Sd5-c7#**
259	Die weiße Dame auf a2 ist nur Komparsin, während in der Brettmitte die Post ab geht: **1...Te8xe3 2.Kf2xe3 Ta8-e8+ 3.Ke3-f2 Te8-e2+ 4.Kf2-g1 Dd6-d4+ 5.Kg1–f1 Dd4-f2#** [oder 5...Te2-e8#]
320	Heute gibt es einen echten Klassiker, eine Aufgabe des Arabers Stamma von 1737, also rund 270 Jahre alt. Versuch aber bitte, sie in etwas kürzerer Zeit zu lösen, z.B. in 5 Minuten! **1.Th6-h8+ Kg8xh8 2.De3-h6+ Te7-h7 3.Tf1xf8+ Dd5-g8 4.Sh4xg6#**

16	Wenn der König und wichtige Figuren in einer Diagonalen stehen und der Gegner einen Läufer besitzt, ist stets Gefahr im Busch. So auch in dieser Stellung, wo ein Opfereinschlag einen Spieß einleitet: **1...Tc3xg3 2.Kh2xg3 Lb6-c7 3.Kg3-g4 Lc7xe5**
77	Taktik führt nicht immer zu Matt oder großem Materialgewinn, aber auch kleine Vorteile gilt es zu sichern: **1.c5xb6 c7xb6 2.Lb5-a6 Tc8-b8** [2...Tc8-a8 3.Db3xb6] **3.Ld2xa5** und Weiß hat nicht nur einen Bauern gewonnen, sondern auch die gegnerische Stellung erheblich geschwächt (Isolani b6, schwarzfeldrige Löcher)
138	Ein einfaches Weglenkungsopfer macht den Weg frei für den Freibauern: **1...Tf8-f1+ 2.Kg1xf1 g3xh2** und der Bauer ist nicht zu stoppen.
199	Der weiße König wird von vorne von eigenen wie von gegnerischen Bauern eingeengt. Das nutzt Schwarz zum Gewinn: **1...Te6xe5 2.Dd4xb6** [2.Dd4xe5?? Db6-f2#] **2...Te5-e4+** Mit diesem Zwischenschach bringt sich der Turm in Sicherheit **3.Kf4-f3 a7xb6** und Schwarz gewinnt.
260	Hier noch einmal ein Beispiel für eine erfolgreiche Weglenkung von der Grundreihe. Nur einen Zug lang weg, und schon verloren: **1...Dh3-g2+ 2.Tg1xg2 Tc8-c1+ 3.Tg2-g1 Tc1xg1+ 4.Kh1xg1 Te2-e1#**
321	Den Wegzug des Le2 kann sich Weiß nicht leisten. Dadurch gewinnt Schwarz: **1...Td8-d1+ 2.Kf1–g2** [2.Le2xd1 Da2xf2#] **2...Da2xe2** und trotz des Freibauern gewinnt Schwarz, z.B. **3.Th1xd1 De2xf2+ 4.Kg2-h3** [4.Kg2-h1? Df2-f3+ 5.Dg7-g2 Df3xd1+] **4...Df2-f3+ 5.Kh3-h4 Lc5-f2+ 6.Dg7-g3 Lf2xg3+ 7.h2xg3 Df3xd1** usw.

17	Weiß verschmäht L(S)xe7, weil er dennoch im materiellen Rückstand wäre. Stärker ist auch **1.Sf5-h6+ g7xh6 2.Df2-f7+ Kg8-h8 3.Lh4-f6+ Le7xf6 4.Df7xc7** und gewinnt leicht. [1...Kg8-h8 2.Df2-f7 Sf8-e6 3.Df7-g8+ Te8xg8 4.Sh6-f7# und eine seltene Abart des Stickmatts beendet die Partie]
78	Schon der große Lehrmeister Dr.Tarrasch warnte eindringlich vor der Stellung von Dame und König in einer Linie oder Diagonalen. Dieses Beispiel bestätigt seine Meinung: **1.Sd4xe6 Ld7xe6 2.Te1xe6** und, wenn Schwarz zurückschlägt, verliert er die Dame nach **2...Df6xe6 3.Lg2xd5**
139	Der lästige Vorpostenbauer d6 lässt eine Kombination gelingen, die ohne ihn gar nichts eingebracht hätte: **1.Dd5-g8+ Df4-f8 2.Lc4-f7+ Ke8-d8 3.Dg8xf8+ Ld7-e8 4.Df8xe8#**
200	Eine Stellung aus einer klassischen Meisterpartie (Reti gegen Dr. Tartakower) demonstriert die Gefährlichkeit des Doppelschachs ganz besonders deutlich: **1.Dd3-d8+ Ke8xd8 2.Ld2-g5+ Kd8-c7** [2...Kd8-e8 3.Td1–d8#] **3.Lg5-d8#**
261	Trotz der offenen h-Linie scheint Weiß nicht so recht weiter zu kommen. Aber das "älteste Matt der Welt" erweist sich wieder als hilfreich; nur muss man erst die Voraussetzungen dazu schaffen: **1.Dh5xf7+! Tc7xf7 2.Se5-g6+** Versperrt das Fluchtfeld und deckt das Mattfeld **2...Kf8-g8 3.Th3-h8#**
322	Das Ende scheint nahe für Weiß, aber wenn die eigenen Bauern festgelegt sind und der König keinen Zug mehr hat, sollte man versuchen, die letzten beweglichen Figuren loszuwerden und auf Patt zu spielen: **1.Ta7-a8 Tc8xa8 2.Df2-a2+ Ta8xa2** und Patt! [2...Kg8-f8?? 3.Da2-f7#]

18	Der schnellste Weg zum Matt ist hier **1.Lf4-h6+ Kg7-h8 2.De6-e8+ Dd8xe8 3.Te1xe8#** Zwar gewinnt auch ***1.h5-h6+***, aber etwas langsamer: 1...Kg7-f8 2.De6xf5+ Kf8-g8 3.Df5-g4+ Kg8-f8 /f7/ h8 und jeweils 4.Dg4-g7#. Versuche immer, den kürzesten und einfachsten Mattweg zu finden – Matt ist Ende der Partie!
79	Weiß droht unmittelbar mit Matt, da nützt Schwarz die Umwandlung des Freibauern auch nichts mehr, oder? **1...Da3xa2+ 2.Kb1xa2 Sb5-c3+** Die Umwandlung ergäbe höchstens noch ein Racheschach. Aber getreu der alten Regel: *"Lasse nie ein Schach aus, es könnte Matt sein!"* gewinnt nun nach **3.Ka2-a3 Tb8-b3#**
140	Hier ist nicht die Frage, wer gewinnt, sondern es gilt nur, dass schnellste Matt zu finden: **1.d3-d4+ Kf5-g5 2.Lb2-c1+ Kg5-g4 3.Ld5-e6+ Kg4-h5 4.Dc2-e2#** Langsamer ist ***1.g3-g4+*** Kf5-g5 2.f2-f4+ Kg5-h6 3.g4-g5+ Kh6-h5 4.Ld5-f3+ Kh5-h4 5.Dc2-f2+ Kh4-h3 6.Df2-g3#
201	Wir haben es schon bei früheren Aufgaben gesehen: Wenn man den König aus seiner Stellung treiben kann, dann ... **1.Dc6-e8 Tb6xd6 2.De8-g8+ Kg6-h5 3.Dg8xf7+ Kh5-g5 4.h2-h4+ Kg5-g4 5.f2-f3#** ... ja dann passiert meistens so was und man kann ruhig Material opfern, es wird sich auszahlen!
262	Viele Drohungen sind leicht zu parieren, ebnen aber das Feld für neue Kombinationen und Angriffe: **1...De4-e2** Schwarz pariert leicht mit **2.Ta1–f1 De2xf3** und das hat gesessen, den entweder gibt Weiß den Springer oder es geschieht **3.g2xf3 Td6-g6#**
323	Der weiße König hätte sich besser ein wenig zurückgehalten - die Zeiten, wo Feldherrn ihre Truppen von vorn anführen, sind lange vorbei! Und nach **1...Tc8-c4+ 2.Kd4xe5 Sc1–d3#** ist auch die Partie vorbei!

19	Natürlich kannst du mit 1.Tf6xf7+ Ke7xf7 2.Dh8-h5+ abwickeln. Aber das hieße, den Hauptgewinn einfach stehen zu lassen, denn das Ende ist ganz nahe: **1.Tf6-e6+ Ke7-d7 2.Dh8xe8#**
80	Wenn der Se5 nicht gefesselt wäre, dann ... Aber nach **1...Dg6-f6** ist er nicht nur entfesselt, sondern Weiß ist auch gleich verloren, denn es droht sowohl ***2...Df6xh4*** als auch ***2...Se5-f3+*** und Weiß kann nicht beide Drohungen parieren.
141	Das "Unterlaufen der Abwehr" haben wir schon mit Dame und Turm gesehen. Es geht aber auch mit Dame und Läufer, wie hier in unserem Beispiel: **1...Df7-f1+ 2.Le3-g1 Df1–f3+! 3.Le4xf3 Lc6xf3#**
202	Nicht nur als Eröffnungsfalle droht das Matt mit den beiden Läufern. Ein Damenopfer schafft freie Bahn für den zweiten Läufer: **1.Dc4-b5+ a6xb5 2.Le2xb5#**
263	Ganz einfach und doch nicht leicht zu sehen ist hier die Lösung, bei der wieder die tückische Springergabel eingreift: **1.Dg4xe6+ Sf8xe6 2.Sf4xd5+** und Weiß sollte das Endspiel gewinnen können.
324	Weiß muss sich schnell etwas einfallen lassen, denn ihm droht selber Matt. Aber die Kenntnis eines Standardmanövers verhilft ihm zum Sieg: **1.Th5-h8+ Kg8-f7** [1...Kg8xh8 2.Dg4-h5+ Kh8-g8 3.Lf5-e6+ Kg8-f8 4.Dh5-f7# - das Standardmanöver!] **2.Dg4-g6+ Kf7-e7 3.Dg6xg7+ Ke7-d6 4.Th8xd8+** und gewinnt.

20	Weiß droht mit Matt, aber Schwarz kommt ihm zuvor: **1...Dd5xg2+ 2.Tg1xg2 Ta2-a1+ 3.Tg2-g1 Ta1xg1#**
81	**1.Td1xd4 e5xd4 2.Db1xh7+ Kh8xh7 3.Td5-h5#** Dieses Mattmotiv (das nach einer Partie in einer alten Novelle **"Anastasias Matt"** genannt wird) haben wir schon in einer einfacheren Form gesehen. Der Springer schnürt den König ein, ein Opfer (meist Dame oder Turm) öffnet die h-Linie.
142	Mit Dame und Springer hat Weiß keine Mühe, den schwarzen König inmitten seiner schlecht entwickelten Stellung Matt zu setzen: **1.Dd6-e6+ Sg8-e7 2.De6-f7+ Ke8-d8 3.Sg5-e6#** [oder 1...Ke8-d8 2.Sg5-f7+ Kd8-c7 3.De6-d6#]
203	"Bodens Matt" ist ein Mattmotiv, das sich gegen die lange Rochadestellung richtet. Durch einen Opfereinschlag (meist von Dame oder Turm) auf c3/c6 wird der b-Bauer weggelenkt und ein Zwei-Läufer-Matt ermöglicht: **1.Dc2xc6+ b7xc6 2.Le2-a6#**
264	Wie bringt Schwarz einen seiner beiden Freibauern durch? Indem er Turm oder Läufer die Bahn versperrt, egal wem: **1...Lb4-d6 2.Td8xd6** und die Diagonale ist versperrt, also **2...h3-h2** oder ***2.Lc7xd6*** und die versperrte d-Linie erlaubt die Umwandlung **2...d2-d1D**
325	Schwarz nutzt die schwache Diagonale a7-g1 zum entscheidenden Angriff: **1...Dd6-c5+ 2.Kg1–h1 Se4-f2+ 3.Kh1–g1 Sf2-h3+ 4.Kg1–h1 Dc5-g1#** [2.Sc2-e3 vermeidet das Matt, führt aber nach 2...Dc5xe3+ 3.Df3xe3 f4xe3 ins verlorene Endspiel. Ein Fehler wäre 2...f4xe3 3.Df3-f8+ Kh8-h7 4.Df8-f5+ Kh7-h8 5.Lf1–e2 und Weiß kann noch kämpfen.

21	Die Weglenkung ist eine wichtige Waffe und oft – wenn man auch nur für einen Zug lang eine gegnerische Figur weglenken kann – entscheidet sie die Partie. So auch hier: **1.Dd1–e1+ Te2xe1 2.g2-g3#**
82	Man muss oft einige Züge voraus berechnen, um die tückische Springergabel zu sehen. Hier ist es aber schon zu spät: **1.Ta4/c4xb4 Tb5xb4 2.Tc4xb4 Tb6xb4 3.Se5xc6+** und nun ist der Killer Springer alleine übrig und grast den Rest der schwarzen Stellung bald ab.
143	Im Endspiel sollst du dein Herz nicht an Figuren hängen, sondern nach Möglichkeiten suchen, deine Bauern ans Laufen zu bringen oder dynamische Möglichkeiten der Stellung zu nutzen: **1...Ld1xb3 2.Sd2xb3 c5-c4+ 3.Kd3-c2 c4xb3+ 4.Kc2xb3** und Schwarz gewinnt das Bauerendspiel, so geschehen in Karpow - Anand, Linares 1991.
204	Der König scheint ausreichend sicher und hat sogar ein Fluchtfeld. Aber gerade das wird ihm zum Verhängnis: **1.De7xf8+ Kg8xf8 2.Le3-h6+ Kf8-g8 3.Te1–e8#**
265	Die schwarze Dame muss auf das Mattfeld d8 aufpassen, aber auch ohne sie läuft der Mattangriff: **1...Tg2-h2 2.Dd1–f3 Dd7-d3+** und entweder **3.Df3xd3 Th2-h1#** oder ***3.Kf1–e1*** Th2-h1+ 4.Df3xh1 Dd3-e2#. [2.Kf1–g1 Th2-h1+ 3.Kg1xh1 Dd7xh3+ 4.Kh1–g1 Dh3-g2#]
326	Das Motiv des "Unterlaufens der Abwehr" haben wir schon einige Male gesehen. Hier verhilft es dem materiell schwächeren Weißen zu einer erfolgreichen Abwicklung: **1.Df6-d8+ Td7xd8 2.Td2xd8+ Df7-e8** [2...Df7-f8? 3.Td8xf8#] **3.Td8xe8+ Kg8-f7 4.Sb5xc7** und gewinnt.

22	Wichtig ist, ständig das ganze Brett im Blick zu haben und nicht nur den kleinen Bereich, wo gerade "Action" ist. Dann sieht man auch Chancen wie hier: **1.Dc7-h2+ Kh8-g8 2.Dh2-g3+ Kg8-f8 3.Dg3-g7#**
83	Weiß kann leichten Herzens die Dame geben - er kriegt ja gleich eine neue: **1.Db6-d8+ De7xd8** [1...De7-f8 2.e6-e7+ ist wenn möglich noch schlimmer!] **2.e6-e7+ Dd8xd5 3.e7-e8D#**
144	Schwarz hat gerade umgewandelt, aber das nützt ihm nichts, wenn Weiß einen kleinen Trick kennt: **1.Kg4-g3** und, egal wohin die Dame zieht, folgt entweder Ta2-a1# oder (z.B. bei Kg1–f1) Damenverlust. Entscheidend ist, dass die Dame nicht die Diagonale a1–h8 kontrollieren kann. Ohne den Bg7 würde Dh8 für Schwarz gewinnen.
205	Heute sehen wir einen besonders tückischen Ableger der Springergabel: **1.Sd4-c6 Td8-e8** [Das kleinere Übel wäre 1...Tc8xc6 2.Tc1xc6] **2.Sc6-e7+** und Schwarz darf den Springer nicht schlagen: **2...Te8xe7 3.Tc1xc8+ Se6-f8 4.Tc8xb8** [Nicht aber 4.Lb2-a3? wegen Lb8-d6]
266	Die Verbindungslinie ("Kommunikationslinie") zwischen gegnerischen Figuren kurzfristig zu unterbrechen und damit eine Figur zur Reaktion zu zwingen kann entscheidend sein: **1.Tc5-d5 Dd4xd5 2.De7-f6#** [1...Td8xd5 2.De7-f8#; oder 1...e6xd5 2.De7xd8#
327	Der eingeklemmte weiße König wird von Schwarz hin und her gezerrt, bis das Matt passt: **1...Dh4-h1+ 2.Sg3-f1** [2.Sg3xh1 Tg7-g1#] **2...Dh1xf1+ 3.Ke1xf1 Le6-h3+ 4.Kf1–e1 Tg7-g1#**

23	Ein Damenopfer lenkt den Deckungsbauern g6 weg und nun kann der Turm von hinten Matt setzen: **1.De5-h5+ g6xh5 2.Tc7-h7#**
84	Einzelne, unzureichend gedeckt herumstehende Figuren wie hier der Le4 werden bevorzugt das Opfer von Doppelangriffen: **1.Dd2-d4 f7-f6** [1...Le4xf3?? 2.Dd4xg7#] **2.Sg3xe4 Te8xe4 3.Dd4xe4 Db5xb2 4.Ta1–e1** mit Qualitätsgewinn und weißen Angriffschancen (z.B. durch Tg3 und De7)
145	Wer würde glauben das in dieser Stellung Weiß durch eine Läufergabel in Vorteil käme? Nun, eine gute Portion Phantasie und Vorausberechnung gehört schon dazu, die Lösung zu finden: **1.Sc3xe4 Te8xe4 2.Sd4xc6 b7xc6 3.Lb5xc6** Zwar hält **3...Te4xe3 4.Te1xe3 Ta8-b8** den Verlust noch in Grenzen, aber Weiß steht eindeutig besser.
206	Ein Feld, das von einer gefesselten Figur gedeckt wird, ist praktisch ungedeckt (Ausnahme: Der König, der nicht ins Schach ziehen darf). Das nutzen wir hier sofort aus: **1.Ld4xg7 Te7xg7 2.Df2-f7+ Kg8-h8 3.Df7xg7#**
267	Wer annahm, dass hier ein Königsangriff gefragt wäre, hat sich kolossal geirrt, denn ein anderes Ziel stand im Visier: **1.Sg5xh7 Sf6xh7 2.Se5-d7** und die Dame ist gefangen!
328	Nur allzu oft planen wir gefesselte Figuren als vollwertig ein. Dies kann wie in diesem Beispiel ins Auge gehen, wo der Sc6 gefesselt ist: **1.Da4xa6 b7xa6 2.Tb6-b8#** [1...Tg6-d6 2.Da6-a8+ Kc8-c7 3.Tb6xb7#]

24	Ein klassisches Damenopfer, das gegen den schlecht positionierten König den Weg für das Zwei-Läufer-Matt frei macht: **1.De4xe5+ d6xe5** [oder 1...f6xe5 2.Le3-g5#] **2.Le3-c5#** Dieses Mattmotiv kommt besonders in der Eröffnungsphase vor, wenn einer der Spieler schlecht entwickelt hat.
85	Unerfahrene Spieler beachten meist nur den Bereich des Brettes, wo sich der hauptsächliche Kampf abspielt. Hier trägt ein unerwarteter Zwischenzug den Kampf auf den anderen Flügel: **1.Le4-b7** und Damenverlust oder Matt: **1...Kg7xh6** [1...Da6xb7?? 2.Dc2-g6#] **2.Lb7xa6** und gewinnt.
146	Man sollte auch beim schönsten Angriff (Weiß droht hier gerade mit Te8 und nach Dxe8 Sxf6+ mit Gewinn) die eigene Verteidigung nicht aus den Augen verlieren, sonst endet der Sturm auf die gegnerische Königsstellung mit einem Konter: **1...Lf6-d4+ 2.c3xd4 Tf7-f1+ 3.Sd2xf1 Df8xf1#**
207	**1...Df6-g5+ 2.Kg2xh3** [2.Kg2-h1?? Sh3-f2#] Weiß hat keine Wahl, aber nützen wird ihm der Figurengewinn nichts, denn nach **2...Tf8xf3+ 3.Te3xf3** gabelt Schwarz besonders effektiv mit **3...Dg5-g4#**
268	Wenn man die Dame in einer Linie mit einer anderen Figur erwischen und angreifen kann und die Dame nicht wegziehen und die andere Figur weiterhin decken kann, dann ... : **1.Td1xd3 Dd6xd3 2.Tc1–d1 Dd3xd1 3.Sc3xd1 Tb7-d7 4.Sd1–c3** [2...Dd3-c2 3.Td1xd8+ Kg8-h7 4.Td8-d2] Ja, dann kommt Weiß stets zu Materialvorteil!
329	Der Bg7 hält die schwarze Stellung zusammen; fällt er, geht es schnell bergab: **1.Ld4xg7 Kg8xg7 2.Dh5xh6+ Kg7-f6** [2...Kg7-g8 3.Dh6-h8#] **3.Th3-f3+ Kf6-e6 4.Tg4-e4+ Ke6-d7 5.Te4xe7+** und gewinnt.

25	Freibauern muss man den Weg frei machen, koste es, was es wolle. Hier kostet es zwar die Dame, aber der Einsatz amortisiert sich sofort: **1...Sf4xd3 2.Te3xd3 Dd4xd3 3.Dc2xd3 c3-c2** und Weiß muss die Dame geben, um den Bauern zu stoppen.
86	Weiß erwartete Damenabtausch, aber Schwarz startet einen Doppelangriff auf den Te1 und das Feld d2. Hier ist mit der Kontrolle von d2 ein Mattangriff verbunden: **1...Dc5-f2 2.Te1–d1 Df2-e3+ 3.Kc1–b1 Td7xd1#** [2.Df5-e5 Df2-d2+ 3.Kc1–b1 Dd2-d1+ 4.Te1xd1 Td7xd1#; oder 2.Te1–h1 Df2-d2+ 3.Kc1–b1 Dd2-d1+ 4.Th1xd1 Td7xd1#]
147	Das Matt auf g7 abzuwehren ist nicht schwer. Aber der Turmzug macht den Weg frei für das Matt auf der h-Linie: **1.Dg5-h6 Dc2xb1+ 2.Kh1–h2 Tf8-g8 3.Dh6xh7+ Kh8xh7 4.Tf4-h4#**
208	Der Se5 ist bereits gefesselt (Tb8) und wird nach **1.Td1–e1** nochmals gegen die Dame gefesselt. **1...f7-f6 2.g5xf6 Le7xf6 3.Df4-a4+ Ke8-f8** [3...De6-d7 4.f2-f4] **4.f2-f4** und durch diesen Austausch des Angreifers gewinnt Weiß den Springer.
269	Es sieht fast so aus, als würde Weiß gar nicht in die Nähe des schwarzen Königs kommen. Aber mit einem kleinen Trick reicht es doch zum Matt: **1.De2-e5+ Tf5xe5 2.Lg5-f6#**
330	Die weißen Offiziere stehen recht ungünstig für die Verteidigung des Königs postiert; durch ein Opfer knackt Schwarz die Bauerndeckung: **1...Tf8xf2 2.Kg1xf2 De7-e3+ 3.Kf2-g2 Lg7-e5** und Weiß wird Matt. Auch die Ablehnung hilft nicht: 2.Dd1–d2 Tf2-f5, z.B. 3.b3xa4 Tf5-g5 4.Kg1–h2 Lg7-e5 5.Te1–g1 Tg5xg3 6.Tg1xg3 De7-h4+ usw.

26	**1...Tg6-h6** Der Turm macht der Dame ein Angebot, dass sie schwerlich ablehnen kann und nach **2.Dh3xh6** folgt ein Abzug, bei dem die Dame im Regen steht: **2...Lf6-e5+** und Schwarz gewinnt.
87	**1.Sd5xf6** (öffnet die Diagonale f8-h6) **1...g7xf6 2.Df4-h6+** (zwingt den König ins Abzugsschach) **2...Kf8-g8** [2...Kf8-f7 3.Te6-e7#] und das Doppelschach gewinnt sofort: **3.Te6-e8#** Wieder zeigt sich die Tücke des Doppelschachs; Schwarz hätte jede der beiden Angriffe leicht abwehren können.
148	Weiß hat seine Leichtfiguren ein wenig leichtsinnig aufgebaut, was sich gleich entscheidend rächen wird: **1...Se5xd3 2.Dd2xd3 Tf7-e7** und Weiß verliert eine der beiden Figuren auf der e-Linie.
209	Hier ist es egal, ob Schwarz aus seinem Bau kommt oder drin bleibt, es wird in jedem Fall sehr schnell Matt: **1...De6-h3+ 2.Kg2xh3 Lc4-f1#** [2.Kg2-f2 Dh3-f1#; oder 2.Kg2-h1 Dh3-f1+ *(oder 2...Lc4-f1 nebst Matt)* 3.Le3-g1 Df1xf3#]
270	Eine Fesselung des Bg7 durch den Lb2 bewirkt, dass die Dame das Feld h6 betreten kann (oder, falls auf diesem Feld ein Bauer stehen sollte, diesen schlagen kann). Hier führt das Motiv nach einem Räumungsopfer zum Matt: **1.Sf4-g6+ h7xg6 2.Dd2-h6+ Lg8-h7 3.Dh6xg7#**
331	Weiß hatte eine Figur gewonnen, aber dafür den Gegner in den Rücken des Königs kommen lassen: **1...Td1–g1+ 2.Kg2-h3 Da1–f1+ 3.Kh3-h4 g7-g5+** **4.Se4xg5** [4.Kh4-h5?? Df1–h3#] **4...Df1xf2+ 5.Kh4-h3 Df2-g2+** **6.Kh3-h4 Dg2xh2+ 7.Sg5-h3 Dh2-g3+ 8.Kh4-h5 Dg3xh3#**

27	Für das naheliegende Mattmotiv 1.Dh3-h6 nebst Dg7# bleibt Weiß keine Zeit, da Schwarz mit 1...Dc3xd4+ 2.Kg1–f1 Lb7-a6+ usw. selbst starken Angriff hat. Aber ein anderes Mattmotiv gewinnt: **1.Dh3xh7+ Kg8xh7 2.Tf5-h5+ Kh7-g8 3.Th5-h8#** Das Eckmatt mit Turm und Läufer, ein klassisches Mattmotiv!
88	Die gefürchtete Springergabel ist hier ausnahmsweise völlig harmlos, aber sie führt dazu, dass König und Dame von einem Spieß kalt erwischt werden: **1...Sd8-c6+ 2.Lb5xc6 Tc1–b1+** und Damengewinn.
149	Schwarz muss kräftig opfern, wird aber dafür mit einem sicheren Matt belohnt: **1...Te3xh3+ 2.g2xh3 Db2-h2+ 3.Kh1xh2 Tf4-f2+** Das Doppelschach zwingt den König in die Ecke! **4.Kh2-h1 Tf2-h2#**
210	Hast du Varianten mit Sc7+ oder Dxb6 kalkuliert? Warum die Hektik? Der Schwarze steht schon in Mattposition und du brauchst ihm nur mit **1.Th1–h3** und **Th3-a3#** den letzten Schups zu geben, dann fällt er um!
271	Der Lc8 ist als einzige schwarze Figur nicht am Kampf beteiligt. Das ändert sich schlagartig, wenn er mit **1...Lc8-a6** die Dame von der Deckung des Td2 weglenkt (also Qualitätsverlust) und nach **2.Dd3xa6 Tb2xd2 3.Te1–e2 Td2xe2 4.Da6xe2 d5-d4** oder 4...Tf7-b7 steht Schwarz klar besser, auch wenn es bis zum Sieg noch viele Züge dauern kann.
332	Im Endspiel ist der König eine starke Figur und kann oft aktiv ins Geschehen eingreifen. Hier rückt er seinem eingeklemmten Gegner auf die Pelle, bereitet den Mattzug vor und blockiert den Fluchtweg: **1...Kg7-h6 2.g3-g4** [Auf alle anderen schwarzen Zügen folgt g6-g5#] **2...Dd4-f2#**

28	Wenn der König durch einen vorgerückten gegnerischen Bauern eingeengt ist, besteht immer Gefahr. Hier wendet Schwarz ein Turmopfer an, um den König auf das Matt hinzulenken (oder von der Deckung des Mattfeldes f1 wegzulenken): **1...Th5-h1+ 2.Kg1xh1 Tf5-f1#**
89	Hier lernst du eine besonders tückische Falle kennen, die, wenn man sie nicht rechtzeitig voraus sieht, die Partie sofort entscheiden kann: **1.De2-g4** und Matt auf g7 oder Damenverlust: **1...g7-g6** [oder 1...f7-f6] **2.Sf5-h6+ Kg8-h8 3.Dg4xd7** und aus.
150	Statt mit einem Abzugsschach auf Beutesuche zu gehen, riegelt hier der weißfeldrige Läufer das Fluchtfeld des schwarzen Königs ab: **1.Db3xg8+ Kf8xg8 2.Th7-h8+ Kg8xh8 3.Lh5-f7#** Ein wichtiger "Trick" zum Merken!
211	Bei einem Zug aus heiterem Himmel wie **1...Td8-d3** kann man vor Schreck vom Stuhl fallen. Und es lohnt eigentlich auch nicht, wieder aufzustehen, denn Dame und Partie sind weg!
272	Der eingeklemmte König am Rand ist immer ein vielversprechendes Angriffsziel, aber hier bedarf es einer guten Portion Phantasie, den verborgenen Gewinnweg zu finden: **1...Tb5xb2 2.Lc1xb2 Sd3-e5!! 3.f4xe5** [sonst folgt Se5-g6#] **g7-g5#** [1...Sd3xc1 2.Ta1xc1 Tb5xb2 3.h2-h3 bringt nichts]
333	Hier greift keines der Standard-Mattmotive. Aber das macht nichts, Linienöffnung (b-Linie) und Weglenkung (Lb7) bereiten das Matt vor: **1.Da5-a7+ Kb8-c8 2.Da7-a8+ Lb7xa8 3.Sb5-a7#**

29	Hier nutzte Steinitz, der spätere 1.Weltmeister, ein Doppelschach, um den schwarzen König sowohl auf das Mattfeld zu treiben als dort auch festzunageln: **1.Se5xd7 Df5xd5 2.Sd7-f6+** (Abzugs- und Doppelschach) **2...Ke8-f8 3.La3xe7#**
90	Im letzten Zug hatte Schwarz Sb2xLa4 gezogen und hoffte, nach bxa4 mit Ta8-e8 Tc1–c7 f7-f6 den Freibauern nicht nur stoppen, sondern auch erobern zu können. Aber Weiß ignoriert den Springer (man sollte immer neben dem Schlagen auch das Nichtschlagen kalkulieren!) und gewinnt leicht durch **1.Tc1–d1 Ta8-e8 2.Td1–d8** und gewinnt.
151	Der erste Zug ist einfach, aber dann gilt es, die schwarze Stellung aufzureißen - das übersteht Schwarz nicht: **1.e6xf7+ Kg8xf7 2.Sf5-h6+ g7xh6 3.Dc2xh7+ Lf8-g7 4.Dh7xg7#**
212	Geschickt setzt Weiß seine beiden letzten Bauern ein, um den gegnerischen König einzusperren: **1.Te7-a7 Th8-e8 2.d6-d7 Te8-e7 3.d5-d6 Te7xd7 4.Ta7-a8#**
273	**1.Tf7-f1** ist der einzig richtige Zug, um das Matt zu decken und den Turm zu retten. **1...Lg6-e4** und der Partieausgang ist noch offen. Wer noch etwas Material mitnehmen will, läuft in eine Falle: ***1.Tf7xe7+?*** Td7xe7 2.De6-c8+ Ke8-f7 3.Dc8xh8 Te7xe5 4.Kh1–g1 Te5-e8 und Dame und Partie gehen verloren!
334	Obwohl der Lb6 gefesselt ist, leistet er einen wichtigen Beitrag zum Erfolg: **1...Tf8xf2+** und die Deckung durch den Lb6 verhindert Kxf2, alle anderen Varianten aber verlieren: **2.Td2xf2 Lc4xd3+** oder 2.Kf1–e1 Tg8-e8+ 3.Ke1–d1 Tf2-f1+ 4.Kd1–c2 Lc4xd3+ 5.Td2xd3 Te8-e2+ usw.

30	Die schützend an seiner Seite stehenden schweren Figuren können dem König manchmal mehr Last als Schutz sein. So auch hier: **1...Da4-a1+ 2.Db3-b1 Te2xc2+ 3.Kc1xc2 Da1–c3#** Die Bodyguards versperren dem König den Fluchtweg. Dieses Matt ähnelt dem "Epaulettenmatt", bei dem der König von den Türmen flankiert Matt gesetzt wird.
91	Wenn der König in der Ecke steht und kein Luftloch hat, ist die Grundreihe ein Ziel erster Güte. Mit einer Weglenkung beginnt der Mattangriff: **1.Tc1–c8 Da6-f6** [1...Tg8xc8? 2.De5xg7#] **2.Tc8xg8+ Kh8xg8 3.De5-e8#**
152	In manchen Stellungen ist eigentlich kein Matt möglich, aber weil gegnerische Figuren ihrem König den Fluchtweg verstellen, geht es mit dieser Hilfe doch: **1.Te1xe7 Sg6xe7 2.Db1xh7+ Kg8-f8 3.Dh7-h8+ Se7-g8** **4.Dh8xg7+ Kf8-e8 5.Dg7-f7#**
213	Der schwarze Läufer steht reichlich deplaziert, mit **1.f4-f5** wird ihm der Rückweg versperrt, der auch nach **1...h7-h5** wegen **2.Tg1–g3 Lh3-g4 3.h2-h3** nicht mehr möglich ist.
274	Nicht jede Drohung führt zu einem Vorteil, aber manchmal fällt dem Angreifer unerwartet eine andere Beute zu: **1...Th8-c8** Droht Tc1+ mit Turmgewinn **2.0–0** Andere Königszüge ändern nichts. **2...Tc8-c5** und der Läufer ist gefangen.
335	**1.e5xf6** [1.Dg4-h5+ ist nicht so gut, denn nach 1...g7-g6 2.e5xf6 g6xh5 3.f6-f7+ Ke8xf7 4.Lg5xd8 hat Weiß nicht viel erreicht] **1...g7xf6 2.Dg4-h5+ Ke8-e7 3.Lg5xf6+! Ke7xf6** und das ist die Position für den Spieß! **4.Dh5-h4+ Kf6-f7 5.Dh4xd8** und gewinnt.

31	Schwarz hat die Eröffnung ungenau gespielt, wie wir an dem merkwürdig postierten Springern sehen. Ein scheinbar sinnloser Zug leitet die Bestrafung dafür ein: **1.Lc1xh6 Th8xh6 2.Sf3-g5** und die Dame sitzt in der Falle!
92	Oft reicht es, für einen einzigen Zug den Verteidiger der Grundreihe von dieser wegzulocken - und schon ist es passiert: **1.Dd3xd7+ Td8xd7 2.Te1–e8+ Td7-d8 3.Td1/Te8xd8#** Ein Motiv, dass du dir gut merken solltest, es kommt in der Praxis in den verschiedensten Variationen vor.
153	Immer wieder schlägt die tückische Springergabel zu: **1.Sf4-d5 De7-e6** [oder 1...De7-e8] **2.Dd3xe4 De6xe4 3.Sd5-f6+ Kg8-h8 4.Sf6xe4** und gewinnt.
214	Alle schwarzen Schwerfiguren sind fast maximal weit weg vom weißen König, aber gemeinsam erzielen sie ein erstaunliches Matt: **1...Tb2xh2+ 2.Kh1xh2 Dd8-h4+ 3.Kh2-g2 Ta1–a2+** **4.Kg2-f3** [4.Kg2-f1 Dh4-f2#] **4...Ta2-f2#**
275	Das hier letztlich entscheidende Mattmotiv kennst du schon aus einer früheren Aufgabe, aber es ist hier "gut verpackt" und nicht so leicht zu sehen: **1...Se5-g4 2.f3xg4 Dd6-h2+ 3.Kg1xh2 Lh4-f2+ 4.Le3-h6+ Th8xh6#**
336	Hier gewinnt der indische Top Großmeister Sasikiran (ELO 2642) mit dem Motiv der Weglenkung Dame und Partie: **1.Df5-c8+ De7-e8 2.Tg3-g8+ Kf8xg8 3.Dc8xe8+** [oder 1...De7-d8 2.Tg3-g8+ Kf8xg8 3.Dc8xd8+; noch schlimmer ist 1...Sf7-d8?? 2.Tg3-g8#]

32	Dem unerfahrenen Spieler machen die Springerattacken oft Probleme, vor allem, wenn sie mit weg- oder hinlenkenden Opfern kombiniert sind: **1...De6xg4+ 2.Lf3xg4 Sf6-e4+ 3.Kg3-g2 Se4xc3** und außer dem Bauern gewinnt Schwarz auch noch mindestens eine Qualität, da der Bb2 gefesselt ist.
93	Der gefesselte Lg7 ist natürlich unser erstes Angriffsziel, also: **1.Lg3-e5** (Direkt 1.Sd6-e8 ermöglicht die Deckung 1...Dc2-b2) **1...Te2xe5 2.Sd6-e8 Se7-f5** Den Läufer kann Weiß zwar nicht erobern, aber ein Mattmotiv anwenden: **3.Se8-f6+ Kh7-h8 4.Df7-g8#**
154	In der Eröffnung kann es, wenn ein Spieler die Entwicklung vernachlässigt, zu einem Matt mit den beiden Läufer kommen: **1.De4xe5+ d6xe5 2.Le3-c5#** [oder 1...f6xe5 2.Le3-g5#]
215	Statt Springer und Dame durch Se5 in Sicherheit zu bringen, nutzt Weiß einen Abzug mit Mattdrohung: **1.Te3-h3 f7xg6** [1...Dd6xf4?? 2.Th3-h8#] **2.Df4xd2** und Qualitätsgewinn.
276	Zunächst versucht Weiß den gefesselten Se5 zu erobern. **1.Tf1–e1 d7-d6** Na gut, das klappt also nicht. Dann nehmen wir mit **2.Db3-b5+** [oder 2.Db3-a4+] eben den Läufer! Merke: Man sollte nicht zu wählerisch sein und nehmen, was man kriegen kann – wer weiß, wann es wieder was gibt!
337	Bei einem großen Abtausch auf h2 kann Schwarz nur verlieren, aber anschließend holt er sich alles zurück und noch mehr! Kalkuliere jeden möglichen Abtausch noch etwas weiter; oft lohnt es sich! **1...Th4xh2+ 2.Th1xh2 Th8xh2+ 3.Kg2xh2 Sd4-f3+** **4.Tf2xf3** [4.Kh2-g2 Sf3xd2] **4...Da5xd2+** und gewinnt.

33	Ein Loch auf g7 mit den schwachen Feldern f6 und h6 ist immer gefährlich. Hier nutzt das Weiß durch einen Doppelangriff aus: **1.Le3-h6** z.B. **Tf8-e8 2.Ld5xc6 Ld7xc6 3.Dd2-c3** mit Figurengewinn: z.B. **3...De7-e5 4.Dc3xc6**
94	Das Öffnen von Linien ist oft die Vorbereitung eines Abzugsmanövers. Hier öffnet Weiß die g-Linie und der abziehende Springer findet reichlich Futter: **1.Dh3xh5 g6xh5 2.Sg5xe6+ Kg7-h8 3.Se6xc7** mit Mehrfigur und besserer Stellung.
155	Wer sich so schlecht entwickelt wie hier der Weiße, braucht sich nicht zu wundern, wenn die schwarzen Figuren auf ihn einstürmen: **1...Sd4-f3+** (Räumung) **2.g2xf3 Lc5xf2+ 3.Ke1–d2 Db6-e3+ 4.Kd2-c2 Lc8-f5+ 5.Dd1–d3 De3xd3#**
216	Weiß kann in dieser oder ähnlichen Stellungen zwingend Matt setzen, muss aber den richtigen "Trick" kennen, sonst reicht es nur zum Remis durch Dauerschach: **1.Df1–f6+ Kh8-h7** [1...Lh6-g7? 2.Df6-h4+ Lg7-h6 3.Dh4xh6#] **2.Df6-f7+ Lh6-g7 3.Le6-f5+! Kh7-h8 4.Df7-h5+ Kh8-g8** **5.Lf5-e6+ Kg8-f8 6.Dh5-f7#**
277	Mit einem Abzug, der gleichzeitig ein Doppelangriff ist und eine Springergabel droht, entscheidet Weiß die Partie: **1.Le3xh6 Dh4xh6 2.Se6-d8 Dh6xd6 3.Sd8xf7+** [2...Kh8-g7 3.Sd8xf7; am besten kommt Schwarz noch mit 2...Dh6-h5 3.Sd8xf7+ Dh5xf7 davon, aber auch diese Stellung dürfte verloren sein]
338	**1.Le3xg5** und Schwarz muss den Bauern abschreiben, denn auf **1...f6xg5** folgt **2.Sc6xd8 Ta8xd8** [oder auf 2...Tc7xc2 3.Dd2xg5+ Le8-g6 4.Sd8xb7 und hervorragenden weißen Chancen] **3.Dd2xg5+** mit Doppelangriff und Turmgewinn. Umgekehrt geht es auch, ist aber schwächer als die Textvariante: 1.Sc6xd8 Ta8xd8 2.Le3xg5 Tc7xc2 3.Tc1xc2 usw.

34	Um einen Freibauern durchzubringen darf man manchmal weder zimperlich noch knauserig sein: **1.Da2-d5 Td6xd5 2.Lf3xd5** und Schwarz muss die Dame opfern, um den Freibauern noch zu stoppen, was sofort zu einem aufgabereifen Endspiel führt.
95	Mit einem Vorbereitungsopfer schafft Schwarz die Voraussetzungen für einen Abzugsangriff: **1...Se5-f3+ 2.g2xf3 Df6-g6+ 3.Kg1–h1 Se4-g3+** mit Damengewinn.
156	Linienöffnung, Zerstörung der Bauernstellung, Weglenkung und Matt mit Dame und Läufer - Schwarz holt alle Motive aus der Kiste, um Weiß zu überrumpeln: **1...Sd5-c3+ 2.b2xc3 Td8xd1+ 3.De1xd1 Lb7-e4+** **4.Kb1–b2 Dc7xc3#**
217	Nach "Holzwertung" (19:19) steht es materiell ausgeglichen, aber die Beweglichkeit der weißen Leichtfiguren ändert ganz schnell diese Bilanz: **1.b2-b4 Da5-b6 2.Sc3xd5 Db6-c6 3.Le2-b5** (Doppelangriff mit Hinlenkung) **3...Dc6xb5 4.Sd5xc7+** (Doppelangriff mit "Weggabelung") und nun steht's 18:10 und bald **1:0**!
278	Weiß gibt zwei Türme für den Verteidigungsläufer g7, aber dafür steht dann auch Schwarz auf Matt: **1.Th4-h8+ Lg7xh8 2.Th1xh8+ Kg8xh8 3.Dd2-h6+ Sf6-h7** [3...Kh8-g8 4.Sd5xf6#] **4.Sd5-f6** usw.
339	**1.Tc1–f1 Df5-g6 2.Tf1xf7 Dg6xf7** [2...Tf8xf7?? 3.De2-e8#] **3.De2-e5** greift den g7 an und, wie wir wissen, eine gefesselte Figur (Df7) kann nicht decken. So ist Matt unvermeidlich, auch vorziehen **3...g7-g6** rettet nicht wegen **4.De5-h8#**

35	Manchmal stehen einem die eigenen Figuren im Weg. Da hilft nur eins: Schnell und konsequent wegräumen, auch mit Opfern! Hier steht die Dame im Weg (sonst ginge Sh6#) und der Sf5 versperrt dem Tf1 die Kontrolle der f-Linie. Das ändert sich aber sofort: **1.Dh6-e6+ Sf8/Lc8xe6 2.Sf5-h6#**
96	Sehr häufig werden scheinbar sinnlose Züge gar nicht erst in Erwägung gezogen. Hier liegt aber viel Sinn darin, den letzten Gegenspieler des Freibauern h4 zu eliminieren und das ist auch ein Opfer wert: **1...Se6-f4+ 2.Kd3-c2 Sf4xg2 3.Se3xg2 h4-h3 4.Sg2-e3 h3-h2** und läuft und läuft ...
157	**1...Te8-e2** Diesen "Trick" muss du dir gut merken. Der Turm greift frech den Bh2 an und ermöglicht der Dame, auf h2 oder g2 Matt zu setzen. Nur Wegschlagen kann die Drohung abwehren, aber dann folgt **2.Te1xe2 Dh3xf1#**
218	Die weiße Dame ist vom weiteren Geschehen auf dem Brett ausgesperrt und so ist der Gewinnplan ganz einfach: **1...Dd6xd4 2.c3xd4 b5-b4** und ohne Hast und Stress kann sich der Schwarze eine oder mehrere neue Damen holen! So schön kann Schachspielen sein!
279	Die weiße Lage scheint aussichtslos, der Turm kann den Freibauern nicht aufhalten. Wir haben hier aber eine ähnliche Stellung wie in der "Saavedra-Studie" mit überraschendem Ausgang: **1.Tb7-b5 c2-c1D 2.Tb5-c5+ Dc1xc5** und **Patt**. Schwarz könnte statt der Dame in einen Turm umwandeln, aber das Endspiel wäre dann wohl auch remis.
340	Weiß steht bereits unter Druck; durch die Öffnung der Diagonalen wird seine Position unhaltbar: **1...Se7xd5 2.e4xd5 Lf7xd5+ 3.f2-f3 g4-g3 4.Th2-h3 Ld5-e6** und der Turm ist verloren. Mit **5.Th3xg3** kann Weiß kurzfristig den Verlust des gefesselten Sh4 vermeiden, aber es folgt **5...f4xg3 6.Kg2xg3 f6-f5 7.f3-f4 Th8-g8+ 8.Kg3-f2 Tg8-g4** usw.

36	Wieder ein grundlegendes Motiv, das man sich merken muss: Erst erfolgt eine Weglenkung der Blockadefigur (De7 versperrt = blockiert den Be6), dann ein Abzug, der Materialgewinn und/oder Matt bewirkt: **1.Db6-d8+ De7xd8 2.e6-e7+ Dd8xd5 3.e7-e8D#**
97	In dieser Stellung musst du die Blockade des Be2 durch die Dame aufheben. Das dann mögliche Abzugsschach gewinnt fast immer; ob durch Umwandlung, Materialgewinn oder Matt. **1...Ta8-d8** z.B. **2.b2-b4 Td8-d1+ 3.De2xd1 e3-e2+ 4.Lc1–e3 Lc5xe3#**
158	Der Sc6 deckt den La5 und das Feld e5. Wenn Weiß ihn schlägt, kann er sofort zum Doppelangriff ansetzen: **1.Lg2xc6+ b7xc6 2.De2-e5 Dd3-d4 3.De5xa5** [oder 1...Td6xc6 2.De2-e5 Th8-f8 3.De5xa5] und in beiden Varianten hat Weiß eine Figur gewonnen.
219	Die schwarze Dame steht sehr unglücklich am Brettrand und kann nicht mehr zurück - und bald auch nicht mehr vor: **1.Sd4-b3 Da5-a4** [1...Da5xe1 2.Td1xe1 e6xd5 wäre besser, aber wer macht das schon?] **2.Sd5-c3 Da4-b4 3.a2-a3** und die Dame ist gefangen. Sei vorsichtig mit Ausflügen einzelner Figuren!
280	Ungedeckte, verstreut herumstehende Figuren laden zum Doppelangriff ein. So auch hier; nach **1.Da6-b5** ist der Le5 verloren, denn **1...De8xb5?? 2.Td1–d8+ Db5-e8 3.Td8xe8#** Ein Racheschach und ein Bauer sind alles, was Schwarz noch für den Läufer bekommen kann: 1...Le5xh2+ 2.Kg1xh2 De8-e7.
341	Heute lernen wir einen prima "Umwandlungstrick" kennen: **1.Tb1xb2 Dc2xb2 2.Dg4xc8+! Sb6xc8 3.d6-d7** und, da der Bauer jetzt sowohl geradeaus einziehen oder auch schräg schlagen und einziehen kann, gibt es für Schwarz keine Möglichkeit, ihn zu stoppen!

37	Durch die Öffnung der langen Diagonale wird die schwarze Verteidigung überstrapaziert: **1.Ta1xa6 b7xa6 2.Df3-a8+ Dc7-b8 3.Td1–d8+** (Weglenkung des Verteidigers) **Kc8xd8 4.Da8xb8+** und gewinnt.
98	Auf die 3.(6.) Reihe vorgestoßene Bauern bringen häufig den König in arge Schwierigkeiten, da sie seine Fluchtfelder blockieren: **1...f4-f3+ 2.Kg2-g1** [2.Kg2-g3 Dd3xf1] **2...Dd3xf1+ 3.Kg1xf1 Td8-d1#**
159	Das Motiv (Läufer klemmt den König ein, Öffnung der h-Linie führt zum Matt) ist bekannt, aber nicht immer offensichtlich, wenn der Gegner die h-Linie noch nicht besetzt hat. Aber das kann er ja nachholen - mit fatalen Folgen für Weiß: **1...Dd6xg3 2.h2xg3 Kg8-g7** Schwarz beliebig, aber **Tb8-h8#** ist nicht zu stoppen
220	Mit einem Frontalopfer zieht Weiß den gegnerischen König in Fesselung und Springergabel hinein: **1.Tf1xf7+ Kf8xf7 2.Sc4-d6+ Kf7-f6 3.Dd7-f5#** Oder 2...Kf7-g8 3.Dd7xe8+ Kg8-h7 und 4.Sd6-f5 (sichert den Le3) und Weiß gewinnt.
281	In dieser total verblockten Stellung scheint es keine Gewinnchance zu geben. Aber ein vorübergehendes Bauernopfer knackt die Stellung: **1.d4-d5 e6xd5 2.Sf3-d4 Kh8-g8 3.e5-e6 d7xe6 4.Sd4xe6 Lf8-e7** [4...Kg8-f7? 5.Se6-d8+] **5.Se6-d4 Kg8-f7 6.Sd4xc6** usw. Noch einfacher gewinnt 1...c6xd5 2.Sf3-d4 Kh8-g8 3.Sd4xb5 Kg8-f7 4.Sb5-c3
342	Die Stellung zeigt die Konturen des Zwei-Läufer-Matts, und wenn es auch nicht zum Matt reicht, so doch zum Gewinn: **1...Db4xe4** [Geiz wäre falsch: 1...Lc6xe4 2.Tc2xc8+ Kg8-h7 3.Lb1xe4+] **2.f3xe4** [oder 2.Dc1–f1 De4xf3+ 3.Df1xf3 Lc6xf3+ 4.Tc2-g2 Tc8-b8 und gewinnt] **2...Lc6xe4+ 3.Tc2-g2 Tc8xc1** und Schwarz gewinnt.

38	Löcher in der Königsstellung werden vielen unerfahrenen Spielern zum Verhängnis, besonders, wenn auch noch eine offene Linie hinzu kommt: **1.De4-h4+ Kh7-g8 2.Dh4-f6** Schwarz beliebig **3.Td4-h4** mit Matt auf h8. Also überleg bei jedem Bauernzug in deiner Königsstellung genau, ob er auch wirklich nötig ist!
99	Durch Damenopfer wird ein 2-Läufer-Matt eingeleitet: **1.Df4xf7+ Kg8xf7 2.Le4-d5#** 1...Kg8-h8 ändert nichts, denn entweder 2.Le4-d5 Lf8-e7 3.Lc3xg7# oder 2...Dd8-g5 3.Df7-g8#. Eines der beiden Mattmotive kommt immer zur Anwendung.
160	Wer so viele Leichtfiguren auf den König gerichtet hat, sollte nicht geizen und die Dame opfern. Der "billigere" Angriff mit dem Sg5 bringt nur etwas, wenn Schwarz schlecht spielt: 1.Sg5xh7 g7-g6 *(1...Sf6xh7? 2.Dd3xh7+ Kg8-f7 3.Lc2-g6+ Kf7-f6 4.Sf4xd5+)* 2.Sh7xf6+ De7xf6 3.Sf4xg6] Sofort gewinnt **1.Dd3xh7+ Sf6xh7 2.Lc2xh7+ Kg8-h8 3.Sf4-g6#**
221	Da der Sf8 das Mattfeld h7 erfolgreich verteidigen kann, ist dort kein Matt möglich: 1.Dh5-f7+ Kg8-h8 2.Ld3xh7 Kh8xh7 3.Df7-h5+ Kh7-g8 4.Dh5-f7+ und Dauerschach. Aber zum Glück gibt es ja noch andere Felder: **1.Ld3xh7+ Sf8xh7 2.Dh5-f7+ Kg8-h8 3.Se5-g6#**
282	Eine bewährte Methode ist, den König durch ein Weglenkungsopfer von seinen Deckungsbauern zu trennen und diese dann zu eliminieren. Der ungeschützte König ist dann leichte Beute: **1...Tg5xg2+ 2.Kf2xg2 Db2xe2+ 3.Kg2-g3 De2-e1+ 4.Kg3-g2 Td8-d2+ 5.Df4xd2 De1xd2+** und gewinnt.
343	Kann Weiß den gegnerischen Randkönig schneller Matt setzen als sich der Freibauer umwandeln und eingreifen kann? Oder sollte man lieber den Bauern zu stoppen versuchen? Das war hier zu erwägen. Die dreizügige Antwort darauf ist: **1.Ke3-f2 b3-b2 2.Le6-g4 b2-b1D 3.Sd4-f3#** Mit 1...Kh4-h5 verhindert Schwarz zwar das Matt, verliert aber den Bb3 und steht schlecht.

39	Eine Linie im Bereich der gegnerischen Rochadestellung zu öffnen ist oft der Schlüssel zum Erfolg, vor allem, wenn man an diesem Flügel mehr Figuren als der Gegner zur Hand hat: **1.Tg1xg7+ Kg8xg7 2.De3-h6+ Kg7-h8 3.Dh6xf6+ Kh8-g8** **4.Td1–g1+ Ld5-g2 5.Tg1xg2#**
100	Ein großes Lob wird dir in unserer Jubiläumsstellung zuteil! Du hast die Kombination gefunden, mit der Kasparow gegen einen noch prominenteren Gegner gewann! Es gibt keinen größeren als Kasparow? Das sehen die Fans von Boris Becker (in dieser Partie mit Weiß) aber anders! **1...Lc8-g4+ 2.Te1–e2 De4xe2+ 3.Kd1–c2 Lg4-f5#**
161	Ein Turmopfer zerrt den weißen König in den Mattbereich der schwarzen Dame: **1...Td8-d1+ 2.Sa2-c1 Td1xc1+ 3.Kb1xc1 Da5-e1#**
222	Mit ein bisschen Technik gewinnt Schwarz leicht: **1...Dg3-h3+ 2.Kf1–e1** [2.Kf1–g1? Td3-g3+ 3.Tf2-g2 Dh3xg2#] **2...Dh3-e3+ 3.Ke1–f1** [3.Tf2-e2 De3-g1#] **3...Td3xd1+ 4.Db1xd1 Tc8-c1** mit Damengewinn.
283	Man soll notfalls alles geben, um einen Freibauern durchzubringen. Hier nimmt Weiß das wörtlich und siehe da, es klappt: **1.Le8xb5 a6xb5 2.Te1xe6 f7xe6 3.a5-a6** und den Freibauern in seinem Lauf hält weder Ochs noch Springer auf!
344	Weiß setzt mit einem Damenopfer eine Springergabel an, die bei flüchtiger Betrachtung nur wie ein Austausch wirkt. Erst am Schluss wird der Vorteil klar: **1.De2xa6 b7xa6 2.Tb3xb8+ Ka8xb8 3.Sa5-c6+ Kb8-c7** **4.Sc6xe7 Lf8xe7 5.Ld2xh6** und mit der Mehrfigur ist der weiße Sieg außer Frage.

40	Wenn ein Stein mehrere andere Steine oder Felder decken muss, kann ihn das überlasten. Hier deckt der Bf7 sowohl den Le6 als auch den Tg6. Das nutzt Weiß zum Angriff: **1.Le5xc7 Dd8xc7 2.Te1xe6 f7xe6 3.Dc2xg6+ Dc7-g7 4.Tf1xf6** und Weiß gewinnt leicht.
101	Wenn ein König weit vor seinen eigenen Figuren steht, ist er kein großer Anführer, sondern ein toter Mann. Auch hier lässt das Ende nicht lange auf sich warten: **1.Dd3xe4+ Kf5xe4 2.Sb1–c3+ Ke4-f5 3.Ta1–f1#** Ebenso gewinnt ***1.Sb1–c3*** Dd8xh4 2.Dd3xe4+ Kf5-g5 3.De4-g6#
162	Das Eckmatt mit Läufer und Turm (hier mit Th1) ist eine elementare Position. Ist die lange Diagonale geschwächt, kann durch Opfer die h-Linie geöffnet und der Mattangriff gestartet werden: **1...Dc7xg3+ 2.h2xg3 Td5-h5** und **Th5-h1#** ist nicht zu verhindern.
223	Doppelangriff, Angriff auf den Tc8 durch den Abzug, eventuell Weglenkung des Td7 von der 7.Reihe - der Läuferzug hat es in sich! Schwarz hat keine Chance mehr: **1.Lc6-d5+ Db3xd5 2.Tc1xc8+ Td7-d8 3.De7-g7#** [1...Td7xd5 2.De7-g7#]
284	**1.Dg4xe6+ f7xe6** Die beiden Türme auf der 7. und 8.Reihe sind in Verbindung mit dem Sd5 tödlich. In den meisten Stellungen wäre zu prüfen, ob wir mit Tf1 oder Tg8 schlagen, aber hier spielt das keine Rolle: **2.Tg8xf8+ Ke8-d7 3.Tf1–f7+ Kd7-c6 4.Tf8-c8+ Ta7-c7 5.Tc8xc7#** [2.Tf1xf8+ Ke8-d7 3.Tf8-d8+ Kd7-c6 4.Td8-c8+ Kc6-d7 5.Tg8-d8#]
345	Gute Variantenberechnung und Mut und Selbstvertrauen braucht man, um in einer praktischen Partie eine solche Stellung zu gewinnen: **1.Th8xh6+ Kg6xh6** [1...g7xh6 2.Db8-g8+ Kg6-f6 3.Dg8-f8+ Kf6-e5 4.Df8xf3] **2.Db8-h8+ Kh6-g5 3.Dh8-h5+ Kg5-f6 4.g4-g5+ Kf6-e5 5.Dh5xf3** und gewinnt.

41	Der erste Zug liegt auf der Hand, aber dann muss man zum einen das Matt mit Turm und Springer sehen, zum anderen die Fesselung des schwarzen Le6 erkennen – und wissen, dass ein Feld, das von einer gefesselten Figur gedeckt ist, praktisch **ungedeckt** ist! **1.Se4xf6+ Ke8-e7 2.Td1–d7#**
102	Eine lukrative Beute findet sich nicht für den abziehenden Tf7, da ja seine Dame auf d5 hängt. Aber ein Doppelschach bringt sogar noch mehr: **1.Tf7-f8+ Kg8xf8 2.Dd5-f7#** [Etwas besser ist 1...Kg8-g7 2.Dd5-g8+ Kg7-h6 3.Sg5-f7#]
163	Der Läufer zieht nur ein Feld weiter und schon ist die Partie entschieden! Die Drohung Tf8# ist nur durch Damenopfer zu parieren und auch nur für kurze Zeit: **1.Lg5-h6 Te4xg4 2.Tf2-f8#** [1...Dg6xg4 2.Tf2-f8#; oder 1...Te4-e8 2.h5xg6 h7xg6 3.Dg4xg6+ Kg8-h8 4.Dg6-g7#]
224	Schwarz sieht wie der sichere Sieger aus, aber als mittlerweile gewiefter Taktiker hast du natürlich gleich erkannt, dass die schwarze Königsstellung anrüchig ist: **1.La4-b3+ Kg8-h8 2.Sf4-g6+ h7xg6 3.Td4-h4#**
285	Weiß gewinnt durch eine nette Kombination, die aus zwei Springergabeln besteht! Die erste Gabel ist leicht zu sehen: **1.Se5xc6** und **1...De7-c7** ist erzwungen, da die Dame den La5 decken muss. Aber jetzt kommt die Überraschung: **2.Sc6-e7+** und Weiß macht richtig Kasse; nach **2...Dc7xe7** gewinnt **3.Dg4xf5** die Qualität mit weiteren Drohungen.
346	Eine schwere Aufgabe, die mit den Motiven Linienöffnung (f) und Weglenkung des verteidigenden Königs gelöst wird: **1.Lf4-g5+ h6xg5 2.Tf1–f7+ Ke7xf7 3.Dc6xd7+ Kf7-g8 4.Dd7xe6+ Kg8-h7 5.Te1–e3** (droht Th3#) **g5-g4 6.Te3-e5** usw. [1...Ke7-e8 verliert sofort: 2.Te1xe6+ Lf8-e7 3.Te6xe7+ Ke8-d8 4.Dc6xd7#]

42	Wenn der Gegner einen Läufer besitzt, sollte man gut aufpassen, welche eigenen Figuren man auf Diagonalen seiner Feldfarbe stehen hat. Hier kommt diese Einsicht für Schwarz allerdings zu spät: **1.Tb2-c2+ Kc5-d6 2.Tc2xc6+ Kd6xc6 3.Le2-f3+** mit gewonnenem Endspiel.
103	Wir haben schon Stellungen gesehen, bei denen die eigenen Figuren dem Angriff im Weg standen. Hier ein kompliziertes Beispiel für Räumung und Linienöffnung: **1.Td1xd5+** (erzwingt die Öffnung der 6.Reihe) **1...c6xd5 2.Sf4-d3+** (räumt sich selber weg und lenkt den e4 weg, der en passant schlagen könnte) **2...e4xd3 3.f2-f4#**
164	Die Öffnung der d-Linie und der Diagonalen des Lf6 und die Schließung der Diagonale des Lf1 führen hier zum Matt: **1...Sd4-f3+ 2.g2xf3** [2.Ke1–e2 Dd8-d3#] **2...Lf6c3+ 3.Ke1–e2 Dd8-d3#**
225	Wenn du dir mögliche Mattstellungen vorstellst, findest du oft schnell eine Lösung. Hier wäre dank der eingeklemmten Stellung des Königs mit Sh2+ eine Mattposition gegeben. Also nix wie hin! **1...Sf6-g4 2.Se4xg3 Sg4-h2#** [oder 2.Lc1xe3 Sg4xe3+ 3.Kf1–g1 Dg3xg2#]
286	Die Dd7 hängt an der Deckung des Sf8, an der Dame hängt die Verteidigung der Stellung - und bald hängt nur noch die Dame: **1.Tf1xf6 g7xf6** [1...Dd7xd6 2.Lh5-f7#; oder 1...g7-g6 2.Tf6xf8+ Ta8xf8 3.Dd6xd7] **2.Te3-g3+ Sf8-g6 3.Dd6xd7** und Schwarz ist am Boden zerstört.
347	Die schwarze Stellung sieht ganz solide aus - aber der erfahrene Taktiker findet manchmal erstaunliche Lücken: **1.Sf5-h6+ Kg8-h8 2.Dg3xe5 Dc7xe5 3.Sh6xf7+ Kh8-g8** [3...Tf8xf7? 4.Td1–d8+] **4.Sf7xe5** mit leicht gewonnenem Endspiel.

43	Schwarz verteidigt sich mit einem Gegen-(Doppel-)Angriff: **1...Dc7-b6 2.0–0–0** oder auch ***2.Tg1–g3*** [2.Tg1xg7+ Lf8xg7 3.f6xg7?? Db6-g1#] **2...Db6xf6** und die Bedrohung ist abgewendet.
104	Schwarz kann seine aktive Stellung nur dann nutzen, wenn er die g-Linie öffnet. Das dazu notwendige Turmopfer ist nur ein Scheinopfer: **1...Tg4xg3 2.Tg2-g1** [2.Tg2xg3 De3-f2+ 3.Kh2-h1 Tg8xg3] **2...De3-f2+ 3.Kh2-h1 Tg3xg1+ 4.Sf3xg1 Tg8xg1#**
165	Eine Feldräumung (b3) ermöglicht nach **1.Lb3xf7+ Kg8xf7** den Doppelangriff **2.Sd4-b3**, was eigentlich schon schlimm genug wäre. Aber es folgt auch noch **2...Da5-b4 3.Sb3xc5 Db4xc5 4.Lg5xf6 Lg7xf6 5.Dd2xd7** mit Figurengewinn, sozusagen die Kombi nach der Kombi!
226	Der gefesselte Bg7 und der weiße Freibauer f7 stellen Schwarz vor unlösbare Probleme: **1.g5xh6 Tb4-g4+ 2.Kg1–h1 Tg4xg6 3.h6xg7#** [1...Th4xh5 2.h6xg7+ Lf8xg7 3.f7-f8D#]
287	Hinlenkung, Fesselung und Springergabel knacken hier die schwarze Stellung. Aber du musst genau spielen: **1.De8xf8+ Kg8xf8 2.Sf4-e6+** und Damengewinn. Bloß kein falscher Geiz und nicht die Sparvariante ***1.Sf4-e6*** Dc7-g3+ 2.Kg1–h1 Dg3xh3+ 3.Kh1–g1 Dh3xg4+ 4.Kg1-f2 Dg4xe6 und Weiß verliert sogar - from Hero to Zero!
348	Normalerweise bringt ein Angriff der Türme auf der 8.Reihe keine Gefahr für den König, wenn er ein Schlupfloch hat. Hier aber ist der Doppelbauer auf g6/g7 der kleine Unterschied: **1.Dc6xd7 Td8xd7 2.Te1–e8+ Kg8-h7 3.Tc1–c8 Dg5-c1+ 4.Tc8xc1** und Weiß gewinnt mit dem Mehrturm leicht.

44	Das Loch auf g7 kann auch dann gefährlich werden, wenn der Fianchettoläufer noch vorhanden ist. Dies geschieht meist in Verbindung mit einem Angriff auf der Grundreihe: **1.Lf3xe4 Te8xe4 2.Td5-d8+ Lg7-f8 3.Lf4-h6** und Matt ist nicht zu verhindern.
105	Weiß würde leicht gewinnen - wenn nicht gerade Matt auf der Grundreihe drohen würde! Also muss nun jeder Zug sitzen - und zwar mit Schach! **1.Dh6xg7+** Weiß kann die schwarze Abwehr "unterlaufen", weil der Tg3 über die schwarze Dame hinweg auf das Feld g7 einwirkt. **1...Dg4xg7 2.Tg3xg7+ Kg8-h8 3.Tg7-g6#**
166	**1.Le4-d5+ Tf8-f7 2.Dh6xf6 Td8-f8** In solchen Stellungen solltest du nicht einfach die Qualität nehmen, sondern die Fesselung so lange wie möglich aufrecht erhalten. Sie lähmt den Gegner und du kannst Verstärkung heranholen, z.B. **3.Td1–f1 Dc7-d7** [oder 3...g5xh4 4.g3-g4-g5-g6] **4.Df6-g6+ Kg8-h8 5.Tf1xf7** und nun wird Kasse gemacht.
227	Durch das Turmopfer auf f2 zwingt Schwarz den weißen König weiter in die Mitte - vor allem durch die nun geöffnete Diagonale d2-h6 - wo er einfach Matt werden muss: **1...Tf5xf2+ 2.Le3xf2 Lg7-h6+ 3.Kd2xd3 Sa6-b4+ 4.Kd3-d4 De8-e5#** oder 4...Lh6-g7#
288	Schwarz kann den Freibauern blockieren oder erobern, aber ein anderes taktisches Motiv nicht verhindern: **1.Tg3-g8+ Kh8xh7 2.Dd2xh6+ Kh7xh6 3.Tg1–h1#**
349	Bevor du Attacken gegen den Gegner reitest, solltest du (fast) immer zunächst rochieren. Das wird hier dem Schwarzen gerade drastisch klar gemacht: **1.Db3xe6+ Lf8-e7 2.Td1–d8+ Ke8xd8 3.De6-c8#** [1...Db4-e7 2.Td1–d8+ Ke8xd8 3.De6-c8#]

45	Dieses Matt solltest du unbedingt kennen, wenn du Eröffnungen spielst, in denen die lange Rochade vorkommt. Es ist "Bodens Matt", benannt nach dem englischen Meister Boden, der dieses Matt um 1860 mehrfach anwandte: **1...Df6xc3+ 2.b2xc3 Lf8-a3#**
106	In dieser wohlverteidigten Königsstellung gibt es eine Lücke im Panzer, die von der mutigen Dame zu einem überraschenden Zug genutzt wird: **1.Dg5-h6!** [ist nur Show von der Dame, Schwarz kann nämlich gar nicht schlagen wegen 1...g7xh6 2.Sf5xh6# , das klassische Mattmotiv mit Läufer und Springer] **Le7-f6 2.Ld4xf6 g7xf6 3.Dh6-g7#**
167	Die Verdoppelung auf der h-Linie reicht noch nicht aus, um die schwarze Abwehr zu überwinden. Aber mit dem Turm auf a1 ist es ja eigentlich schon eine Tripplierung: **1.Dh2xh7+ Sf8xh7 2.Th1xh7+ Kh8xh7 3.Ta1–h1+** nebst Matt.
228	Die anzustrebende Mattstellung wäre Df7#. Noch ist allerdings der Weg dahin von der Dc8 als auch vom Le6 versperrt. Und fix muss es auch gehen, denn die Dame ist angegriffen. Mit Weglenkung wird das Problem gelöst: **1.Td2-d8+ Lf6xd8 2.Td1xd8+ Dc8xd8 3.Dh3xe6+ Kg8-f8 4.De6-f7#**
289	Die schwarzen Kräfte reichen nicht zu einem Grundreihenmatt, aber ein Doppelangriff mit Figurengewinn ist schließlich auch nicht zu verachten: **1...Tc8-c1+ 2.Ld3-f1 Tc1xf1+ 3.Kg1xf1 Da3-a6+** und Schwarz sollte gewinnen.
350	Der Turm räumt das Feld a4 für die Dame und lenkt gleichzeitig den gegnerischen König nach a1: **1...Ta4-a1+ 2.Kb1xa1 Dc6-a4+ 3.Ka1–b1 Da4-d1+** **4.Kb1–a2 Tc8-a8+ 5.Df7-a7 Ta8xa7#** [2.Kb1–c2 Dc6-a4+ 3.Sd2-b3 Da4xb3+ 4.Kc2-d2 Db3xb2#]

46	**1...Dd5xa2** [1...Dd5-d1+ 2.Sf3-e1 bringt nichts] und Weiß muss den Turmverlust akzeptieren, denn auf **2.Ta1xa2** folgt **Td8-d1+ 3.Sf3-e1 Td1xe1#** Dieses Motiv kann auch angewendet werden, wenn auf a2 nur ein Bauer oder gar nichts steht; etwa zum Eindringen in die Stellung oder zum Vertreiben eines Turms von a1 weg.
107	Der Abzug versperrt dem König den Rückweg und mitten zwischen den feindlichen Figuren wird er gleich Matt. In solchen Stellungen darf man nicht zu kompliziert denken, sonst macht man sich den einfachen Gewinnweg unnötig schwer: **1.Lg4-h5+ Kg6xf5 2.Lh5-g6#**
168	Schwarz rechnete nur mit Tf1 und hätte sich dann mit Dg5+ leicht in Sicherheit bringen können. Der sofortige Einschlag **1.Td7xf7+** schafft jedoch vollendete Tatsachen und, gleich ob **1...Kf8xf7** oder ***1...Df4xf7,*** ist nach **2.Te1–f1** die Tante futsch!
229	Mit dem gleichen Mattmotiv mit Dame und Springer gewinnt Schwarz in beiden Varianten - mal von oben, mal von unten: **1...Th2xh4+ 2.Kg4-f3** [2.Kg4xh4 Dg1–h2+ 3.Kh4-g4 Dh2-h5#] **2...Dg1–h1+ 3.Kf3-e3 Dh1–e1+ 4.Ke3-f3 De1–e2#**
290	Schwarz hat sich hier auf die Fesselung des Le3 verlassen und nicht gesehen, dass sowohl die Hinlenkung **1.Td1–d8+ Kc8xd8** mit anschließender Springergabel **2.Sa5-b7+** als auch die Weglenkung ***1...Te8xd8*** durch 2.Le3xc5 Dame und Partie gewinnen.
351	Ein Figurenopfer zur Eliminierung der restlichen Deckungsbauern des Königs lohnt fast immer, wenn du akute Drohungen hast: **1.Ld3xg6 f7xg6 2.Dc2xg6 Dd8-e7 3.Sf3-g5** Die Entscheidung, auch wenn es noch einige Züge dauert: **3...Kg8-f8** [es drohte 4.Th1–h8+ Kg8xh8 5.Dg6-h7#] **4.Th1–h3 Sb8-d7 5.Th3-f3+ Lg7-f6 6.Sg5-h7+ De7xh7** usw.

47	In solchen Stellungen wird oft die direkte Möglichkeit **1.Td7xg7+** übersehen. **1...Dg3xg7** [oder 1...Kg8xg7] und **2.Th1–g1** gewinnt die Dame und hat hier - noch viel wichtiger - das Matt auf f2 abgewendet.
108	Die beengte Königsstellung ohne Luftloch und die nur von der Dame verteidigte Grundreihe ermöglichen Schwarz den entscheidenden Angriff: **1...Tf8-d8 2.Dd5-b3 Da6-c4** Weglenkung oder Damenverlust, in jedem Fall ist Weiß verloren: **3.Db3xc4 Td8-d1#**
169	Der Springer ist gefesselt, der König, der ihn deckt, kann nicht wegziehen. Aber Weiß muss genau spielen, um den Springer zu gewinnen: **1.g2-g3 f5-f4** mit der Absicht, mit Kf6-f5 die Fesselung aufzuheben. Aber **2.g3-g4** vereitelt den Plan und Weiß wird durch Zugzwang gewinnen, denn er kann beliebig viele Königszüge machen, während Schwarz bald die Bauernzüge ausgehen.
230	Grummel nicht rum und meckere, dass Weiß ohnehin auf Gewinn steht! Wenn du den Gegner fix Matt setzen kannst, dann tu das auch - es ist z.B. die beste Versicherung gegen Patt! **1.Lg4-e6+ Kb3-a4** [1...Kb3-a3 2.Tg7-a7# / 2.Tc8-a8#] **2.Tg7-a7+ Ka4-b5 3.Le6-c4#**
291	**1...Db1–b8** In gewisser Weise auch eine Art Doppelangriff. Der Läufer ist verloren, denn auf z.B. **2.Le8-a4** folgt **Se5-f3+ 3.Kh2-h1 Db8-h2#** ***2.f2-f4*** scheint das Schlimmste zu vermeiden, aber nach 2...Db8xe8 3.f4xe5 De8xe5+ 4.Dd4xe5 f6xe5 gewinnt der entfernte Freibauer ganz einfach die Partie.
352	Und hier wieder zur Erweiterung deiner klassischen Schachbildung eine schöne Kombi von Paul Morphy: **1.Td1xd5** und Schwarz darf nicht schlagen: **1...e6xd5 2.Df3xf7+ Te7xf7 3.Te1–e8#**

48	Ein Abzug, eine Öffnung der Diagonalen, eine bekannte Matt-Technik - und schon hat Weiß gewonnen! **1.Sd5-e7+ Lc5xe7 2.Lc4xe6+ Tf8-f7 3.Dh5xf7+ Kg8-h8 4.Df7-h5#**
109	Die beengte Stellung der schwarzen Schwerfiguren erlaubt einen überraschenden Angriff: **1.Ld3-g6 h7xg6 2.Sf4xg6** und die Dame ist gefangen! [1...Tf7-e7 2.Lg6xe8 Df8xe8 - Wenn Turm, Springer oder Läufer schlagen, droht ein Abzug des Sf4 nach h5, g6 oder Sxd5]
170	Eine seltene Variation des Eckmatts mit Turm und Läufer sehen wir hier: **1.Dg2-a8+ Kg8-h7 2.Da8-h8+ Sg6xh8 3.Tg1–g7#**
231	Vier schwarze Figuren gegen den weißen König brauchen vier Züge, um ihn Matt zu setzen: **1...Dh4xf2+ 2.Tf1xf2 Te8-e1+ 3.Tf2-f1 Ld6-h2+ 4.Kg1–h1 Te1xf1#**
292	Hier ein typisches Motiv zum Merken: Td5 schlägt Le6 und deckt gleichzeitig Df6. Nun hängt die schwarze Dame, es droht Te6xe8 und ein Zwischenschach bringt Weiß endgültig in Vorteil: **1.Te5xe6 Dc3xf6 2.Te1–c1+ Kc7-b8 3.Te6xf6** und Weiß steht besser. [1...Dc3xe1+ 2.Te6xe1 Te8xe1+ 3.Kh1–h2 mit günstigem Endspiel für Weiß]
353	Um die Dame auf das Mattfeld h7 zu bringen, müssen wir ein bisschen Platz auf der Bühne schaffen. Also: **1.Sf4xe6 Tf5xf3 2.Dg3xf3 De7xe6 3.Df3xh5** (droht Dh7#) [2...De7xh4 3.Df3-f7+ Kg8-h8 4.Df7xg7#] 1...Lc6-d7 ändert nicht viel: 2.Tf3xf5 Ld7xe6 3.Dg3-f3 Le6xf5 4.Df3xd5+

49	Mittels Weglenkungsopfer nutzt Schwarz die Schwäche der Grundreihe: **1...Lg7xb2 2.Dc1xb2 Td8-d1+ 3.Lg2-f1 Td1xf1+ 4.Kh1–g2 Tf1–d1** und Schwarz hat einen Bauern gewonnen und ist auf die Grundreihe des Gegners vorgedrungen, was ihm zusätzliches Spiel gibt oder Weiß zwingt, demnächst Figuren abzutauschen.
110	Alle Mattfelder sind gedeckt, aber im entscheidenden Moment stehen Weiß die eigenen Figuren im Weg: **1...f3-f2+ 2.Kg1xf2** [2.Dd2xf2?? Dh3-h1#] **2...Dh3-g2+ 3.Kf2-e3 Dg2-f3#**
171	Wenn der Se5 nicht wäre, könnte man mit Df7+ den König vertreiben (= 1 Verteidiger weniger) und nach Kh8 auf f8 schlagen mit baldigem Matt. Dies geht zwar nicht, aber der Springer übernimmt etwas später die Rolle des "Vertreibers": **1.Df3xf8+ Te8xf8 2.Tf2xf8+** [2.Sd5-e7+ = Zugumstellung] **2...Tc8xf8 3.Sd5-e7+ Kg8-h8 4.Tf1xf8#**
232	Unerfahrene Spieler würden jetzt komplizierte Überlegungen anstellen, wie sie die Türme auf der 7.Reihe verdoppeln können. Dies ist aber nicht nötig; das Standardopfer hier zeigt dir, wie man die Situation nutzt: **1.Td7xf7+ Kf8xf7 2.Td1–d7+ Kf7-e8 3.Dg4-g7** und Matt in den nächsten Zügen.
293	Hier eine fast 150 Jahre alte Stellung, aber das Zwei-Läufer-Matt, das Paul Morphy damals fand (in der Partie gegen J.Thomson, New York 1859) funktioniert auch heute noch! **1.Da4-c6+ b7xc6 2.Lc4-a6#** Dieses Mattbild ähnelt übrigens "Bodens Matt".
354	Diese Stellung entspricht nicht ganz den uns schon bekannten Angriffsmustern, aber auch hier kann Weiß die h-Linie öffnen und kontrollieren: **1.Sf3-g5+ h6xg5 2.Tf1–f3 g5xf4 3.Tf3-h3+ Kh7-g8 4.Th3-h8#** Zäher ist 1...Kh7-g8 2.Sg5xe6 f7xe6 3.Df4xh6 Tf8xf6 4.e5xf6 Le7xf6 5.Dh6xg6+ Kg8-f8 6.Tf1xf6+ und gewinnt.

50	Der schwarze Td2 hat sich in Gefahr begeben, er ist nur von der Dame gedeckt und durch diese Beziehung gleichzeitig nach **1.Lg2xc6 b7xc6** gefesselt. Jetzt kann ihn Weiß mit **2.Tc1–d1** attackieren und nach **2...Ta8-d8** holt ihn **3.La3-c1** endgültig ab. Wer sich in Gefahr begibt, kommt darin um - das Sprichwort hatte wieder mal recht!
111	Freibauern brauchen alle mögliche Unterstützung und hier ist auch ein Damenopfer gerechtfertigt: **1.Dh3xe6 f7xe6** und der Freibauer hat nicht nur den Marschallsstab im Tornister, sondern auch eine Gabel, mit der er das geopferte Material zurückholt: **2.f6-f7 De8xf7 3.Th7xf7** und Weiß gewinnt.
172	Der Bg2 deckt seinen Kollegen auf f3 und das Feld h3. Durch Überlastung des Deckungsbauern kann Schwarz eine Springergabel ansetzen: **1...Sf4-h3+ 2.g2xh3 Sd4xf3+ 3.Kg1–f2 Sf3xd2** und gewinnt. [3.Kg1–h1 Tb1xf1+ 4.Kh1–g2 Sf3xd2]
233	Wir haben schon gesehen, dass Linienöffnung günstig für den Angreifer ist. Hier allerdings führt die Schließung der 3.Reihe durch Absperrung der weißen Dame zum Sieg: **1...Td8-d3 2.Lc4xd3 Dh6xh3+ 3.Kh2-g1 Dh3-g2#** [2.Dc3xd3 Sf4xd3 3.Lc4xd3 Dh6-d6+ (Doppelangriff) 4.Kh2-g1 Dd6xd3 und gewinnt]
294	Weiß muss einen kleinen Trick anwenden, denn direkt Sf7+ bringt nichts, da der Springer beim Abzug kein lohnendes Ziel hat: **1.Te1–e8 Df8xe8 2.Sd8-f7+ Kh8-g8 3.Sf7-d6+** mit Damengewinn. 1...Ta8xd8 2.Te8xf8+ Td8xf8 ändert nichts.
355	In dieser etwa gleichen Stellung muss man weit voraus kalkulieren, um den möglichen Vorteil zu erkennen: **1.Sb5-a7+ Kc8-b8 2.Td1–d8+** [2.Sa7-c6+ b7xc6 3.Td1–d8+ Kb8-b7 4.Le3xc5 Lf8xc5 5.Td8xh8 Sh6-g4 mit Gegenchancen] **2...Kb8xa7 3.Td8xf8 Th8xf8 4.Le3xc5+ b7-b6 5.Lc5xf8 Sh6-f5**, z.B. **6.g2-g4 Sf5-h6 7.f2-f3** usw.

51	Die schwache, nicht genügend gedeckte Grundreihe hat schon viele Partien entscheiden. Hier opfert Weiß gleich zwei Mal, um die Schwäche der Grundreihe zu nutzen: **1.Td6xc6 Tc8xc6 2.Db4xf8+** Das zweite Opfer zerrt den König auf das Mattfeld f8, wo der vorgerückte Bf6 die Auswege versperrt: **2...Kg8xf8 3.Td2-d8#**
112	Wenn Schwarz die beiden Läufer nicht hätte, wäre es um seinen Angriff schlecht bestellt. Durch Öffnung der Stellung gewinnt er schnell: **1...Tf4xf3+ 2.Le2xf3** [Entscheidend ist, dass 2.g2xf3 nicht geht wegen 2...Lf5-h3#] **2...Lf5-d3+ 3.Td1xd3 De3-e1#**
173	Der schwarze Freibauer ist durch, da gibt es keine Zweifel. Aber das macht weiter auch nichts aus, denn nach **1.Kd5-c4 h3-h2 2.Lc3-b4 h2-h1D 3.b2-b3#** kommt die frisch umgewandelte Dame gar nicht mehr zum Einsatz. Die Wunderwaffe kam zu spät.
234	Wenn Weiß die lange Diagonale öffnet und die h-Linie öffnen und besetzen kann, ist es um Schwarz geschehen. Und er kann: **1.Se5-c4 d5xc4 2.Dh3xh7+ Kg8xh7 3.Tf3-h3+ Sf5-h6 4.Th3xh6+ Kh7-g8 5.Th6-h8#**
295	Txg7+ bringt kurzfristig nicht viel, weil Schwarz mit Lc8-f5-g6 das Loch versiegelt, opfern geht nicht, aber **1.De3-g5 g7-g6 2.Tg4-h4** mit 1.) Damenfang und 2.) baldigem Matt über h6/g7 sieht doch gut aus, oder?
356	Mit einer forcierten Linienöffnung erzwingt Weiß Vorteil: **1.Le2-a6 b7xa6 2.Ta1–b1 De5-b5 3.Db3-c3 Db5-d5 4.Tf1–d1 Dd5-f5** [4...Dd5-e6 5.Dc3-a5] **5.e3-e4** und Schwarz kann die 5.Reihe nicht länger besetzen und muss auf b5 die Dame geben oder Da4 mit den Mattdrohungen Dc7 und Dxa6 zulassen.

52	Wer mit etwas Vorausschau an diese Stellung heran geht, sieht ein mögliches Fesselungsmotiv durch Lb3-e6. Aber der Sd5 verstellt den Weg dahin, kann aber durch eine Gabel den Weg frei machen: **1.Sd5-b6+ c7xb6** und **2.Lb3-e6** gewinnt, der Versuch, mit **2...Th8-e8** eine Gegenfesselung herbei zu führen, scheitert an **3.Le6xd7+**.
113	Weiß lenkt durch ein Damenopfer den König auf das Feld h8, wonach ein Doppelschach und das bekannte Motiv Matt mit Turm und Läufer in der Ecke entscheiden: **1.Df6-h8+ Kg8xh8 2.Te5xh5+ Kh8-g8 3.Th5-h8#**
174	Anfänger starten gerne sinnlose Attacken, vor allem mit dem Springer. Was hier wie eine solche nutzlose Eskapade wirkt, bringt aber tatsächlich etwas ein: **1.Se4-g5 Df7-e8 2.Sg5-e6** Ein Doppelangriff, der nach **2...De8xe6** den Be5 in die Fesselung bringt und nun gewinnt **3.Dd2xf4** die Qualität.
235	Wenn man so übel steht wie hier der Weiße, kann nur noch ein Patt retten: **1.Df6-g7+ Kg8xg7 2.h5-h6+** Schwarz beliebig und bei Weiß geht nichts mehr - PATT!
296	**1.Tb1–a1 Da5-b6** [1...Da5xc3?? 2.Dd6-d8#] **2.Dd6xb6** Kein Mattangriff, kein Damenfang, aber wenigstens Turmgewinn, was immerhin auch bald zum Sieg reichen sollte: **2...a7xb6 3.Ta1xa8** usw.
357	"Das ist doch Remis, klare Sache!", werden die meisten im Brustton der Überzeugung rufen. Aber das Schachspiel steckt voller Überraschungen: **1.Kc2-b1 La1–g7** [1...La1–d4 o.a. Läuferzüge kommen auf das gleiche heraus] **2.Sf7-d6+ Kc8xc7 3.Sd6-e8+** und gewinnt.

53	Wenn der König eingeklemmt oder am Rand steht, reicht oft bereits die Öffnung einer Linie zum Gewinn aus. So auch hier: **1.Db2-b6+ a7xb6 2.Te8-a8#**
114	Hier gibt es gleich 3 Mattwege: **1.Df3-f8+ Le7xf8 2.Ld6xc7#** Oder 1.Ld6xc7+ Kd8-e8 2.Df3-f8# und für diejenigen, die sich gar nicht von der Partie trennen können, noch die Langversion: (nach 1.Df3-f8+ Le7xf8) 2.Tf1xf8+ Dg6-e8 3.Te1(f8)xe8#. Hast du ***alle*** gesehen?
175	Mit **1.Td3-d8 De8xd8** zieht das Turmopfer die Dame von der Deckung durch König und Turm ab und der Spieß **2.Dh7-h8+** kassiert die Dame ein.
236	Wenn in beengter Stellung der König mit den feindlichen Springern konfrontiert wird, ergeben sich manchmal erstaunliche Mattbilder: **1.Se7-g6+ Kh8-g8 2.Dh6-g7+ Tf7xg7 3.Sf5-h6#** Eine hübsche Variation eines "Erstickten Matts"!
297	Ein häufiger Fehler ist hier bereits passiert: Die schwarze Dame war zu gierig und hat den Bb2 gefressen. Zur Strafe wird sie gefangen: **1.a2-a3 Db2-b6 2.Tf1–b1 Db6-c6 3.Ld3-b5** [1.Tf1–b1? Db2-a3 und die Dame entkommt]
358	**1.Tg7-g8+ Kh8xg8 2.De5-g7+ Kg8xg7 3.Sd4-f5+ Kg7-g8** [3...Kg7-g6 4.Sf5-h4#] **4.Sf5xh6#** 1.Tg7xf7+ Th6-f6 2.Tf7xf8+ Kh8-g7 3.Sd4-e6+ *(oder 3.Tf8xf6)* führt zwar auch zum Gewinn, dauert aber viel länger und gibt Schwarz immer noch – wenn auch geringe – Chancen, z.B. auf ein Dauerschach.

54	Manchmal ist der Gewinnweg so simpel, dass man gerade deswegen nicht darauf kommt. Unerfahrene Spieler denken oft viel zu kompliziert. Die Absperrung des Kh1 durch den Lc5 weist uns auf das Mattmotiv auf der h-Linie hin: **1...Dg5xg3 2.h2xg3 g6-g5 3.**Weiß beliebig und **Te6-h6#**
115	Alle weißen Figuren greifen an, während die passiv postierten schwarzen Figuren verstreut sind und keine Anbindung haben. So ist das Ende nahe: **1.Te7xd7 Tc7xd7 2.f5-f6 Tf8-d8** [2...g7-g6 3.Dg4xd7] **3.f6xg7+ Kh8-g8 4.Dg4xd7 Td8xd7 5.Te1–e8#** Das Matt ist nicht zwingend, aber auch bei anderen Varianten wäre die Stellung aufgabereif gewesen.
176	Nach Vukovic, einem jugoslawischen Meister und Buchautor, benötigt die Dame eine "aktive Hilfseinheit", um Matt setzen zu können. Diese muss - wie hier der Bg4 - nicht immer gleich ins Auge springen, trägt aber durch Abriegeln der Fluchtfelder zum Sieg bei: **1.Df7-f8+ Kh8-h7 2.Le4xg6+ Kh7xg6 3.Df8-g8#**
237	Auch die stärkste Figur fällt aus den Latschen, wenn man ihr einfach die Deckung wegzieht. Das passiert der schwarzen Dame in dieser harmlos erscheinenden Stellung: **1.e4-e5 f6xe5 2.f4xe5 Ld6xe5 3.Te1xe5 De7xe5 4.Tf1–f8+** Überraschung!! **Te8xf8 5.Dg3xe5** und gewinnt.
298	Den Basisbauern (d6) lohnt es immer zu bekämpfen und zu erobern oder wegzulenken. Die anderen Bauern der Kette (hier nur e5) sind dann schwach und es bieten sich zusätzlich gute taktische Möglichkeiten: **1.c4-c5 d6xc5 2.Sf3xe5** und Schwarz darf nicht schlagen wegen **2...Sd7xe5 3.Da4-e8#** [2...Sd7-f6 3.Le3xc5 mit gutem Spiel für Weiß]
359	Schwarz kann sich einen Sieg im Endspiel ausrechnen, da er erheblich mehr Material hat, aber Weiß hat den Vorposten e5 - und der ist Gold wert: **1.Dc5xf8+ Kg8xf8 2.Tf3xf7+ Kf8-e8** [2...Kf8-g8 3.Tf7-f8#] **3.Tf7-f8+ Ke8-d7 4.Tf2-f7#**

55	Doppelangriffe und Fesselungen verhelfen Schwarz zum Erfolg: **1...Dh5-f5+** (Doppelangriff auf König und Sf6) **2.Sf6-e4 Sc4-d2+** und jetzt sogar ein dreifacher Angriff auf K, S und D. Der Lf4 kann nicht eingreifen, denn er ist ebenso gefesselt wie der Se4. (Merke: Die Deckung durch eine gefesselte Figur ist keine Deckung mehr)
116	Die Gefahr, die König und Dame in einer Linie droht, haben wir schon kennen gelernt. Hier hilft Weiß ein bisschen nach, damit die ideale Position für den siegreichen Spieß zustande kommt: **1.Td3-b3 Db5xb3 2.De8-b8+ Kb6-a5 3.Db8xb3** und gewinnt.
177	Weiß droht Df8# und versucht zunächst eine Weglenkung: **1.Tb1xb7 Se8-c7** [1...De7xb7?? 2.Df4-f8#] **2.Tb7xc7 De7xc7 3.Df4-f6+** Das ursprüngliche geplante Matt geht nicht, aber jetzt gewinnt Weiß auf andere Weise, denn nach **3...Th7-g7 4.Tg5xg7** ist Schwarz verloren.
238	In dieser Stellung darf man sich weder von der möglichen Umwandlung auf h8 noch von der Möglichkeit eines Damengewinns (und späterer Umwandlung) ablenken lassen. Matt ist Ende der Partie, und diese Partie ist gleich zu Ende: **1.Lc2-g6+ Ke8-e7 2.Tf1–f7+** [2.Ld2-g5+ = 2.Ablenkung] **2...Ke7-d6** [2...Ke7-e8 3.Tf7xg7#] **3.Ld2-f4#**
299	Die Diagonale e8-h5 ist die gefährlichste Schwachstelle für den unrochierten König. Sie zu öffnen ist fast immer vorteilhaft, besonders, wenn der gegnerische Bauernschutz wie hier schon "ausgedünnt" ist: **1.Sd4xe6 f7xe6 2.Dg4-h5+ Ke8-d7 3.Te4-d4+ Le7-d6 4.Dh5-f7+ Dd8-e7 5.Td4xd6#**
360	Der Lf6 schafft die Voraussetzung für einen Mattangriff, der mit Weg- und Hinlenkung operiert: **1.Db7-e7+ Te8xe7 2.Td1–d8+ Te7-e8 3.Tg5-g8+ Kf8xg8 4.Td8xe8#**

56	Springer sind tückische Viecher; kommen dann noch Weglenkung und Fesselung dazu, nimmt das Schicksal seinen Lauf: **1...Td8xd5 2.Td1xd5?? Se5-f3+** Einmal nicht aufgepasst, schon verloren!
117	Eine Diagonale zu öffnen und den feindlichen König aus seiner Stellung zu ziehen ist oft ein chancenreicher Gewinnplan. So auch hier: **1.Sh4xg6 Kh7xg6** (Kg8 vermeidet zwar das Matt, verliert aber noch den f-Bauern) **2.Tf2xf5** (droht 3.Tf5-h5+ Lc8-f5 4.Dc2xf5#) und Weiß kann mit dem Abzug des Tf5 zumindest Material gewinnen, denn **2...Lc8xf5??** geht nicht wegen **3.Dc2xf5#**
178	Die schwarze Dame hat sich viel zu weit vorgewagt und es gibt kein Feld mehr, auf dem sie in Sicherheit sein würde: **1.Sd2-e4 Dc3-e5 2.Lh4-g3 De5-f5 3.Se4-f6+ Df5xf6 4.g5xf6** und gewinnt leicht.
239	Auch wenn es nicht offensichtlich ist, die weiße Grundreihe ist schwach! **1...Db5xe2** [1...Db5xb7?? 2.Te2xe8+ Tc8xe8 3.Te1xe8#] **2.Te1xe2 Tc8-c1+ 3.Sf3-e1** [3.Te2-e1 Tc1xe1+ 4.Sf3xe1 Te8xe1#] **3...Tc1xe1+** [3...Te8xe2? 4.Db7-b8+ Te2-e8 5.Db8xe8#] **4.Te2xe1 Te8xe1#** Weglenkung und "Unterlaufen der Abwehr" haben entschieden.
300	Wie bereits in Jubiläumsaufgabe 100 hast du auch jetzt wieder eine Kombi von Kasparow gefunden. Diesmal gegen Bareev (Cannes Rapid 2001): **1.Sf6-d7+ Lc6xd7 2.Dh4-f6+ Kf8-e8 3.Sh5-g7#** [2...Kf8-g8 3.Df6-g7#] Schlägt Garri einen Supergroßmeister fast genauso leicht wie einen Tenniscrack ??
361	Wenn wir uns vorstellen, auf welchem Feld wir Matt setzen könnten, dann käme nur g8 in Betracht. Also brauchen wir nur noch die g-Linie frei zu schaufeln: **1.Dh6xg7+ Ta7xg7 2.Sd6-f7+ Tg7xf7 3.Tg1–g8#** [1.Tg1xg7 Ta7xg7 2.Dh6xg7+ Kh8xg7 3.h7-h8D+ Kg7xh8 4.Sd6-f7+ würde immerhin das Endspiel gewinnen]

57	Mit einem (Ab)Zug entscheidet Schwarz die Partie: **1...Ld4-g1! 2.Kh1xg1** [2.Dd3xd7?? De5xh2#] **2...Td7xd3 3.Td1xd3** Und jetzt sei vorsichtig, denn **3...De5xe4??** [besser 3...De5-c5+ 4.Sf5-e3 Dc5-c1+ oder 3...Lb7xe4] **4.Td3-d8+** und diesmal gewinnt Weiß durch einen Abzug - wie gewonnen, so zerronnen!
118	Steht der Gegner beengt in einer löchrigen Stellung, droht ihm leicht Ungemach: **1.Le3-c5 De7-e8 2.Sf3-g5** und, egal wo der Turm hinzieht, immer geht er gegen eine der Leichtfiguren verloren, also Qualitätsverlust.
179	Man sollte sich nicht auf ein Matt-Motiv (hier etwa das Matt mit Turm und Springer) versteifen. Steht der König so eingeengt (Bc6!), kann man das auch auf andere Weise nutzen: **1.Td7-b7** z.B. **g6-g5 2.Tb7-b8+ Tc8xb8 3.Sa6-c7#**
240	Ein zu weit vorgepreschter h-Bauer, ein einschnürender schwarzer Vorpostenbauer auf f3 und Schwarz am Zug - das kann nicht gut gehen: **1...Te4xh4+ 2.g3xh4 Df6-f5+ 3.Kh3-h2 Df5-g4 4.Ta1–g1 Dg4xh4#**
301	Dieses Matt ist nicht leicht zu sehen, steht doch der schwarze König scheinbar unbedrängt auf offenem Feld. Aber die plötzliche Öffnung der d-Linie ändert alles: **1.Df2xc5 d6xc5 2.Sd5-c7#**
362	Scheinbar verliert Weiß die Qualität, aber in solchen Stellungen heißt es Nerven behalten und genau rechnen: **1.Db3-a2 Ta8-f8** [1...Ta8xa2?? 2.Td1–d8#] **2.Lc4xf7+ Dg6xf7** [2...Tf8xf7?? 3.Td1–d8#] **3.Da2xc2** oder auch ***1.Lc4xf7+*** Dg6xf7 *(1...Kg8-f8 2.Db3-c4)* 2.Db3xc2; in beiden Fällen steht Weiß besser!

58	**1...g7-g5 2.Df3-g4** Oft kann man eine Fesselung mit einer Gegenfesselung kontern! So auch hier. Aber auch Schwarz hat noch einen Pfeil im Köcher: **2...h7-h5** und die Dame muss die Gegenfesselung aufgeben und der Läufer geht verloren! Schlecht wäre 2...Kg8-h8? wegen 3.Lf4-e5
119	Wenn der König wie hier durch den Le5 in der Ecke eingeschnürt ist, wirkt sich die Öffnung der a-Linie fatal aus. **1.Db3xb6 a7xb6 2.Th4-h3** (oder 2.Te1–e3) Weiß braucht nur einen Turm auf die offene Linie zu bringen und Schwarz kann gar nichts dagegen tun und beliebig ziehen, es folgt **3.Th3-a3#**
180	Keine Angst vor einem dicken Opfer, die Kavallerie kommt dir sofort zur Hilfe: **1.Df3xf7+ Tf8xf7 2.Tf1xf7+ Kg7-h8 3.Sh4-g6#**
241	Was tun? Txa7 oder TxTb8 in der Hoffnung, den gefesselten Sd7 zu erobern, wäre mühsames Arbeiten. Aber ein Opfer beendet die Partie schnell: **1.Da4xd7+ Dd8xd7 2.Tb7xb8+ Dd7-d8** Schon 3.Tb8xd8+ Ke8xd8 würde Weiß ein günstiges Endspiel bieten. Aber das ist nicht nötig, denn es gewinnt sofort **3.Le2-b5#**
302	Schwarz hätte schon e6 spielen müssen, um danach rochieren zu können. Jetzt ist es zu spät, denn verblüffend einfach geht **1.Te5xe7+ Ke8xe7 2.Sc3xd5+** und aus. [1...Ke8-f8 2.Te7xf7+ Kf8-g8 *(2...Kf8xf7? 3.Sf3-e5+)* 3.Tf7xf6 Lg7xf6 4.Db3xd5+ Kg8-f8 5.Lc1–h6+ usw.; oder 1...Ke8-d8 2.Te7xf7; in beiden Fällen gewinnt Weiß.
363	**1.Tc5-c8 Td8xc8** Hier hatte Schwarz mit d7xc8D+ gerechnet. Nach DxT stände er besser. Aber ein Zwischenzug sorgt für die Wende in der Partie: **2.Da3-e7 Tc8-g8 3.d7-d8D** und Weiß gewinnt. [1...De6-b6 verliert sofort: 2.Da3-f8+ Td8xf8 3.Tc8xf8#]

59	Das Läuferpaar ist eine gefährliche Waffe. Die offene Stellung in unserem Beispiel macht die Läufer besonders gefährlich: **1...Tc6xc3 2.Dc2xc3 Ld7-b5+ 3.Kf1–e1** [3.Kf1–g1? Df4-h2#] **3...Ld6-b4** und der Spieß erwischt Dame und König auf der gleichen Diagonale.
120	Eine offene h-Linie ist immer ein starker Trumpf für den Angreifer. Hier ermöglicht sie eine erfolgreiche Weglenkung. **1.Th4-h8+ Lg7xh8 2.Sg4-h6+** [Die Weglenkung mit 2.Th1xh8+ würde wegen Kg8-g7 nichts bringen] **2...Kg8-g7 3.Db3xf7#**
181	Das Mattmotiv mit den beiden Läufern haben wir schon kennen gelernt. Hier ist eine Variation davon mit mehr Raum für Schwarz, aber auch einem zusätzlichen Springer auf Seiten des Angreifers: **1.Dd3xg6+ h7xg6 2.Lb1xg6+ Ke8-e7 3.Sg3-f5#**
242	Der Sf5 kann mit seinem Abzug zwar keine fette Beute erobern, er kann aber etwas viel Schlimmeres bewirken - die Öffnung einer weiteren Angriffsdiagonalen: **1.Sf5xg7 Kh8xg7** [1...Lf8xg7?? 2.Dh5xh7#] **2.Te1xe5 Te8xe5** [2...f7-f6 Dh5xh7#] **3.Lb2xe5+ Dc7xe5 4.Dh5xe5+ Kg7-g8 5.De5xd5** und gewinnt.
303	Schwarz muss gleich zweimal gegnerische Figuren weglenken, bevor er Matt setzen kann: **1...Tf8xf2 2.Tf1xf2 Td8-d1+ 3.Se3xd1 Lb3-d5+ 4.Tf2-g2 Ld5xg2#**
364	Der damalige Weltmeister Alexander Aljechin besiegte das frühere Schachwunderkind Samuel Reshevsky im Turnier Kemeri 1937 mit dieser durchdachten Kombination: **1.Ta8xb8+ Kc8xb8 2.Dh2xe5+ f6xe5 3.Tf1–f8+** nebst Matt.

60	**1...Dd7-e7** Doppelangriff durch die Mattdrohung auf e1 und den Angriff auf den ungedeckten Tg5. Auf den ersten Blick kann Weiß die Drohung abwehren durch **2.h2-h4**, aber mit **2...De7-e1+** startet Schwarz einen neuen Doppelangriff, der mit **3.Kh1–h2 De1xh4+** zu einem noch stärkeren Doppelangriff führt und so den Turm kostet.
121	Linienöffnung ist fast immer sehr wichtig für den Angreifer, ebenso die Bildung vorgeschobener Stützpunkte. Hier kommt beides zusammen: **1...f4-f3 2.Dd5xf3 Th3xf3** Weiß bleibt nur das Damenopfer, denn die anderen Varianten sind noch schlimmer: ***2.e2xf3*** Th3-h1+ 3.Kf1–g2 De6-h3#; oder ***2.Kf1–e1*** De6xe2+ 3.Tb2xe2 Te8xe2+ 4.Ke1–d1 Th3-h1#; oder ***2.Kf1–g1*** De6-g4+ 3.Kg1–f1 Th3-h1#
182	Ganz besonders bei Grundreihenkombinationen spielt die Weglenkung eine große Rolle. Das liegt wohl auch daran, dass man unbekümmert opfern kann, wenn am Ende ein Matt herausspringt. Hier wird die Diagonale zum König per Opfer freigemacht: **1...Ta3-a1+ 2.Ld4xa1 Dd8-b6+ 3.Kg1–h1 Tf7-f1#** [oder 3.La1–d4 Db6-b1+ 4.Dg4-d1 Db1xd1#]
243	Weiß könnte mit Td1 den Freibauern decken und dann allmählich seine bessere Stellung ausbauen. Aber ein taktischer Schlag vereinfacht den Gewinn: **1.Tc6xf6+ Kf7xf6 2.Lg3-d6** Der Doppelangriff auf Tb4 und das Feld e7 führt zum zweiten Doppelangriff mit Le7 und der ist nicht mehr abzuwehren.
304	Das Matt mit Läufer und Springer gegen die Rochadestellung haben wir schon kennen gelernt. Hier eine besonders harte Version davon: **1...De4-g2+ 2.Kg1xg2 Sd5-f4+** mit dem entscheidenden Doppelschach **3.Kg2-g1 Sf4-h3#**
365	Weiß hat keine Zeit, die löchrige gegnerische Königsstellung mit Lh6 mattreif zu machen, denn mit Dd4+ könnte Schwarz in jedem Fall die Damen tauschen. Aber warum auch vorbereiten? **1.Db6-d8+ Kg8-g7 2.Le3-h6+ Kg7xh6 3.Dd8-f8#**

61	Die Stellung wirkt auf den ersten Blick gar nicht wie die typische Stickmatt - Ausgangsposition, aber dennoch funktioniert dieses klassische Mattmotiv hier: **1...Db6-b5+ 2.Kf1–g1** [2.Kf1–e1?? Db5-e2#] **2...Sc3-e2+ 3.Kg1–f1 Se2-g3+ 4.Kf1–g1 Db5-f1+ 5.Td1xf1 Sg3-e2#**
122	Den geringen schwarzen Materialvorteil macht die aggressive weiße Dame mehr als wieder wett: **1.Dd7xe6+ Kg6xh5 2.De6-f7+ Dg5-g6** [2...Kh5-g4 3.f2-f3# oder *3.Df7-f3#*] **3.g3-g4+ Kh5-g5 4.f2-f4+ Kg5xg4 5.Df7xg6+ Kg4xf4 6.Dg6-f6+** usw.
183	Ein doppelter Abtausch führt zu einer Fesselung, die einen Bauerngewinn ermöglicht. Schau nicht nur nach spektakulären Kombinationen; die kleinen Gewinne und Positionsverbesserungen tragen viel öfter zum Erfolg bei! **1.Lh4xf6 g7xf6 2.Se5xd7 De8xd7 3.Dd1–g4+ Kg8-h8 4.Sc3xd5** und der gefesselte Be6 kann nicht schlagen.
244	Eine gut ausgenutzte Fesselung kann mehr wert sein als ein momentaner Materialgewinn: **1.Tf2-c2 Tf8-c8 2.Ld4xc5 Tc8xc5 3.Dd3-b5!** und Turmverlust, denn auf **Tc5xb5??** würde **4.Tc2-c8#** folgen und es droht zudem Te8#. Auch mit 3.Dd3-d4 gewinnt Weiß den Turm, 3...Tc5-c7 scheitert an 4.Dd4xa7 Tc7xa7 5.Tc2-c8#.
305	Weiß hat einen Turm zu viel und muss ihn loswerden: **1.Tg5-c5** [In ähnlichen Stellungen gewinnt oft das Manöver 1.Tg7xh7+, aber hier scheitert es an 1...Sf6xh7 2.Tg5-c5/*g7* Tf8-g8] **1...Dc4xc5 2.Tg7xh7+ Sf6/Kh8xh7 3.Dg1–g7#**

Wie wär's zum Abschluss mit einem kleinen Test?

Für Leser, die wissen wollen, wie sehr sich ihr Schachwissen nach dem Durcharbeiten dieses Buches verbessert hat, haben wir in dieser neuen Auflage einen kleinen Test hinzugefügt.

Wer die Aufgaben alle hintereinander und in einer selbstgewählten vorgegebenen Zeit löst, z. B. von 2 bis 5 Minuten pro Aufgabe, hat zudem den Stress einer Turnierpartie gut simuliert. In einer solchen muss man ja auch unter Zeitdruck die verschiedensten Probleme lösen. Wer eine Aufgabe nicht lösen kann sollte sich nicht daran festbeißen, sondern zur nächsten übergehen und erst am Ende des Tests noch einmal einen Blick auf die ungelöste Aufgabe werfen. Und nun geht's los:

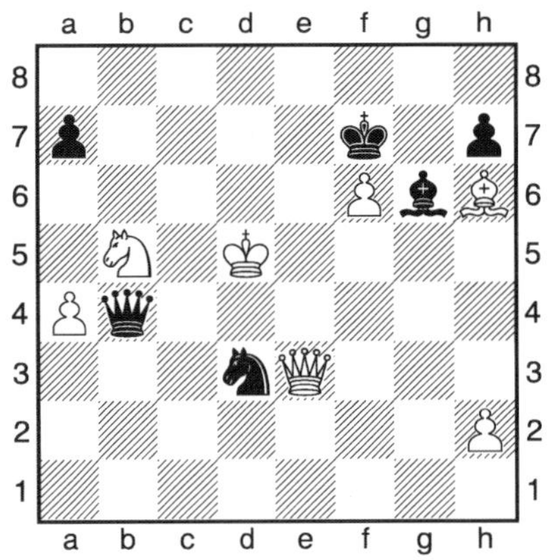

T 1 ○ / ●

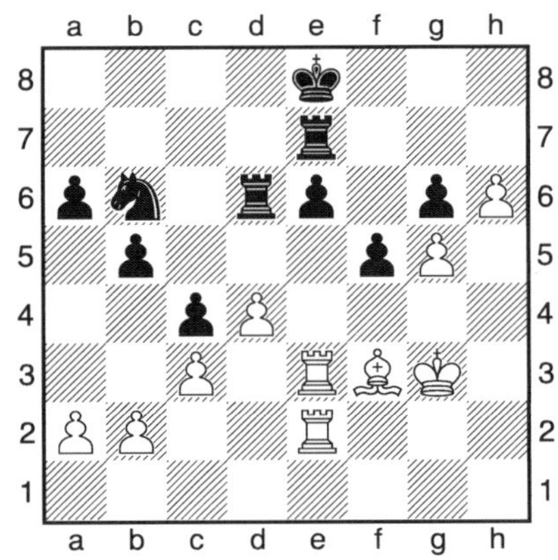

T 2

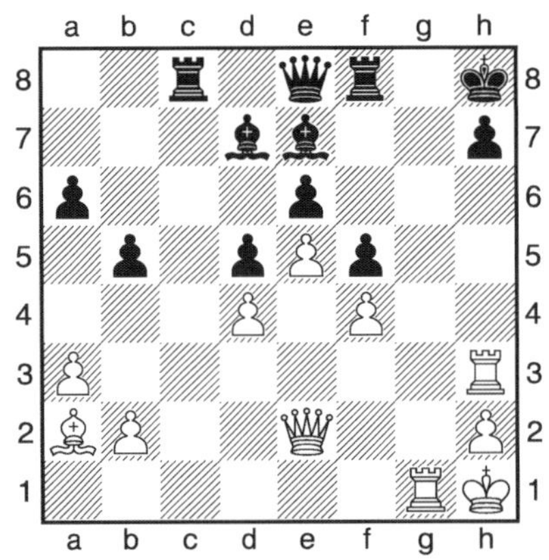

T 3

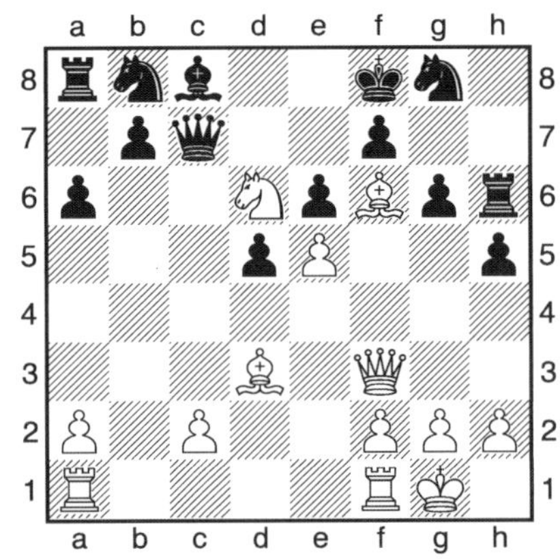

T 4

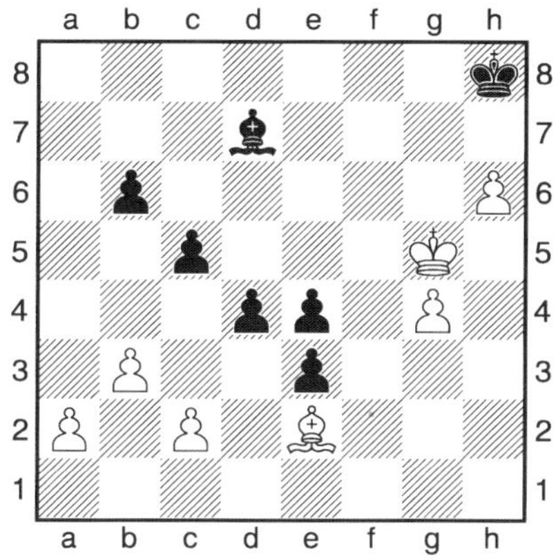

T 5 ●

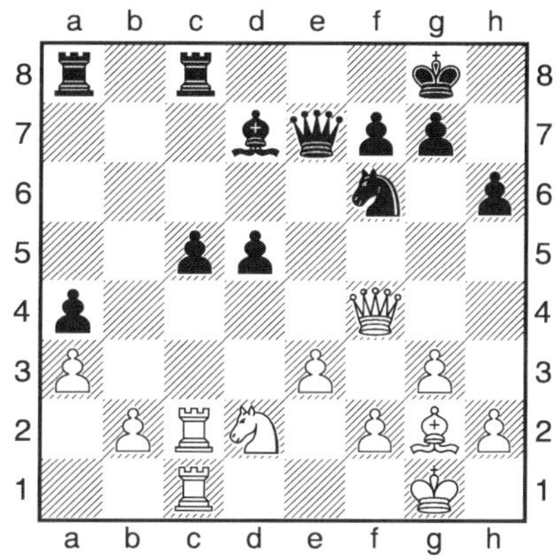

T 6 ●

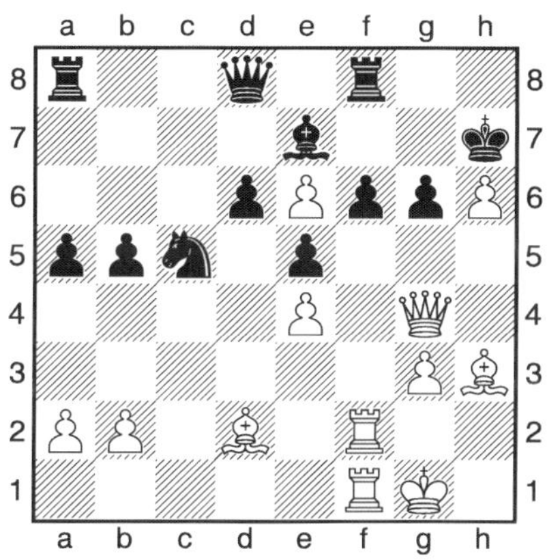

T 7

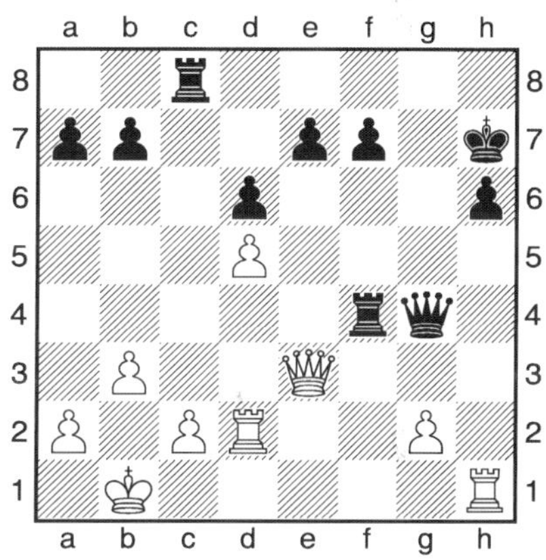

T 8

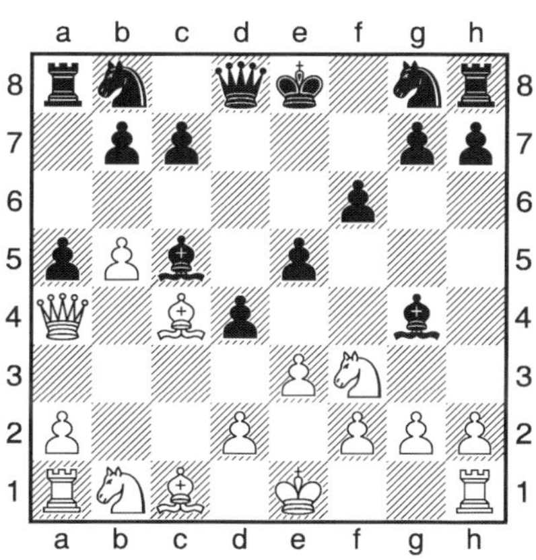

T 9

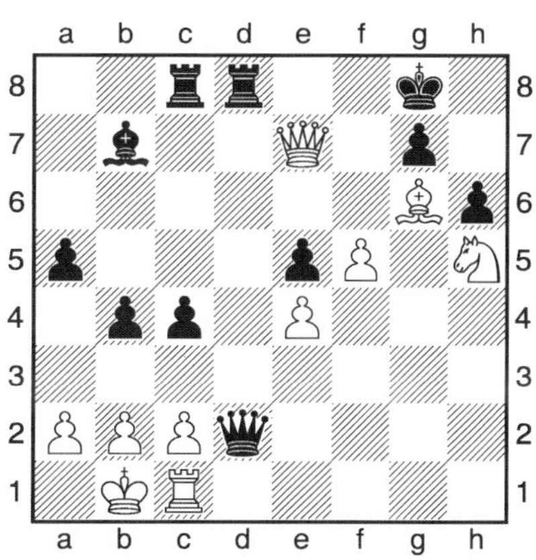

T 10 ●

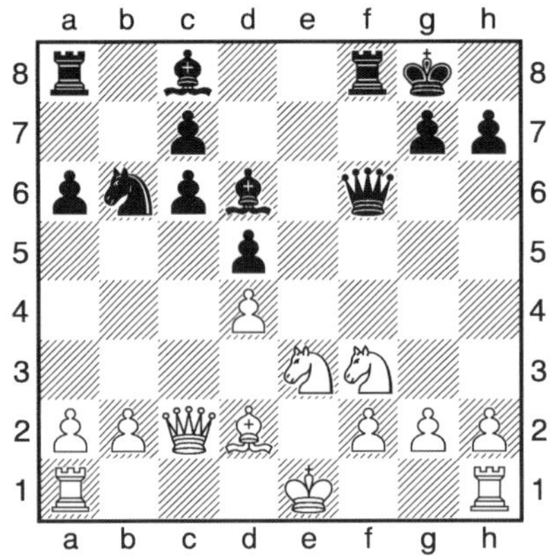

T 11 ●

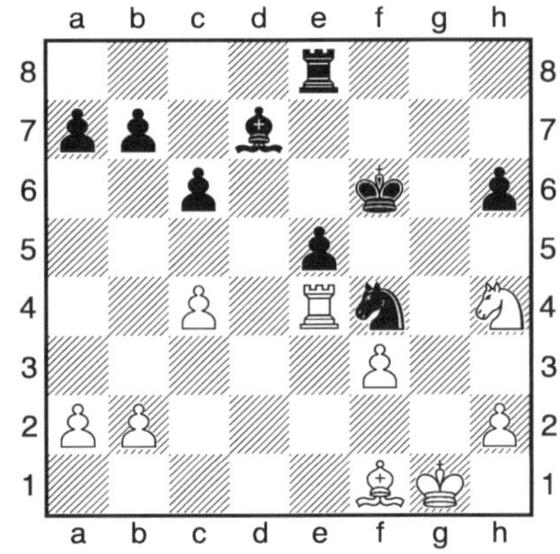

T 12 ●

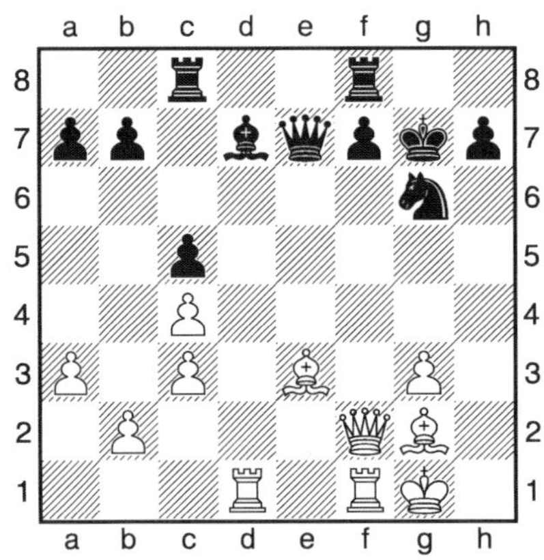

T 13

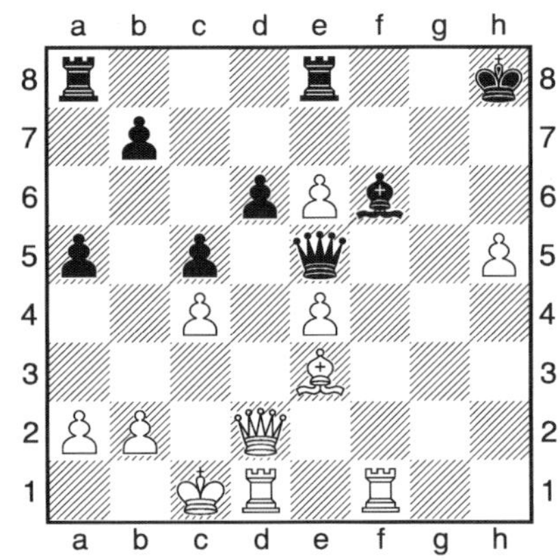

T 14

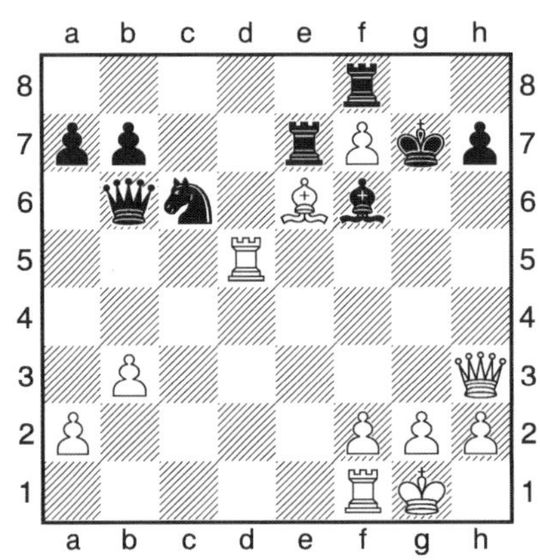

T 15

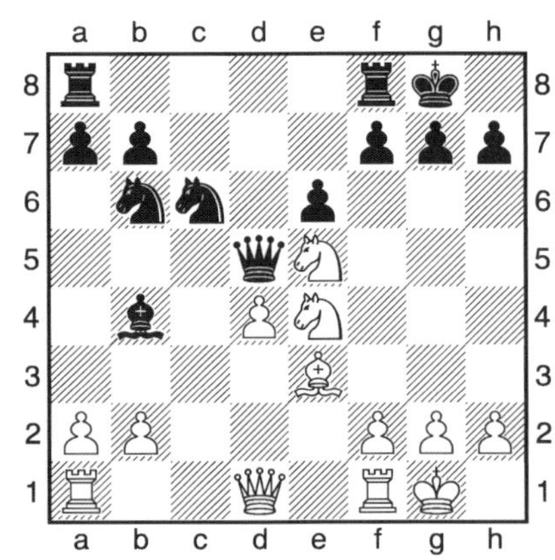

T 16

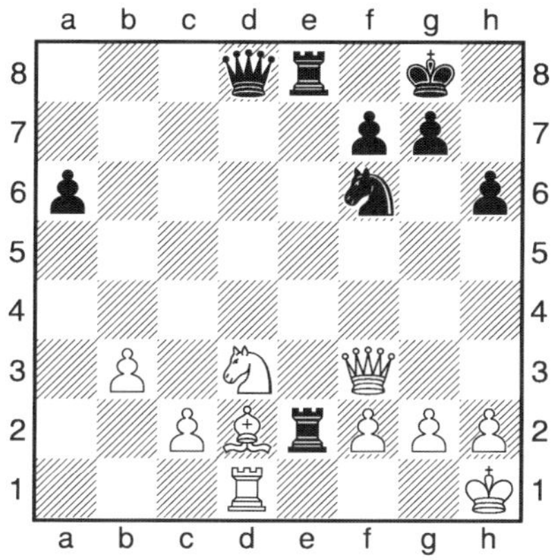

T 17 ●

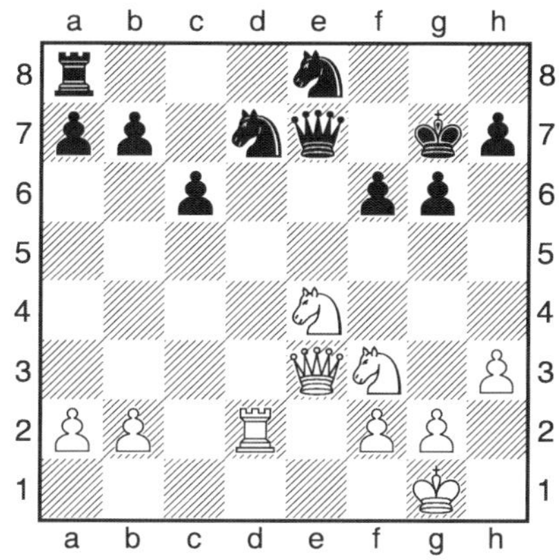

T 18

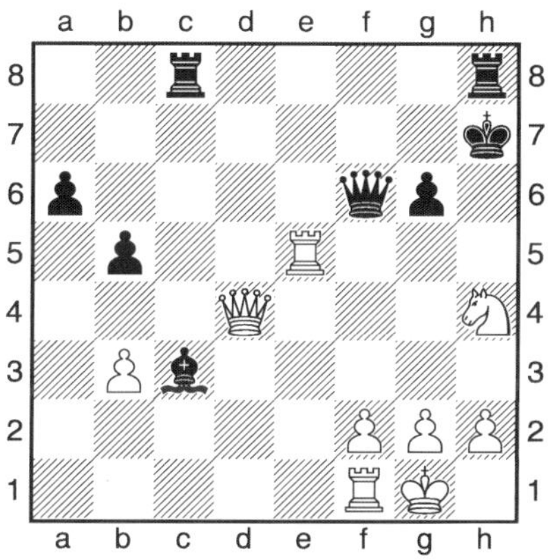

T 19

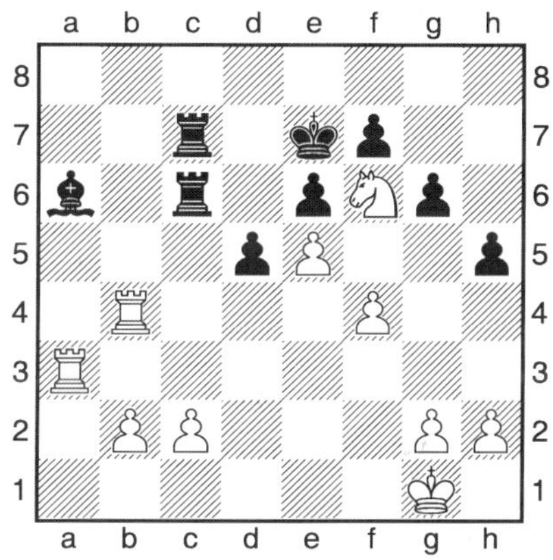

T 20

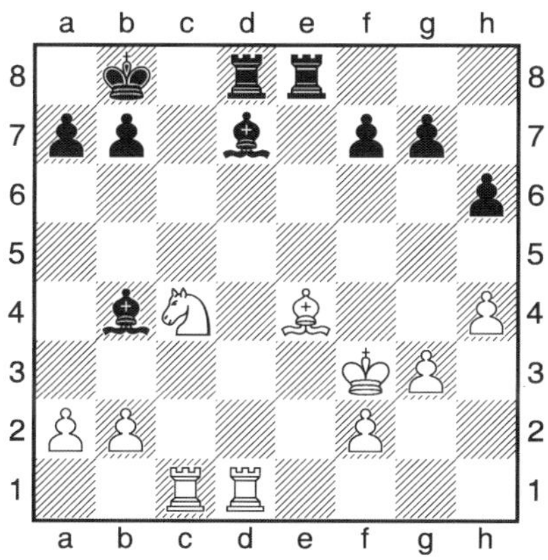

T 21 ●

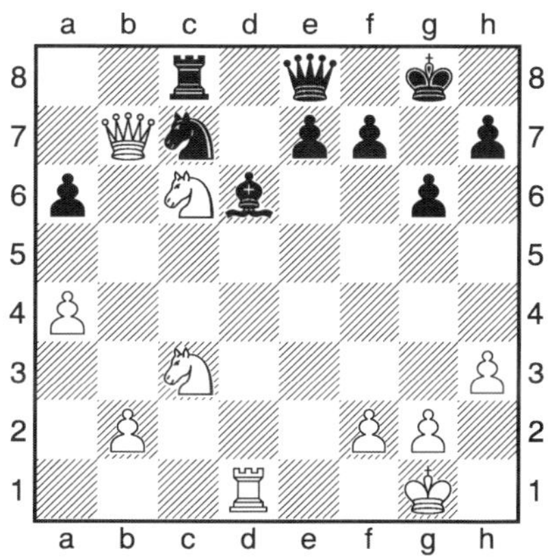

T 22

Lösungen

1 Der frühere Weltklassespieler Schirow drohte gegen das US-Amerikanische Wunderkind Samuel Sevian (15 Jahre) mit **1.De3-e6#**
Doch Junior drehte den Spieß um: **1...Lg6-e4+ 2.De3xe4 Db4-c5#**
Schirow – Sevian, Stockholm 201

2 Weiß muss nur geradeaus ziehen, um zu gewinnen!
1.Te3xe6 Td6xe6 2.Te2xe6 Te7xe6 3.h6-h7
und weder König noch Turm können **3... -- 4.h7-h8D+** verhindern.
Timerchanow – Babarin, St. Petersburg 2015

3 **1.Th3xh7+ Kh8xh7 2.De2-g2** und gegen die beiden Mattdrohungen auf g7 und h3 hat Schwarz keine Verteidigung, Matt folgt.
Navara – Matuszewski, Polnische Liga 2015

4 **1.Lf6-g7+** lenkt den König in eine Springergabel oder ins Matt:
1...Kf8-e7 [1...Kf8xg7 2.Sd6-e8+] **2.Df3xf7+ Ke7-d8 3.Df7-e8#**
Gazel - Deus Filho, Florianopolis 2016

5 Auch im Endspiel gibt es immer wieder taktische Situationen. Hier lenkt Schwarz den weißen Läufer weg und sperrt ihn aus:
1...Ld7-b5 2.Le2xb5 d4-d3 3.c2xd3 e3-e2 4. -- e2-e1D
Bachmann – Meininger, Augsburg 1898

6 Auch einer der allerbesten Blitzspieler der Welt kann eine "Figuren in der Falle"-Situation übersehen. Der letzte Zug Df5-f4 (Df5-d3 war nötig) verlor sofort: **1...g7-g5** aufgegeben, **2.Df4-f3 Ld7-g4**
Nakamura (2787) - Carlsen (2853) chess.com Blitz Finale 2016

7 Wer so gedrückt steht wie hier der Schwarze muss immer mit taktischen Schlägen rechnen:
1.Dg4xg6+ Kh7xg6 2.Lh3-f5+ Kg6-h5 3.Tf2-h2#
Romanishin – Winiarski, Najdorf-Memorial Warschau 2016

8 **1.Td2-f2** aufgegeben, der Turm ist gegen das Feld gefesselt, von dem aus Weiß das Matt einleiten kann.
1...Tf4xf2? [1...e7-e5 2.d5xe6 e.p. macht es nur noch schlimmer]
2.De3xh6+ Kh7-g8 3.Dh6-h8#
Goh – Mardel, Xtracon Open 2016

9 Selbst zwischen den besten Spielern der Welt kommt es manchmal zu ganz simplen taktischen Situationen:

1.Lc4xg8 Th8xg8 2.Da4-c4 Doppelangriff auf Läufer und Turm. Doch Ex-Weltmeister Anand konnte am Ende noch Remis erreichen!

Caruana (2829) - Anand (2795) Leuven (rapid) 2016

10 Mit seinem letzten Zug Dh4-e7 und der Mattdrohung auf g7 wollte Weiß den schwarzen Angriff stoppen, hatte aber übersehen, dass er bereits selbst in einer Mattposition steht:

1...Dd2xc2+ 2.Tc1xc2 [2.Kb1xc2 Lb7xe4#]

2...Td8-d1+ 3.Tc2-c1 Lb7xe4+ 4.Kb1-a1 Td1xc1#

Amateurpartie Chicago 2016

11 **1...Lc8-h3** nutzt das Überlastungs-Motiv:

2.Th1-g1 [2.0-0 ändert wenig] **2...Lh3xg2 3.Tg1xg2 Df6xf3**

Hayrapetian - A.Grigoryan, Asrian-Memorial Jermuk 2012

12 **1...Kf6-g5 2.Sh4-g2** verstellt dem König ein wichtiges Feld. Nun kommt der schwarze Springer zum Zug:

2...Sf4-h3+ 3.Kg1-h1 Sh3-f2+ 4.Kh1-g1 Sf2xe4

Grabbel – Holinka, Jugend-Sommerturnier 2016 des Hamburger SK

13 Ein Weglenkungsopfer schwächt die schwarze Rochadestellung noch weiter:

1.Td1xd7 De7xd7 [1...De7-e5 vermeidet Matt, ist aber hoffnungslos; 1...De7-e6 2.Lg2-d5 droht nun auch noch auf f7.]

2.Df2-f6+ Kg7-g8 3.Le3-h6 -- 4.Df6-g7#

Movsesian – Svayams, Open Douglas 2015

14 Der eigene Läufer verbaut der Dame den Weg zum Sieg; weg damit!

1.Le3-d4 c5xd4 2.Dd2-h6+ Kh8-g8 3.Tf1xf6 und Matt folgt, z. B. **3...De5-g3 4.Tf6-g6+ Dg3xg6 5.Dh6xg6+ Kg8-h8 6.Dg6-h6+ Kh8-g8 7.Td1-g1#**

Khenkin – U.Weber, Bad Wiessee 2015

15 Der weiße Läufer wirkt über den Bf7 hinweg auf das Umwandlungsfeld, ein sogenannter Röntgenangriff:

1.Dh3-g4+ Kg7-h8 2.Dg4-g8+ Tf8xg8 3.f7xg8D#

T.Luther - C.Bauer, Österreichische Bundesliga 2015

16 **1.Se4-f6+** lässt nur die Wahl zwischen Damenverlust oder Matt:
1...Kg8-h8 **2.Sf6xd5** und gewinnt.
[*1...g7xf6* 2.Dd1-g4+ Kg8-h8 3.Le3-h6 Tf8-g8 4.Se5xf7#]
Sai – Mehar, Indische Juniorenmeisterschaft 2016

17 Das kritische Feld e1 hat Schwarz dreifach gedeckt, aber das ist immer noch nicht genug:
1...Te2xd2 **2.Td1xd2** **Dd8xd3** und Schwarz kann die Dame nicht schlagen wegen **3.Df3xd3** **Te8-e1+** **4.Dd3-f1** **Te1xf1#**
Nagy – Movsesian, Open Teplice 2015

18 **1.Se4-c5** und plötzlich ist die ungedeckte Dame angegriffen und der Sd7 doppelt angegriffen!
1...Sd7-e5 **2.Td2-d7** aufgegeben.
[Ebenso verliert 1...De7xe3 2.Td2xd7+ Kg7-g8 3.f2xe3; oder 1...De7xc5? 2.Td2xd7+ Kg7-g8 3.De3xc5]
Carlstedt – Ghadimi, Bargteheide 2016

19 **1.Dd4-d7+** **Kh7-h6** **2.Sh4-f5+** aufgegeben, **2...g6xf5**
[1...Kh6-h5 2.Dd7-d1+ Kh5-g5 3.f2-f4#; 1...Kh6-g5 ist Zugumstellung] **3.Te5-e6** spießt die Dame auf.
Smirnov,A – Ismagambetov, Olympiade Baku 2016

20 Wenn es ein weißer Turm auf die Grundreihe schafft, sitzt Schwarz in der Mattfalle:
1.Ta3xa6 **Tc6xa6** **2.Tb4-b8** und Matt auf e8 ist nicht zu verhindern, es folgten nur noch einige Racheschachs, bevor Schwarz aufgab.
Yaran – Gundogan, Türkische Liga Izmir 2016

21 **1...Ld7-g4+** ist mehr als nur Abtausch:
2.Kf3xg4 **Te8xe4+** **3.Kg4-f3** **Td8xd1**
Abtausch mit Weglenkung, der eigentliche Clou der Kombination!
4.Tc1xd1 **Te4xc4** mit gewonnenem Endspiel.
Ramachandran – Perez, Montreal 2014

22 Hier galt es, eine verborgene Springergabel zu sehen:
1.Td1xd6 **e7xd6** **2.Db7xc8** **De8xc8** **3.Sc6-e7+** mit Damengewinn
Karlovich – Bezkorovaina, Charkow 2012

Geschafft!

Was war es für ein Gefühl, Aufgaben unter (selbstgewähltem) Zeitdruck zu lösen?

Es sollte dem Leser, der noch keine Turniererfahrung hat, eine Vorstellung davon gegeben haben, wie sich unser schachliches Sehen und Denken unter Belastung verändert. So mancher Fehler, den man normalerweise gesehen hätte, schleicht sich im Stress einer Turnierpartie ein.

Wer nicht so gut wie erhofft abgeschnitten hat, sollte sich nicht grämen. Einige Aufgaben dieses Tests waren recht schwer und gingen über das Niveau des bisher in diesem Buch gesehenen hinaus. Das hat zwei Gründe:

Zum einen mochte ich den Leser, der nach 365 Kombinationen nun schon einige Erfahrung gewonnen hat, nicht mit allzu simplen Aufgaben langweilen.

Zum anderen sind die schweren Aufgaben ein Vorgeschmack auf die nächsthöhere Stufe, die der Leser erreichen kann. Sie entsprechen z.B. den Aufgaben im Folgeband *"365 x Taktik für Klubspieler",* der sich für alle Leser empfiehlt, die sich weiterentwickeln wollen oder eben auch nur Unterhaltung auf dem nächsthöheren Niveau suchen. Je mehr man vom Schach kennt und versteht, desto interessanter und unterhaltsamer ist es!

Zum Abschluss ein letzter Ratschlag an den Leser:

Spiel nach einem Jahr oder später alle Aufgaben noch einmal durch. Ich staune selber, wenn ich eines meiner früheren Bücher wieder in die Hand nehme, was ich alles vergessen habe. Die Vielfalt der Schachtaktik kann man kaum auf einmal erfassen und eine Wiederholung nach einiger Zeit hilft, das Erlernte aufzufrischen und zu aktualisieren.

Weitere Bücher aus unserem Verlag

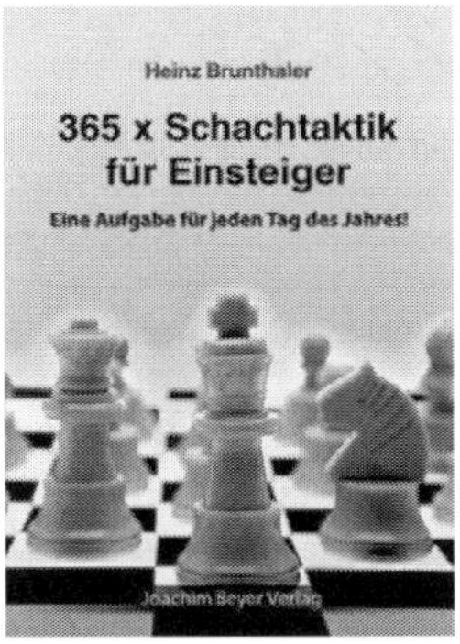

Die Reihe 365 x – enthält Partiestellungen, wie sie tagtäglich vorkommen können. Die Aufgaben enthalten keine verräterischen Lösungsansätze und schulen so den Blick für die Stellung. Mit Schachtaktik und Schachendspiel kann am schnellsten eine deutliche Steigerung der Spielstärke erzielt werden.

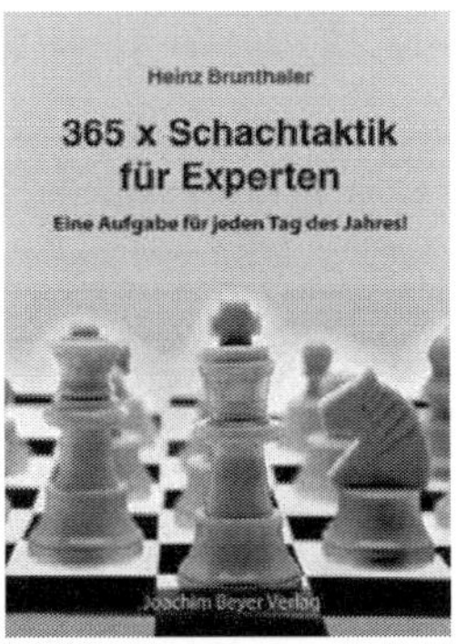

Unsere Reihe – 365 x Taktik

Heinz Brunthaler
365 x Schachtaktik
– Eine Aufgabe für jeden Tag des Jahres

365 x Schachtaktik – Für Einsteiger

365 x Schachtaktik – Für Klubspieler

365 x Schachtaktik – Für Experten

365 x Schachtaktik – Für Meisteranwärter

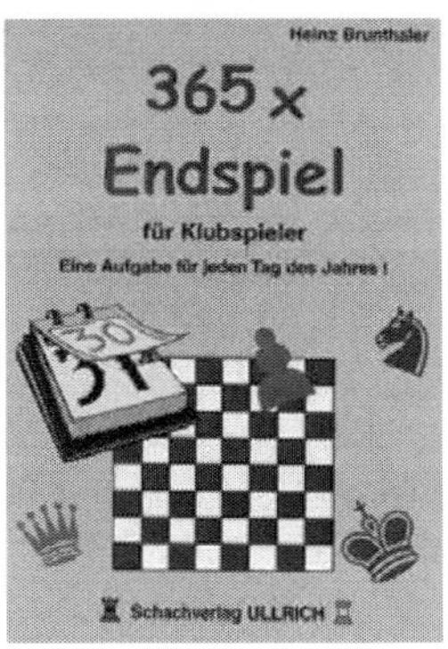

Unsere Reihe – 365 x Endspiel

Heinz Brunthaler
365 x Endspiel
– Eine Aufgabe für jeden Tag des Jahres

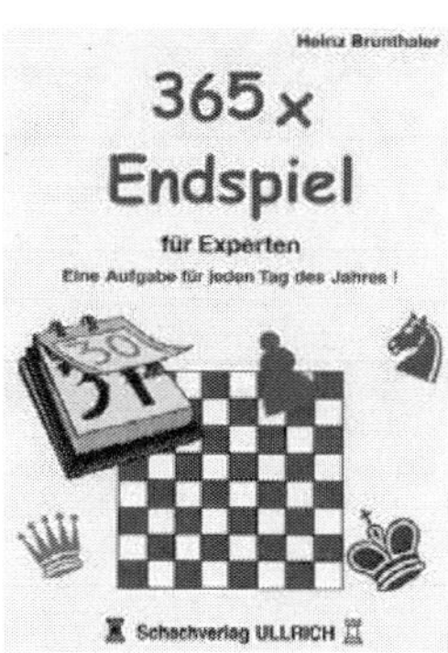

365 x Endspiel – Für Einsteiger

365 x Endspiel – Für Klubspieler

365 x Endspiel – Für Experten